第三次转向

THE THIRD TURN

平台媒体中介的可见性研究

陈逸君 著

Research on Platisher-mediated Visibility

同济大学出版社
TONGJI UNIVERSITY PRESS
·上海·

图书在版编目(CIP)数据

第三次转向：平台媒体中介的可见性研究 / 陈逸君著. —上海：同济大学出版社，2022.12

ISBN 978-7-5765-0401-9

Ⅰ.①第… Ⅱ.①陈… Ⅲ.①网络营销—研究 Ⅳ.①F713.365.2

中国版本图书馆 CIP 数据核字(2022)第 185039 号

第三次转向：平台媒体中介的可见性研究

陈逸君 **著**

责任编辑 卢元姗 **助理编辑** 孙铭蔚 **责任校对** 徐春莲 **封面设计** 张 微

出版发行 同济大学出版社 www.tongjipress.com.cn
(地址:上海市四平路 1239 号 邮编:200092 电话:021-65985622)
经 销 全国各地新华书店
排 版 南京文脉图文设计制作有限公司
印 刷 常熟市华顺印刷有限公司
开 本 710mm×960mm 1/16
印 张 12.5
字 数 250 000
版 次 2022 年 12 月第 1 版
印 次 2022 年 12 月第 1 次印刷
书 号 ISBN 978-7-5765-0401-9

定 价 68.00 元

前言

媒介自诞生伊始，就成为建构事物可见性的重要介质。在大众媒介时代，新闻机构及其服务于媒介逻辑下的新闻工作者按照某种操作范式为受众构筑起一个区别于现实世界的“拟态环境”——谁能获得可见性、如何“可见”都被严格限定在媒介机构的权力之中。在网络化媒介尤其是 Web 2.0 时代，社交媒体的勃兴为原本僵化的可见性领域汇入了一股清流。互联网在赋权普通人可见性机会的同时，也为他们营造了相对自由而多元的信息环境。如果说在大众媒介和互联网为用户搭建起的外部世界中，人们通过同一份报纸、同一档栏目、同一个域名所获取的信息是相同的，那么谷歌、Facebook（脸书）、百度、微博、今日头条、抖音等平台媒体依托智能算法对内容作个性化推荐所带来的则是千人千面的特殊信息状态。

从大众媒介到网络化媒介，再到如今平台媒体的强势崛起，本书认为媒介的可见性领域正在发生第三次重大转向——由平台媒体构建的可见性将超越大众媒介和网络化媒介所中介的可见性，成为未来信息环境的主流趋势，并且与大众媒介和网络化媒介所中介的可见性存在本质上的不同。然而，令人担忧的是，当这种由平台媒体构建的可见性成为全球范围内的一种普遍现象时，人们却对平台媒体这一媒介新生事物，以及平台媒体所创造出的新的信息环境知之甚少。本书旨在探究平台媒体中介的可见性的特征、运作机制与社会影响。笔者选取微博“推荐流”作为平台媒体的典型代表，参照“可见性分析框架”，分别从物质基础、架构模型、交互特点、运作机制和社会影响五个层面，由表及里地对“平台媒体中介的可见性”展开研究。在具体的阐述过程中，本书从媒介技术发展史的角度出发，回顾并梳理了可见性在四个历史阶段，即人际传播时代、大众媒介时代、网络化媒介时代和平台媒体时代的嬗变，纵横比较“平台媒体建构的可见性”与前三个阶段的可见性的异同。

第一章为本书的总起。主要介绍研究背景，提出核心概念，描述研究问题、研究方法和研究意义。

第二章从媒介物质性视角切入，探讨构成平台媒体可见性的各物质要素，它们是可见性这部“巨型机器”得以运作的前提。本书认为，平台媒体所构建的可见性是一个集体生产的过程，专业化新闻机构、自媒体、用户本身、隐藏在算法规则背后的算法工程师和平台媒体的运营管理者等各类异质要素之间的互动共同形塑了平台媒体的可见性。

第三章旨在揭示平台媒体中各物质要素的具体位置安排。根据社会学家布里吉蒂提出的锥形与矢量两种图式结构，初步判断平台媒体是由两个锥形共同构成的钻石型图式结构：一半是它与用户之间形成的被称为“数据监视”的锥形图示，另一半是由它所主导的内容与用户之间形成的被称为“把关人”的锥形图示。与大众媒介和网络化媒介相比，平台媒体呈现出一种更为复杂的模型结构。

第四章从互动视角切入，考察在平台媒体所构建的可见性中，“看”与“被看”之间的互动关系。平台媒体遵循相关性和时效性的逻辑，以“时空重组”的形式将内容呈现在用户面前。同时，平台媒体延续了网络化媒介的可见性场景，为用户带来了对话式的双向互动模式。而比起网络空间中选择范围广、可自主匹配内容的可见性，平台媒体则事先根据用户的特征属性、社交关系、历史行为和物理环境等维度预判个体的喜好，主动过滤掉那些被认为是用户不感兴趣的信息，用户绕过算法的议程设置的难度变得更大，这种事先被分配与安排好的用户与信息的“相遇”，是一种相对消极的可见性。

第五章创新性地采用问卷调查与采集并分析来自 98 名活跃微博用户的 99 476 条数据相结合的方式，共同揭示了微博“推荐流”的可见性运作机制。研究发现：①微博“推荐流”打破了“用户兴趣决定内容可见性”这一传统认知，最终决定“内容可见性”的不是用户的真实兴趣，而是算法所推断的用户兴趣；②“用户的自主行为”(包含发布/转发、点赞和收藏)与“算法推断”之间存在显著的相关性;③从用户的“社交关系”维度出发,那些与用户呈现“强关系”的微博好友的兴趣方向并不能主导算法对该用户的兴趣判断;相反,微博更倾向于根据用户的“弱社交”关系(即“大 V”类博主的兴趣方向)来判断用户的兴趣偏好。算法默认了那些有名望的人的影响力要超过普通人,“身份”“等级”“资本”和“权力”等现实社会中对人的划分方式,在平台媒体上被重新加以实践。

第六章探讨了平台媒体构建的可见性带来的社会影响。本书试图从“信息环境的建构”和“权力结构的变迁”两个角度切入分析。第一,在信息环境的构建方面,本书基于“探索性代理人测试模型”等研究范式,结合多个实验案例对平台媒体是否会引发“过滤气泡”这一现象展开了分析。结果显示:①用户的“显性兴趣”和“隐性兴趣”均不会导致用户信息结构失衡;②微博“推荐流”没有根据用户的短期兴趣制造新的过滤气泡,用户的长期兴趣影响了后续的算法推荐。综合以上两点,本书认为微博用户的确会接收更多基于其兴趣所推荐的个性化信息,但尚未达到过滤气泡的地步。尽管这一研究发现与传统认知中算法过滤会导致信息窄化的观点不同,但这并不意味着人们可以放松对算法推荐的警惕。过滤气泡的形成总是悄然无声的,被禁锢在气泡中的用户往往会在应接不暇的个性化内容中迷失自我而不自知。那些长期处于信息结构失衡环境下的用户,会愈发故步自封,导致创新性与其他可能性逐步丧失。而这与具备较为完善的新闻价值判断、媒介素养以及来自社会各方的监督与批判的大众媒介所建立起的权威且均衡的“媒介食谱”,以及网络化媒介时代以最大限度包容不同观点的异质化信息环境相去甚远。第二,在权力结构方面,平台媒体复苏了大众媒介时代的“把关人”机制。平台媒体利用客观、中立和高效的“技术理性”作为护盾,以一种更加精巧和隐蔽的方式与政治经济力量主导的传统结构性因素结盟,重新将可见性的大门向权力结构金字塔尖的少数人敞开。从大众媒介到网络化媒介,再到平台媒体,权力结构经历了“中心化”“去中心化”到如今“再中心化”的变迁。

第七章对国内平台媒体的发展提出建议。本书初步认为,首先,搜索引擎类平台媒体应当在自由主义模型的基础上,进行如下尝试:①对推广或强制显示信息进行标注;②向用户提供可能产生不同推荐列表的其他备选推荐方案;③尽可能兼顾观点的多样化呈现。其次,作为帮助人们了解外部世界的信息入口,社交类平台媒体应当承担起更大的媒介责任,尝试从自由主义模型逐步过渡至多元主义模型,以便帮助用户接触不同的观点,进而平衡各种意见,促进用户之间的理性交流与对话。最后,“今日头条”和“一点资讯”等以公共服务为目标的资讯定制类平台媒体,在适应多元主义模型的基础上,可以逐渐尝试向长尾主义模型靠拢,赋予那些弱势群体更多的可见性,为用户提供全面且真正富有价值和洞见的内容。无论是多元主义模型,还是长尾主义模型的实施,都不会给平台媒体带来任何额外收益,用户甚至可能因为推荐内容不符合其需求而放弃使用该平台媒体。因此,本书认为,要想改变这一现状,应依托政府部门与监督委员会,就可能造成的用户流失对平台媒体进行资金补贴,或是给予采纳多元主义模型或长尾主义模型的平台媒体部分信息发布的内容审核豁免权,通过颁发公信力证书等方式激励平台媒体积极采纳优化的可见性模型。

本书的写作经历两年时光。从学术思路到研究方法,从叙述逻辑到文字润色,得到了诸多前辈老师的帮助。特别感谢刘海贵教授!高山仰止,景行行止,学生终身受益。深情感谢和缅怀尹明华教授!犹如三月的阳光温暖后生,恰似春日的雨露润物无声。感谢同济大学出版社为本书的出版做出许多卓有成效的工作。最后,感谢一直爱我和支持我的家人。

由于个人水平有限,本书中难免会有疏漏,真诚地希望各位读者批评和指正。

陈逸君

2022 年 11 月于上海大学新闻传播学院

目　录

第一章>>>

引　言

第一节　研究缘起与问题的提出

“人们看见什么、听见什么……不应该被你和你的团队在加州办公室中写下的算法代码所破坏……假装能够为内容发布制定全球通则，只会让灰尘蒙住人们的眼睛[1]。”

——《晚邮报》(*Aftenposten*)主编兼首席执行官埃斯彭·埃吉尔·汉森(Espen Egil Hansen)

2016年9月8日，挪威最大的报纸《晚邮报》在Facebook删除作家汤姆·埃格兰(Tom Egeland)发布的一张以纪念越战为主题的贴文后，发表了这封写给马克·扎克伯格的头版公开信[2](图1.1)。汤姆·埃格兰在贴文中放置了一张9岁越南女孩金福克(Kim Phúc)被凝固汽油弹炸伤后浑身赤裸奔跑的照片，这张曾获普利策新闻奖的照片却被Facebook以“展示了全裸的生殖器、臀部和完整女性胸部”为由删除。汤姆·埃格本人的账号被封，包括挪威首相埃尔娜·索尔伯格(Erna Solberg)在内的其他用户转发该照片并发布的相关内容无一例外都被后台删除。“凝固汽油弹女孩”(Napalm Girl)被强行移出社交媒体用户的视线。这一事件瞬间一石激起千层浪。事件虽以Facebook解除封杀、承认照片的历史意义作结，但这显然不是Facebook第一次擅自决定某条贴文的可见性：这个“世界上最强大的把关人”运用算法还自动清理了与叙利亚、伊拉克和土耳其战乱有关的图片；有意将新闻主播梅根·凯利(Megyn Kelly)因力挺希拉里·克林顿(Hillary Clinton)而被福克斯公司开除的虚假新闻推至话题榜榜首[3]；在2016年美国总统大选期间，传播教皇方济各(Pope Francis)支持唐纳德·特朗普(Donald Trump)的虚假新闻,但后续的更正内容却几乎没人看到[4]……

图 1.1 《晚邮报》就"凝固汽油弹女孩"事件刊登了其主编写给马克·扎克伯格的公开信①

"凝固汽油弹女孩"是 Facebook 危机公关中一个富有争议性的事件,它并非个案,而是代表以科技公司为主要构成的"平台媒体"(Platisher)[5]作为一种新崛起的中介力量对人们日常生活中信息可见性的主导与干涉——什么样的内容能够被用户阅读、哪些内容可以被哪一部分用户阅读[6],这种经由平台媒体所构建的可见性已经成为全球范围内的普遍现象。谷歌、Facebook、推特、百度、微博、微信(如"看一看""订阅号消息"等功能)、今日头条、抖音、哔哩哔哩等平台媒体凭借更加符合用户阅读习惯和阅读偏好的优势,正在成为人们获取信息的主流"入口":皮尤研究中心的数据显示,2019 年 55%的美国人通过社交媒体获取新闻[7]。目光转向国内信息分发市场,平台媒体的市场渗透率已经超过 50% [8],成为主要资讯信息的分布载体。新崛起的平台媒体正极大地改变着传统信息的分发模式以及人们获取信息的路径,为用户构建起一个"定制化"的信息环境,但也同时引申出"计算和规定什么可见、什么被排除在视野之外、对谁可见"等重要的社会议题[9]。

平台媒体正逐步成为主导人们所见所闻的重要来源。但实际上,平台媒体

① 图片来源:Kleinman Z. Fury over Facebook "Napalm girl" censorship [EB/OL]. BBC News, (2016-09-09) [2020-10-02]. http://www.bbc.com/news/technology-37318031.

并不是第一个构建可见性的媒介。让我们回到历史的原点，古老的人际传播模式带来的是一种相对“纯粹”的可见性——人们面前呈现为何物即构成怎样的可见性，它是不经过刻意筛选、突出、弱化或扭曲等行为而对事物进行的“镜面式”呈现。大众媒介的出现，打破了曾经这种客观、自然的可见性。沃尔特·李普曼(Walter Lippmann)一针见血地指出，“新闻报道是接触看不见的环境的主要手段”[10]，明确了大众媒介（主要是报刊）在传递外部世界信息过程中的“中介者”身份，从而揭示了新闻机构如何按照某种操作范式在人与客观环境之间插入一个“拟态环境”，最终呈现给读者经过筛选、标准化、带有从业者偏见并且服从政治经济结构安排的新闻内容[11]。原初意义上的可见性的特征、内涵以及可能带来的社会影响都因大众媒介的出现而发生了翻天覆地的变化。继大众媒介之后，互联网尤其是社交媒体的勃兴，一方面赋权了普通网民被可见的机会[12]，用户由此真正走进了“人人拥有麦克风”的时代；另一方面互联网也为用户营造了相对自由而多元的可见性环境，用户可以灵活辗转于各类不同信息的海洋之中。正当一些学者欢呼大众媒介的“把关人”[13-19]机制终于在互联网时代得以部分消解，少数群体和另类媒介（alternative media）的声音相继呈现时[20-26]，平台媒体依托智能算法以“新把关人”[27]的姿态出现，支配着用户与新闻（资讯）相遇和参与公共事务的可能性[28]，重新搅动了可见性领域的格局。

考虑到“面对面”传播中没有任何媒介载体在其中充当中介，如果我们将其作为可见性的一个“元模型”(meta model)，那么从“面对面”传播的可见性到大众媒介中介的可见性是可见性领域从不含中介到大众媒介作为中介的第一次转向；而从大众媒介中介的可见性到网络化媒介中介的可见性，则是“中介物”发生改变后，可见性领域经历的第二次转向；如今伴随着谷歌、Facebook、推特、油管、微博、今日头条、抖音等由技术公司转型而来的“平台媒体”成为一种全新的“中介物”，可见性领域迎来了第三次转向。

由此可见，媒介自诞生以来就成为主导人类社会生活中事物可见性的重要介质。犹如一面“棱镜”（而不是“镜子”，镜子意味着对事物的客观呈像），媒介时时刻刻建构着事物的可见性。如果说大众媒介和互联网为使用者搭建起一个经过选择而呈现的外部世界，那么至少，人们通过同一份报纸、同一档节目、同一个波段和同一个域名所获取的信息是相同的。然而，平台媒体却凭借算法对内容作个性化推荐,这使得不同人透过平台媒体的“窗户”望到的“风景”各不相同。从大众媒介到网络化媒介,再到现如今平台媒体的崛起,可见性领域正在发生第三次重大转向,并且这种由平台媒体构建的可见性正在超越大众媒介和网络化媒介的可见性成为未来信息环境的主流趋势,而它又与前两种媒介所中介的可见性存在本质上的不同。这里的“第三次转向”并不意味着平台媒体全权中介了事物的可见性,大众媒介和互联网依然是人们获取信息的重要端口,只是平台媒体构建的可见性比重在不断增加,这是一个延续而非断裂、并存而非取代的过程。

平台媒体构建的可见性时代已经到来,但是目前公众对于平台媒体的特征、运作原理以及社会影响等方面几乎一无所知,平台媒体运营者将平台媒体运作原理视作核心商业机密并对此讳莫如深,虽然号称中立、自动、无偏见[29],实则是无法探查的“黑箱”(black box)[30]。诚然,平台媒体承载的海量信息为人们提供了无限便利,但正因如此,平台媒体具备了支配信息流动、左右用户选择与认知、影响公共领域、引导社会变革的潜在力量。鉴于此,考察平台媒体所建构的可见性的特征、运作机制及其社会后果显得必要且紧迫。

本书首先对什么是“平台媒体”作概念辨析。其次,从可见性这一理论视角出发,在梳理和归纳前人研究成果的基础上,确立了本书拟采用的“可见性分析框架”,将可见性划分为五个维度:物质基础、架构模型、交互特点、运作机制和社会影响,分别进行分析。由于我们无法对所有的平台媒体逐一展开研究,本书选取了超级社交媒体——微博作为平台媒体的典型代表,通过全面考察微博“推荐流”的可见性生产过程与结果,进一步了解“平台媒体中介的可见性”。本书以微博“推荐流”为研究对象,围绕“可见性分析框架”对平台媒体所中介的可见性展开论述,试图回答以下七个问题。

第一,构成平台媒体可见性的物质基础有哪些?探究平台媒体可见性得以运作的各个组成要素。

第二,平台媒体的可见性架构是如何搭建的?通过图式结构揭示各个物质基础要素在架构中的位置安排。

第三,在平台媒体构建的可见性中,可见双方呈现出怎样的互动关系?具体而言,被观看的对象以何种方式呈现在观看者面前?双方的互动具有哪些特征?

第四，平台媒体是如何生产出可见性的？探究平台媒体的可见性运作机制。

第五，平台媒体中介的可见性会带来怎样的社会影响？

第六，从媒介技术发展史的角度出发，回顾并梳理可见性在四个历史阶段，即人际传播、大众媒介、网络化媒介和平台媒体时代的嬗变，纵横对比“平台媒体建构的可见性”与前三个阶段可见性的异同。

第七，一个负责任的平台应该构建一种怎样的可见性？提出建议与反思。

第二节　核心概念与文献综述

一、平台媒体及其三种类型

1. 平台媒体

从2014年开始，一个互联网新“生物”逐渐成为人们关注的焦点，国内研究界也对其展开了诸多讨论，它就是“平台媒体”(platisher)。2014年2月，乔纳森·格里克(Jonathan Glick)在《平台媒体的崛起》(*Rise of the Platishers*)中首次使用了“平台媒体”这一词汇[5]。虽然格里克率先提出平台媒体的概念，但杰罗姆(Jerome Sun)所作的定义产生了更为广泛的影响——平台媒体，即“platisher”，由platform(平台商)和publisher(出版商)合成，简言之就是“既拥有媒体的专业编辑的权威性，又拥有面向用户平台所特有的开放性的数字内容实体[31]”。2014年，在对平台媒体的实践和现状进行考察后，杰罗姆对平台媒体进行了更为细致的描述，他认为“平台媒体是依托热门互联网应用或海量用户基数，拥有开放的用户内容生产模式(User Generated Content, UGC)，将专业编辑机制与算法推荐机制相结合的数字内容生产、聚合、分发体系[31]”。从根本上来讲，所谓平台媒体就是某一种主流的互联网应用，它本身并不生产内容，而是依靠内容生产体系与算法机制的有机结合所产生的媒体界面。

即便是平台媒体大行其道的今天，我国对于平台媒体的研究仍主要集中在部分学者之中。其中张志安、喻国明、陈昌凤、仇筠茜、方师师、史安斌、黄淼、王茜、徐笛、白红义、姜红、杨洸、权玺等国内学者在这个领域作出了卓著的贡献。

本书梳理了国内平台媒体相关研究文章,并将其分为以下四个类别。

一是对平台媒体进行全面而系统性的分析。比如张志安的《平台媒体的类型、演进逻辑和发展趋势》,提出了将国内平台媒体分为"聚合分发类平台"和"社交类平台"两种,这是国内较为详尽地分析平台媒体分类及特色的论文,还对平台媒体在各个阶段的分类和演进作了回顾,提出了未来可能的趋势[32]。

二是针对平台媒体算法推介机制的考察。为了揭示平台的算法"黑箱",目前学者大多采取资料收集的方式,从外围入手尝试解构其内部机理。如王茜采用内容分析和对上榜词的统计,得出影响微博"热搜"推荐机制的四个要素:时新性、流行性、互动性和导向正确[33],通过对77位用户的8 000多条新闻推送的分析,她还得出了影响今日头条算法推荐的因素包括场景、内容、用户偏好和平台优先级的结论[34];方师师指出Facebook更加强调"以社交为基础的人与人之间的关系构成[35]"。

三是由平台媒体的崛起所引发的对传统新闻业乃至主流意识形态的担忧[36]。比如张志安的《论算法推荐对主流意识形态传播的影响》[37]、白红义的《重构传播的权力:平台新闻业的崛起、挑战与省思》[38],都认为平台媒体重塑了传播权力,影响了整个传统新闻生产的格局。方师师则着眼于国外平台媒体对传统新闻业的冲击,指出报业、电视、新闻网站皆面临业务与广告的萎缩,原创与写作成为最后的救赎,但前景依旧渺茫[39]。

四是将平台媒体置于媒介融合的大背景下进行比较。比如张志安的《媒体融合再观察:媒体平台化和平台媒体化》[40],喻国明的《互联网是一种"高维"媒介——兼论"平台型媒体"是未来媒介发展的主流模式》[41]、《平台型媒体的生成路径与发展战略——基于Web 3.0逻辑视角的分析与考察》[42]和《"平台型媒体"的缘起、理论与操作关键》[43],嵇美云和支庭荣的《互联网环境下媒体融合的瓶颈及策略选择》[44]以及吕尚彬的《"互联网+"时代的平台战略与平台媒体构建》[45]等论著。这些学者并非直接对平台媒体展开论述,而是将其置于国家媒介融合战略背景下进行比较分析,从而为传统媒体转型把脉[36]。

综上,关于平台媒体,国内的研究文献还不是很丰富,虽然目前已经有了一些可观的成果,但主要还是全景式的介绍和个别特色的分析。非西方语境下平台媒体的算法推荐机制研究，大多基于研究者对所搜集资料的主观判断，很少采用量化统计和试验的方式进行验证，且呈现出碎片化、多学科交叉的状态。针对平台媒体可能产生的社会影响，虽然张志安、陈昌凤和仇筠茜等人的论文提到了“信息过滤泡”和“信息茧房”等问题，但主要还是围绕其对新闻业的影响，以及如何优化算法以“破茧”求解展开对策性研究[46]。由此可见，有关平台媒体的探究尚处于起步阶段，实证研究相对匮乏。复旦大学新闻学院教授白红义曾坦言：“学界在这块的研究太少了，应该运用何种理论概念和研究方法来对平台媒体展开研究？平台媒体内部的算法机制是如何设计和运作的？[38]”对于这些重大的现实问题的研究都尚处于空白阶段。

2. 平台媒体的三种类型

目前，对于平台媒体的类型划分方式，不同学者持有不同的观点。有研究者根据平台媒体聚合的媒介内容种类的多寡，将其分为“单一性平台媒体”和“综合性平台媒体”[32]。把聚合媒介内容较为清晰的今日头条、油管等定义为单一性平台媒体，而将微信、百度等同时聚合了媒介内容与各种应用的平台媒体定义为综合性平台媒体。也有研究者根据平台媒体的属性，将其分为“资讯定制类平台媒体”与“网络社交类平台媒体”[32]。

在笔者看来，第一种分类方式过于强调平台媒体所聚合的媒介内容种类的数量，而对平台媒体的特征属性视若无睹。第二种分类方式虽然顾及了不同平台媒体各自独特的属性，但恰恰遗漏了以谷歌、百度、必应等为代表的搜索引擎这一类型的平台媒体，它们与“资讯定制类平台媒体”和“网络社交类平台媒体”一样，也承载着信息内容聚合与分发的功能机制。

基于上述考量，根据不同平台媒体的功能定位，本书将平台媒体划分为三种类型（表 1. 1）：第一类是以“社交链接”见长的“网络社交类平台媒体”，如Facebook、推特、微博、微信、抖音、快手等；第二类是针对关键词搜索获得定向内容的“搜索引擎类平台媒体”，如谷歌、百度、必应等；第三类是以提供高度差异化、个性化、定制化新闻资讯见长的“资讯定制类平台媒体”，如今日头条、一点资讯、天天快报等。下面针对三种不同类型的平台媒体，分别作概述。

表 1.1　　平台媒体的三种类型

平台媒体类型	功能定位	运作模式	应用举例
网络社交类平台媒体	兼具社会关系建立与维护的“社交属性”和资讯推荐功能	通过对用户的基本资料、使用习惯、浏览历史、社交关系等数据进行分析和挖掘,为用户推荐其可能感兴趣的用户或内容,以实现满足用户个性化需求的目标	Facebook、推特、微博、微信、抖音、快手
搜索引擎类平台媒体	导引用户的信息访问目标,用户通过搜索引擎关注实时动态、解答疑难困惑、了解产品资讯、进行社交互动	基于用户的个人信息、使用习惯、搜索历史与搜索请求、搜索结果、搜索评估、搜索确认等,生成基于用户自身使用习惯的“个性化”搜索结果	谷歌、百度、必应
资讯定制类平台媒体	提供高度异质化、个性化的新闻资讯服务	通过对用户使用习惯等信息进行挖掘和分析,进而为用户推荐其可能感兴趣的新闻内容,满足用户的个性化需求	今日头条、一点资讯、天天快报、趣头条

(1) 网络社交类平台媒体

以推特、Facebook、微信、微博为代表的网络社交类平台媒体的最主要的功能是社交链接,担当着建立与维护社会关系的重要角色。“交互性”是此类平台媒体的显著特征,也是吸引用户使用的主要原因[32]。此类平台媒体兼具社交属性与资讯推荐功能,通过对用户的基本资料、使用习惯、浏览历史、社交关系等数据进行分析和挖掘,为用户推荐其可能感兴趣的用户或内容,以实现满足用户个性化需求的目标。

学界目前对网络社交类平台媒体的研究以 Facebook 和推特为主要研究对象,并已取得了较为丰富的研究成果,而非西方语境下的系统研究仍较为缺乏。以 Facebook 为例,对 Facebook 中“动态消息”(News Feed)的算法机制披露源自 2010 年 4 月 Facebook 的“F8 会议”,该平台的两位创始工程师鲁奇·桑维(Ruchi Sanghvi)和阿里·斯滕博格(Ari Steinberg)将“边际排名算法”(EdgeRank Algorithm)引入公众视野[47],“每个出现在用户新闻源里的内容都被称作 object,与 object 互动的行为被称作一个 edge,每一个 edge 有三个至关重要的组成要素，分别是 U：亲密程度（affinity score）、W：边类权重（edge weight）和 D：时间衰变（time decay）。对 edge 产生影响的因素叠加在一起，就会增加 edge 的分数，然后就产生了 EdgeRank”[48]，即分数越高，内容就越容易出现在用户的动态消息中[35]。然而，算法的一个重要属性就是迭代性[49]，平台媒体会根据实际需要不断更新算法机制，“边际排名算法”自披露起已超过 10 年，实际上学者早已宣布了这一公式的“死亡”[50]。研究者通过对算法工程师的访谈和民族志研究也证明了 Facebook 的算法机制正走向更加复杂的系统设定[51]。2011 年后，动态消息的算法机制已全面转向机器学习。Facebook 工程部经理拉斯·巴克斯托姆（Lars Backstrom）曾表示，该系统在原有三个 EdgeRank 要素之外，还加入了包括关系设定、贴文种类、隐藏贴文/检举粉丝专页等在内共计近 10 万个独立项的权衡因素[52]。这些混合因素为 Facebook 的算法法则增加了更大的“不可探查性”[35]。

由于推荐机制涉及公司商业机密，愿意公布的公司不多[53]，算法也经常因其变动而不告知公众的特性被人们所质疑[49]，即便是内部算法工程师也只熟悉自己负责的那部分算法，难以掌握运作机制的全貌[54]。人们对算法的认知尚停留在对未经迭代的、不完整信息的归纳与推导[9]。相比于近年来多项针对谷歌、Facebook 等超级技术平台的管制条例的颁布和监督委员会的成立，我国暂未出台督促社交平台算法增加透明性与可信度的相关约束性文件，因此对此类平台进行研究往往面临更大的挑战。

（2）搜索引擎类平台媒体

作为互联网入口的搜索引擎，导引着用户的信息访问目标，人们通过搜索引擎关注实时动态、解决疑难困惑、了解产品资讯、进行社交互动。《第 46 次中国互联网络发展状况统计报告》显示，截至 2020 年 6 月，我国搜索引擎用户规模达 7.66 亿人，使用率占网民整体的 81.5%，手机搜索用户规模达 7.61 亿人，使用率为 81.6%[55]。

搜索引擎位于互联网经济的核心，可以深刻地影响人们生活中诸多关键决策，但其社会影响形式是隐秘的[56]。搜索引擎可以方便地呈现搜索结果，除了对既有信息资源的征用之外，还高度依赖政治环境、经济利益、技术因素和用户使用。有学者在比较同一事件在不同搜索引擎（百度和谷歌）中的呈现后发现,尽管搜索引擎为用户提供了看似精准而多样的知识与信息,但是其话语仍然是高度结构化的,与其所处的经济、政治与文化语境相一致。在搜索引擎提供的知识民主化的表象下,政治与商业对于知识的控制从明处走向了暗处,变得更加隐蔽、难以察觉[57]。此外,搜索引擎还可能滥用用户对返回结果的自然信任,从而模糊对算法偏向的讨论,垄断在线内容的可检索性,其效果类似于信息操纵[56]。

值得关注的是,2009 年 12 月 4 日,谷歌在其官方博客发表了一则短文,开启了搜索引擎史上“最大的变革”。谷歌成为首个采用“个性化搜索”的搜索引擎,自此谷歌的搜索内容呈现“千人千搜”[58]的特点。谷歌搜索引擎采用了 57 种信号,如用户登录的地理位置、使用的浏览器、以前用过的搜索词等来判断用户的身份,揣测用户喜欢的网站。即使用户注销了账户,谷歌仍能预测用户的需求并调整搜索结果,以显示用户最有可能点击的网页[59]。最终将用户的个人信息、使用习惯、搜索历史与搜索请求、搜索结果、搜索评估、搜索确认等环节相关联,生成了基于用户自身使用习惯的“个性化”搜索结果[60]。2018 年扎克·拉姆达尼(Zak Ramdani)和伊娃·泰勒(Eva Taylor)通过对仅次于谷歌的第二大实时排名的搜索引擎优化(Search Engine Optimization,SEO)平台“aHrefs”进行数据抓取,发现社交网络开始以更大的规模出现在搜索引擎中,而社交活动与搜索排名之间存在正相关关系[61],也就是说,社交网络的搜索曝光率开始提升。社交网站是否与谷歌之间达成战略合作、用户的社交数据是否作为精准定位用户搜索目标的交换条件、社交网站与搜索引擎之间的“裙带”关系有待进一步探究。

(3) 资讯定制类平台媒体

资讯定制类平台媒体的首要功能是提供高度异质化、个性化的信息服务。此类平台媒体通过技术手段,整合互联网中海量的新闻资讯,并通过智能算法对用户使用习惯等信息进行挖掘和分析,进而为用户推荐其可能感兴趣的新闻内容,以满足用户的个性化需求。根据艾媒咨询发布的“2019 年中国手机 App 分类排行榜”,在综合资讯类 App 榜单中,排名前三的腾讯新闻、新浪新闻和今日头条都属于依托智能算法进行内容推荐的资讯定制类平台媒体。其中,今日头条以“十月月活人数”2.55 亿人排名第三,与今日头条内容分发性质相同的其他资讯定制类平台媒体也名列前茅，其中趣头条以 6 461 万人的“十月月活人数”排名第五，天天快报和一点资讯分别位列第八和第九名[62]。

资讯定制类平台媒体通过智能算法将专业媒体、机构媒体和自媒体的内容不断地与用户所需信息精准匹配，发挥着网络化社会连接信息与用户的“桥梁”作用。在经历了初期无视版权问题对全网内容进行聚合、分发的阶段后，目前资讯定制类平台媒体主要通过版权购买和流量置换与其他媒体展开合作，以达到信息聚合的目的[32]。合作媒体主要包括中央媒体、地方媒体、门户网站、行业网站等，内容上覆盖了财经、政治、军事、文化、科技、汽车、游戏等诸多领域，在为受众提供海量信息的同时，充分满足了他们的阅读需求[63]。此外，自媒体也是资讯定制类平台媒体的主要内容来源，且大多资讯定制类平台媒体都通过在平台内创设自媒体频道，实现专业用户生产内容（Professional User Generated Content，PUGC）。比如今日头条的“头条号”、天天快报的“企鹅号”和一点资讯的“一点号”都通过吸引内容创业者与传统媒体入驻，生产专业性、原创性较强的内容。今日头条还实施了“千人万元”激励计划，通过内容变现，扶植优质内容生产者，进一步强化了平台生产内容的能力，实现了内容的多样化和专业化[32]。

通过算法实现为用户精准推荐其所需要的信息是资讯定制类平台媒体的主要功能。目前，资讯定制类平台媒体的算法推荐主要分为三种类型：协同过滤推荐（collaborative filtering recommendation）、基于内容的推荐（content-based recommendation）和关联规则推荐（association rules recommen dation）[64]。以今日头条为例，这个号称“没有采编人员，没有立场和价值观，运转核心是一套由代码搭建而成的算法”[65]的技术公司，主要根据用户的动作特征（包括点击、停留、滑动、评论、分享）、环境特征（包括 GPS 定位、是在 WiFi 环境还是移动通信环境、是否为节假日等）和社交特征（如关注关系）进行信息推荐[66]。此外，泛化推荐（指把向一个人推荐的内容泛化到其他有共同特质的人身上）和协同过滤也是今日头条进行内容推荐的重要依据[67]。此类系统的核心逻辑就是实现内容、用户与场景的匹配，以满足用户的个性化信息需求[68]。因此，今日头条、一点资讯等资讯定制类平台媒体也不断被学界与业界诟病为“过滤气泡”“信息茧房”等现象的主要制造者。

二、可见性理论及其发展

1. 可见性的概念

如同许多学术概念一样,对可见性的思考并非发端于传播学,不同学科领域围绕可见性这一概念,作出过多种解释。阿尔瓦·伯格曼(Alvan Bergman)和卡罗琳·海索恩思韦特(Caroline Haythornthwaite)认为可见性是"呈现(presentation)的手段、方式和机会"[69],两位学者将研究重点放在演讲者或表演者对自我展示(presentation of self)的关注上。杰弗里·W.特里姆(Jeffery W. Treem)和保罗·M.莱昂纳迪(Paul M. Leonardi)则把可见性定义为一种"使事物变得可见的能力",即"将原本不可见(或至少难以可见)的用户行为、知识、偏好和用户在传播网络中可供联结的(一个或多个)节点展示给组织机构中的其他成员"[70],可见性因此也就与人们付出精力的多少、采取何种策略有关。塔利·哈图卡(Tail Hatuka)和埃兰·托克(Eran Toch)认为可见性与"构成关注的形式、对注意力的管理"密切相关,可见性直接影响并决定了"事件和对象的重要程度"[71]。

广义上来说,可见性不局限于视觉维度,也存在于听觉、嗅觉、触觉维度,一切被人感知其存在的、占据人们注意力的事物都具有可见性。比如广播形成的可见性就是由声音传播的远近范围而非图像所决定的,可见性更多与事物受关注的程度有关[9]。"看见"(seeing)从来都不是"纯粹视觉"(pure vision)上的东西,相反,"看见"总是被一套社会中广泛认同的文化价值和概念框架所形塑[72]。社会学家布里吉蒂(A. M. Brighenti)也将可见性与"可视性"(visual)作了区分,提请人们注意可见性关注的不仅是呈现在屏幕上的事物,更是"观看"与"被观看"之间可能产生的各种影响——可见性与"注意力的集中、彼此尊重的建立、等级关系的确立、行动的协调、反抗行为的产生"等社会目标与后果密切相关,正是通过"对可见性的种种配置(configurations),社会关系才得以稳定,权力效应才得以确定"[73]。可见性高度依赖事物所处情境(context)、社会的复杂性、技术以及政治安排,是上述因素共同交织作用的结果。这一点拓展了有关可见性的内涵。

近年来,可见性这一概念越来越受到传播学者的重视,无论是从事互联网监

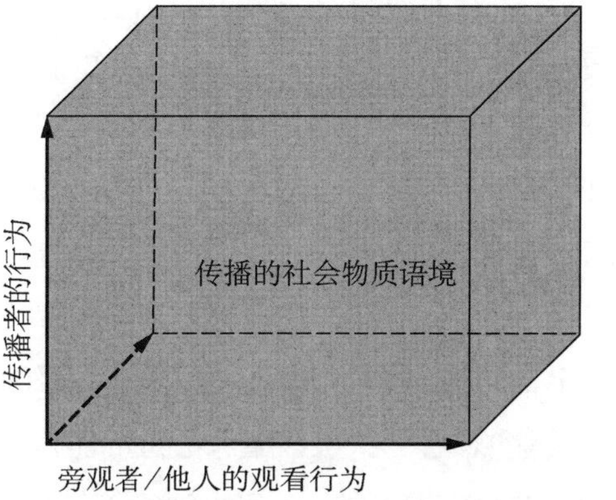

图 1.2 “传播的可见性”的三种分析维度

图片来源:J. W. Treem et al.

视研究,还是从事社交媒体中人际关系的研究,都绕不开可见性这一关键理论。传播学者杰弗里·W. 特里姆等人在 2020 年《计算机辅助传播杂志》(*Journal of Computer-Mediated Communication*)的特刊中首次提出“传播的可见性”(communication visibility)概念,将可见性置于传播学领域,指出可见性不是单向的,而是存在于特定语境下的一种“互动”:一边是“表演”,另一边是“观看”[74]。这种“互动观”体现在他们所梳理的可见性的三种维度之中(图 1.2):①第一个维度聚焦传播者的行为(actors' activities),通过“改变传播者对他人的可获得性和显著性”(如用户在社交媒体上装饰自己的主页、发帖、与他人成为好友等),来改变“传播的可见性”。这种考察传播者如何控制自身的可见性的路径,也是传统可见性研究中最常见的路径,目前大部分研究都集中于对传播者行为的观察。②第二个维度聚焦他人的观看行为(observers' activities)。这里所指的“他人”,并不是传播行为的直接参与者,而是所谓的“第三方”,他们通过浏览网页、点击网络帖子、在社交媒体上潜水、浏览过往储存在网上的对话,或者只是通过“出席或在场”(be present)对传播者构成压力(如发帖时传播者会考虑谁可能浏览,选择迎合或隐藏某些内容;朋友圈的分组可见等),从而控制和影响传播者的可见性。③第三个维度则聚焦传播的社会物质语境(socio-material context of communication),这意味着考察可见性时需兼顾媒介平台的技术特征(如平台的隐私设置)和不同社会情境中用户对某个平台文化意义的解读(如 Facebook 最初被视为常春藤大学的学生进行社交的软件,这也决定了该平台用户的使用方式与内容的生成)。上述物质性和社会性因素都或隐或现地影响着可见性的最终呈现。

上述对可见性的三种分析维度,尤其是第二、第三维度的提出,突破了过去传播学研究中的定势思维,提醒研究者对“传播的可见性”的考察不能局限于传播者本身，而应将“传播的可见性”放置在更加广泛的人机交互网络及其社会物质背景中进行理解——当我们想知道人们调整可见性的努力是否成功时，可以合并几个维度同时研究：既要观察用户本身做了什么，又要考量旁观者观察到了什么，还需要进一步结合用户使用的媒介技术及其所处的社会情境进行综合分析。可见性是上述三方面交织作用的共同结果。

综合上述观点，除了基础释义外，关于可见性还有三点值得我们注意：①广义上的可见性包含视觉、听觉等感官维度，是一种对注意力的整体表达；②可见性关注“观看”与“被观看”之间可能产生的各种社会影响与后果，更强调所“观看”的事物背后的一系列政治经济结构因素与文化背景（那些使可见性成为可能的条件）的构建；③可见性是由传播者、旁观者和社会物质语境所共同决定的。

2. 媒介中介的可见性

以社会学的角度切入，可见性立刻具有了丰富的阐释空间。这一理论后来被社会学家约翰·B. 汤普森（John B. Thompson）首次引入传播学领域，并逐渐为传播学者所重视。汤普森以人际传播为起点，总结了“面对面”传播（face-to-face interaction）模式下，可见性的两大特征[72]：第一，可见性是由“时间”与“空间”共同构成的特定坐标所决定的。可见性与视力的物理能力范围以及人们所处环境的时空特性有关——人们无法在没有光线的情况下看到事物（除非有某种技术的帮助），也无法超越一定的距离或时间的界限看到过去和未来（除非再次借助某种技术）。人们看到的是“存在于视野之中”的东西，因而可见性的边界是由“此时此地”（here and now）的视域范围所划定的。换而言之，那些与我们共享相同的“时空坐标”（spatial-temporal locale）的人和事即为“可见”的。第二，可见性是相互的（reciprocal），人们看到视野内其他人的同时，对方也可以看到他们，这是一种可见性的“共存”（co-presence）。

可见双方“时空同构”（同一时间、同一地点）、“彼此可见”的特征符合人际传播的模式。然而，随着媒介（尤其是大众媒介）的出现与普及，汤普森发现可见性及其特征正在经历巨大变化。他认为大众媒介面向的是众多不确定的潜在受众，当受众看见传播者的影像或听见传播者的声音时，传播者却无法对等地获取受众的反馈，他也因此称大众媒介为“独白式”（monological）或“单向度”的可见性。同时他还考察了传播技术对于“时空”的超越，以电视为例，他指出电视可以把远距离发生的事件通过卫星信号瞬间发送到人们面前。他以越南战事为案例:受伤的士兵、哭喊的儿童和惊慌失措的逃难者都生动地出现在了电视屏幕上,这些画面直接导致了反战示威游行的加剧,并最终加速了战争的结束。大众媒介的这种远距离传播已经成为影响社会和政治生活的重要因素[75],它颠覆了过去"面对面"模式下可见性的运作方式,使得可见性开始从时间与空间的桎梏中解脱出来,产生新的可见双方的互动关系,生成了新的权力体系。种种迹象表明,大众媒介带来了一种完全不同于人际传播的"新的可见性"(the new visibility)[72]。

就不同媒介带来的可见性变化,汤普森提出了"中介化的可见性"(mediated visibility),国内也有学者将其翻译为"媒介化可见性"[76,77]。但笔者认为"媒介化"本身作为传播学的一个理论,对应术语应是"mediatization"[78],此处将"mediated"一词同样译为"媒介化"容易产生歧义。从构词法的角度来看,"mediated"是"mediate"的分词形式,后者有"居间""调解""中介"之意,因此"mediated"可被理解为"以……为中介"[79]。"mediated visibility"可被释义为"以……为中介的可见性",结合该短语所在语境,汤普森更倾向所指那些"以(媒介)为中介的可见性",如以报纸、广播、电视、网络等媒介技术为中介的可见性。当可见性与媒介发生勾连时,可见性更多地被理解为一种"信息环境",即媒介通过某种过滤机制将某些信息内容呈现在了人们面前。因此,"媒介中介的可见性"也与"把关人"理论、"媒介表征"(media representation)具有相通之处。本质上,它们都是经由媒介对外部世界进行选择性的呈现,作为最重要的符号产制场所,媒介的生产过程即文化表征的过程[80],是有意无意包含一部分意义,同时排除另一部分意义的重构[81-85]。媒介内容并非事实本身,而是关于事实的"再现"[83]。当下传播环境复杂多元、传播手段日趋成熟与技巧化,各种声音形象角逐"上场",可见性成为竞相争夺的资源:是否可见(缺席/在场、主流/边缘)、以何种方式可见(正面/负面、刻板印象/美化)、关涉对象的主体经验能否在社会公共空间中得以展示与表达,在很大程度上影响着社会对该主体的情感、想象与认知[86,87]。

"mediated visibility"体现了媒介对信息呈现的介入程度,往往用于衡量在引入某一"媒介装置"(media application)后,可见性的范围、内容与特征较原来没有中介时的差异。以大众媒介为例，“mass media-mediated visibility”应译为“大众媒介中介的可见性”，它所表达的是通过大众媒介这一“中介物”（medium）呈现出的信息环境，强调在这一过程中，大众媒介的过滤、排序、重组等复合行为对可见性产生的影响，暗示大众媒介并非是对所有外部世界的客观反映，而是按照某种意志控制了信息最终的呈现样态。所以，“大众媒介中介的可见性”可通俗化地理解为“经由大众媒介（这一中介物）而建构起的信息环境”。“构建”本身就意味着最终生成的可见性与自然状态下的信息样态有所不同，并且“构建”必然包含一套意识形态和运作机制，这都与“媒介中介的可见性”的内涵保持一致。

综上，可见性是一个关涉政治学、传播学、社会学等多学科的复杂概念，丰富的释义延伸了可见性理论的生命力。本节在对可见性概念进行梳理后，重点阐述了可见性与传播学之间的关联。本书所讨论的可见性，主要是指媒介技术语境下所构建的可见性——当与媒介发生勾连时，可见性更多地被理解为一种“信息环境”，什么人、什么物为人们所看见，具体表现为信息内容的呈现样态与结果。社会学家汤普森提出了“中介化的可见性”，他将大众媒介视为中介可见性的重要介质，并重点探讨了媒介（主要是电视）带来的可见性变化及其社会影响。这一论述使汤普森成为第一个将可见性与媒介进行理论结合的学者，他的研究为后续学者探讨互联网时代的可见性，以及本书重点研究的平台媒体构建的可见性奠定了基础。

三、可见性的分析框架

如何理解与分析可见性？在回顾汤普森的文本《新的可见性》（*The New Visibility*）的基础上，本书将借鉴社会学家布里吉蒂提出的“可见性体系”（visibility regime）[73]，在兼顾可见性的“物质性”以及具体运作过程中的机制阐释的基础上，对原有“可见性体系”进行补充修正，重新搭建可见性的分析框架。这一新的分析框架将可见性划分为物质基础、架构模型、交互特点、运作机制和社会影响五个层面进行阐释（表 1.2）。

布里吉蒂指出，“可见性体系”应由三个相互关联的部分组成：架构（architecture）、交互（interaction）和权力（politics）[73]。第一，架构表现为可见各方的某种图示结构（diagrams）。他采用锥形（cones）和矢量（vectors）两种视觉

表 1.2　　可见性的分析框架

可见性的分析维度	含义
物质基础	可见性的各个基本组成要素
架构模型	一种图示结构，展现各个物质基础在架构中的具体位置安排
交互特点	可见双方呈现出的互动关系
运作机制	可见性得以运作的一套逻辑与规则
社会影响	可见性带来的影响与后果

比喻（visual metaphors）来建立可见性的图式结构。锥形图示代表“少数看多数”（many-to-few）或“多数看少数”（few-to-many）的情况，是一种不对等的可见性状态；另一种矢量图示①则代表“一对一”（one-to-one）或“多对多”（many-to-many）的可见性情景。从物理学角度来看，“矢量”是一种既有大小又带有方向的量，如果将对象抽象为一个点，那么点与点之间（相互可见的对象之间）可以是任何距离的、任何方向上的“可见”。与“锥形”图示相比，“矢量”是一种相对平等的可见性状态。第二，“交互”层面展现了“看”与“被看”之间的互动关系。被观看的对象或内容以何种方式呈现在观看者面前，双方的互动具有哪些特征。第三，“权力”层面主要分析由不同的可见性模式生成的各种权力关系。

经梳理，本书发现汤普森对可见性的研究其实就已经包含了“架构”“交互”“权力”这三个层面[88-90]，布里吉蒂作为后世研究者在其著作《社会理论与社会研究中的可见性》（*Visibility in Social Theory and Social Research*）中也多次引述汤普森的文献。因此，他所提出的“可见性体系”可以说是对前人研究成果的归纳与提升。然而，美中不足的是，“架构”“交互”“权力”三个层面并未涵盖可见性的所有内容：第一，在论述可见性的架构时，我们并不知道构成该架构的各个基本要素是什么？换句话说，哪些技术、人、物、组织交织其中，共同构建了可见性？钟蔚文、陈百龄、陈顺孝提出“物质性”（materiality）这一概念，所谓物质性是指工具构成的要素，例如当代传播媒介的物质性包含声光画面、纸张文字、超

① 矢量（vector）是一种既有大小又带有方向的量，又被称为向量。一般来说，在物理学中如速度、加速度、力等被称作矢量。

链接等具体物质元素[91]。本书借助物质性的概念,补充提出可见性的"物质基础"这一分析维度,以探究可见性得以运作的各个基本组成要素。第二,可见性作为一种制度性安排的结果,必然遵循某种规则对事物进行呈现,因此其运作机制是用以揭示"可见性为何得以如是"的关键。研究可见性倘若忽略了"可见性的运作机制"这一维度,也就无法深刻地理解事物/信息内容之所以以某种样态呈现的原因,那么背后隐藏的多种权利与利益的博弈也就无从展现。第三,可不可见的问题不仅涉及个人/公共权力,也与自由平等、民主社会的构建、多样化的信息生态格局等议题交织在一起。布里吉蒂所提出的"权力"维度,仅是可见性带来的众多社会影响中的一部分。因此,笔者更倾向采用可见性的"社会影响"来替代"权力"这一维度。

在接下来的几章中,笔者将具体阐述"大众媒介中介的可见性"(mass media-mediated visibility)和"网络化媒介中介的可见性"(network-mediated visibility),以及本书的研究重点——"平台媒体中介的可见性"(algorithm-mediated visibility)。在分析的过程中,将采用上述"可见性分析框架",分别就不同媒介所构建的可见性的物质基础、架构模型、交互特点、运作机制和社会影响进行探讨,以全面展示不同媒介技术之下可见性的各个面向。

第三节　研究问题、研究方法与研究意义

一、研究问题

当谷歌、Facebook、推特、百度、微博、今日头条、抖音等凭借更加符合用户阅读习惯和阅读偏好的优势,成为人们获取信息和新闻的主流"入口"时,这些平台媒体与报刊、广播、电视等大众媒介本质上并无二致,它们并非自然客观地呈现外部世界,而是在信息传递的过程中扮演了"中介者"的身份,时时刻刻"计算和规定什么可见、什么被排除在视野之外、对谁可见、什么优先可见"[9]等重要的社会议题。当这种经由平台媒体构建的可见性已然成为全球范围内的一种普遍现象时,人们对于平台媒体本身,以及平台媒体所创造出的新的信息环境却知之甚少。

本书旨在探究平台媒体中介的可见性,以及其特征、运作机制与社会影响,

具体而言:从平台媒体这一研究对象出发,探讨平台媒体构建的可见性具有怎样的特征?这种可见性又是如何被生产出来的?背后折射出怎样权力与利益的博弈?目前平台媒体造就的可见性格局,会给人类社会带来哪些影响?最后,一个负责任的平台媒体应当构建怎样的可见性?具体如何实施?

从媒介技术发展史的角度出发,本书将回顾并梳理可见性在四个历史阶段,即人际传播、大众媒介、网络化媒介和平台媒体时代的嬗变,纵横比较"平台媒体中介的可见性"与前三个阶段的可见性在特征、运作机制和社会影响方面的异同。

二、研究对象的选择

由于我们无法逐一研究所有平台媒体,且不同平台媒体的可见性运作机制也各有侧重、不尽相同,因此,本书拟聚焦一个具有代表性的平台媒体进行分析。出于研究对象的可接近性、可分析性、多重维度性和市场成熟程度这四个方面的综合考量,笔者选取微博"推荐流"作为平台媒体的代表案例。

中国的四大微博:新浪微博、网易微博、搜狐微博和腾讯微博先后诞生于2009年8月至2010年4月。"四大金刚"在经历一番鏖战之后,除新浪微博之外,其他三家皆已退出市场。2014年,新浪微博宣布改名"微博",其新浪色彩逐步淡化。本研究中的微博即指代新浪微博。微博是中国社交媒体的超级平台之一,2020年微博月活跃用户达5.23亿人,日活跃用户2.29亿人[92]。根据Alexa公司2020年3月的统计数据,微博的访问量在全球位居第16位,在中国位居第10位。网民通过微博获取新闻的比例达到35.6%,高于通过新闻客户端获取新闻的比例[93]。作为引导中国舆论风向标的社交平台,微博引入算法推荐的时间最早,运作也相对成熟。微博的"热搜""关注流""推荐流"均采用算法推荐的方式向用户呈现其可能感兴趣的内容。以"推荐流"为例,"推荐流"下属的"热门""同城""榜单"等16个频道都是通过算法运算建构起的"千人千面"的个性化信息环境。

微博作为信息公开平台,无论是用户的基本信息介绍、转发/发布的微博、关注人列表、粉丝列表、点赞微博等都是公开或部分公开的数据,研究者可通过微博获取大量一手资料。相比之下,另一个国内社交媒体巨头——微信却具有高度的数据“不可接近性”（inaccessible）。微信无法向他人公布用户的好友列表，用户发布的朋友圈动态以及点赞、评论等“数字痕迹”（digital trace）也仅供好友之间查看。更为重要的是，微信的大量行为数据都发生于用户的“私人空间”中，由于涉及个人隐私，微信并不能读取用户的聊天记录、朋友圈内容和上述朋友之间的互动行为作为推断用户兴趣的依据，因此微信并不具备将用户文本的内容和私人社交关系行为纳入算法推荐的合法性基础。或许正是出于这些原因，近年来微信开设了大量处于公共地带的新功能（如“看一看”“订阅号”“视频号”），借助用户为公众号的点赞、“在看”等公开行为在海量信息中筛选有价值且用户可能感兴趣的内容，意图在信息资讯高地的角逐中“分一杯羹”。上述功能虽然都不涉及用户的隐私数据，但也缺失了微信作为社交媒体最应该把握住（却不能把握）的用户文本内容和人际关系行为数据。

微博以文字结合图片、视频发布为主，即便一条图片或视频内容多半也会伴随用户简单的描述性文字，或者转发记录、评论内容等文字性说明，以辅助人们对图片和视频的理解。因此，通过微博获取的文本数据要比通过抖音、哔哩哔哩、快手等纯视频类平台媒体所获取的单一视频数据具有更强的可分析性。在按主题对微博内容进行分类时，很大程度上避免了对视频分类可能遇到的素材难以界定、归类判断模棱两可的情况。

微博的“公开性”和“交互性”决定了它能够获取来自用户的多个维度的数据，这些数据共同为算法推荐提供了丰富的可能。以今日头条为例，由于“进入门槛”的限制，只有政务类账号、媒体机构、自媒体人等才能入驻今日头条，这就决定了它与微博的本质不同——今日头条的用户之间几乎都是单向关注的，并不存在好友关系。而微博除了可以关注“大V”（在微博平台获得个人认证，拥有众多粉丝的微博用户），也可以关注身边熟悉的朋友、亲人和同事，甚至可以加入某个群组。因此，像今日头条这样的资讯定制类平台媒体，更多是基于用户与内容之间的互动情况来进行算法推荐，而微博在此基础上还增加了一层社交关系作为算法推荐的依据。不难看出，微博的推荐机制更为复杂，需要综合考虑的因素也更多。

综上，微博具有庞大的用户基数和活跃用户群体，其推荐机制在经历了多次迭代后，已经迈入相对成熟稳定的运作模式。微博的数据获取同时集合了可接近性、可分析性、多重维度性等其他平台媒体所不具备的优势。作为微博内容推荐的核心模件——微博“推荐流”通过算法运算建构起“千人千面”的个性化信息环境，成为用户获取各类信息资讯的第一手平台。因此，本书选取微博“推荐流”作为平台媒体可见性的研究对象。有学者指出，算法需要被放置在具体的情境及社会技术装配（socio-technical assemblage）中来进行阐释[94]，作为国内舆论风向标的社交媒体，微博在其“黄金岁月”曾经与中国社会中形形色色的困惑相遇：“孙志刚事件”“随手拍解救乞讨儿童”“7·23 甬温线特别重大铁路交通事故”“冰桶挑战赛”“郭美美炫富事件”“小悦悦事件”，这些耳熟能详的只言片语汇聚成庞大的网络民意。以微博为研究对象，可以更好地结合中国本土场景加以阐释，展现数字技术冲击下传播格局中多种权利与利益博弈后的策略性选择。

三、研究方法

由之前所述的“可见性的分析框架”可知，对“平台媒体中介的可见性”研究包含了物质基础、架构模型、互动特征、运作机制和社会影响这五个方面的内容，因此并不存在某一种研究方法可以对上述五个维度都进行很好的解答。本研究的研究方法将围绕不同的研究问题而设计。

首先，最为基础且贯穿整个研究的是对微博公开资料的文本分析。本研究搜集了微博发布的年度报告、新闻稿、专利、核心人物（如微博首席执行官、微博算法工程师）的个人公开演讲以及个人发布的微博内容。此外，还对“微博管理员”“微博生活”“微博视频”“微博新星”“微博小秘书”“微博热点”“微博垂直博主”“头条文章”等微博官方账号所发布的公开声明进行了归纳与梳理。对前人成果和现有材料的甄别与梳理是一项非常重要的工作，既是展开现有工作的基础，也是寻找研究新问题、新空间的线索。很多答案和猜想的提出，就隐藏在“故纸堆”之中。

其次，是实证研究法，这也是本研究最为核心的研究方法。研究平台媒体最难获取的莫过于数据，由于涉及用户隐私和公司商业机密，技术公司一般不会向外界透露任何有效信息[53]。研究者只能通过实验法（如新注册多个账号进行模拟试验），和尽可能多地利用已采集到的数据进行分析。本研究采用了以下三种不同的实证研究方法以探究“平台媒体中介的可见性”。

1. 访谈法

2020 年 10 月 28 日，笔者对新浪首席信息官王巍①进行了面对面访谈（访谈提纲详见附录二）。笔者主要围绕微博“推荐流”的算法机制、微博的核心产品“社交兴趣图谱”（Social Interest Graph，SIG）引擎的判别标准、微博的算法价值观等方面进行提问。

2. 案例分析法与问卷调查

在对平台媒体的可见性运作机制进行研究时，笔者创新性地采用问卷调查与抓取自 98 名真实微博用户的近 10 万条样本数据相结合的方式，揭示微博“推荐流”的可见性运作机制。2020 年 10 月至 11 月，笔者通过向身边好友征集微博账号，并依托“滚雪球”的方式向好友的朋友进行账号征集，总共获取了 108 个微博实名账号作为案例分析样本，在对账号进行“非活跃用户”（点赞数、收藏数、微博发布数中任意两项少于 10 条）的筛选后，最终得到 98 名活跃用户的微博账号使用权。所有微博用户都通过问卷星调查平台完成了一份名为“用户兴趣与微博内容推荐相关性”的调查问卷（附录一）（$n=98$），问卷要求被调查者为不同的兴趣类目打分，以获取他们的个人真实兴趣。本研究在征得每位用户“知情同意”的基础上，经与微博账号绑定的本人手机验证后登录该用户的微博，获取其热门推荐的内容数据。笔者于 2020 年 11 月 2 日、3 日（两天内均无重大新闻事件发生，因此排除某段时间内微博“推荐流”集中推荐某些特定类别的内容）对 98 个微博账号进行登录，通过八爪鱼软件抓取每个账号中包括推荐广告（至少 50 条）、“推荐流”中的热门内容（至少 400 条）、推荐关注的人列表（至少前 100 位）、转发/发布的微博（全部或至少前 100 条）、点赞（全部或至少前 100 条）、收藏（全部或至少前 100 条）、关注的人所发布的微博（至少前 100 条）在内的一系列数据。通过 98 个微博账号总共获取有效数据近 10 万条。

在对照编码表的基础上，笔者将所抓取的数据内容按照 1＝新闻消息类、2＝金融科技类、3＝教育卫生类、4＝人文艺术类、5＝娱乐明星类、6＝娱乐产业类、7＝体育竞技类、8＝日常生活类和 9＝时尚美妆类进行归类，利用 Logistic 回归分析法分别建立内容可见性、用户的社交关系、用户的自主行为、算法推断等

① 王巍，新浪首席信息官，新浪 AI 媒体研究院院长，个人微博：https://weibo.com/weiwang。

变量之间的相关性。

3. 实验法

在对平台媒体的可见性影响进行分析时，本研究针对微博“推荐流”是否会导致“过滤气泡”现象的发生，共设计了三个小实验。在实验一中，笔者创建了时事、体育和科教三种不同类型的微博账号，在与中立账号的比较过程中，观察不同账号的推荐内容和推荐来源是否具有偏向性。实验二则引入“探索性代理人测试模型”(explorative agent-based testing)的方法，通过模拟不同用户的行为习惯以考察用户兴趣对用户信息结构的影响。笔者根据四种典型微博用户的模型创建了四种不同的“人设”，在对四个“代理人账号”进行为期一周的行为训练后，持续记录代理用户 A、B、C、D 和中立账号微博“推荐流”中的内容并进行分类，观察不同代理人账号的推荐内容和推荐来源是否具有偏向性。实验三通过互置代理人账号 A 与代理人账号 C 的兴趣，记录微博内容推荐的变化情况，以考察当用户兴趣突然改变时，“长期兴趣”与“短期兴趣”哪一种对算法推荐的影响更大。

四、研究意义

1. 理论意义

本书首次提出“平台媒体中介的可见性”这一概念，它是继“大众媒介中介的可见性”和“网络化媒介中介的可见性”之后，可见性领域发生的“第三次转向”。提出这一概念，主要基于以下三点考量。

第一，对当下信息传播的新格局予以回应。平台媒体成为人们获取信息和新闻的主流“入口”已是不争的事实，未来平台媒体在信息分发领域的角色权重将愈发重要。研究平台媒体如何建构可见性这一议题本身具有前沿性、紧迫性和必要性。

第二，借此概念对可见性理论作进一步延伸，以弥补该理论停留在互联网阶段裹足不前的现状。可见性的内涵与释义，因为媒介技术的发展与媒介形式的更迭得到了拓展与丰富。可见性也反过来成为解释媒介演进逻辑、媒介技术特性、媒介与社会变化的一个独特切口。可以预见，未来的媒介形式还将不断更迭，形塑可见性的主体也永远处于变动之中，这也意味着对可见性的研究需要不断跟进。

第三，社会科学领域目前对平台媒体的研究尚缺乏较为合适的理论视角。虽然已有不少学者尝试运用如“行动者网络”[95,96]“驯化理论”[97]“算法机制”[34]“算法把关人”[98]等富有洞见的理论概念对平台媒体进行阐释，但从总体上看，学界对平台媒体的研究仍然处于摸索阶段，亟待采纳更多元的理论框架分析和评估算法对人类社会文化生活产生的影响。可见性理论抓住了平台媒体内容产制的核心，对研究算法的运作机制、解释用户与平台之间的权力关系、寻找优化可行的平台逻辑等都具有说服力和可操作性。

2. 实践意义

第一，有助于弥补微博等社交类平台媒体研究匮乏的现状。国外对平台媒体的研究起步较早，主要集中于搜索引擎和社交媒体两类，形成了一批以谷歌、推特和 Facebook 算法机制为代表的研究。国内有学者采用内容分析和话语分析的方法，比较同一事件在不同搜索引擎（百度和谷歌）中的呈现[57]，更多研究则集中考察了今日头条这样的资讯类平台媒体对传统新闻业态造成的冲击[99]，或是对其使用效果（如算法偏见、“信息茧房”、“过滤泡”等）进行研究和反思[100,101]。相比之下，国内对社交类平台媒体的研究比较匮乏。

第二，有助于弥补平台媒体实证研究匮乏的现状。目前，对平台媒体推荐机制的探索大多依赖于“推衍算法机制”[35]和“逆向工程学”[102]，即搜索平台媒体公开数据资料进行分析或根据用户反馈倒推算法逻辑的方式[34]。这主要是由于算法公司常以商业机密为由拒绝研究者的田野调查请求[103]，研究者面临着“进入困难”。本研究希望能够通过对用户数据的抓取与分析，结合对技术公司一线负责管理人员的访谈掌握更多一手资料。

第三，本书展现了数字技术冲击下传播格局中多种权利与利益博弈后的策略性选择。立足于本土化研究，将平台媒体视为特定社会语境下的产物，在对微博的可见性进行分析时，结合更多中国本土场景加以阐释。

第二章>>>

构成平台媒体可见性的物质基础

媒介犹如一个巨型的加工机器，外部自然真实的世界在这里经过过滤、排序、拼贴、重组等重重工序，形成了如今我们所看到的样子。当人们迫切追问“事物的可见性何以如是”“这样的可见性会招致什么后果”时，往往忘记了除了一套被生产机构娴熟掌握的操作标准外，构成可见性的物质基础同样对构建可见性发挥着重要作用。

钟蔚文等提出“物质性”(materiality)这一概念，为本书研究“媒介中介的可见性”带来启示。所谓物质性是指工具构成的要素，例如当代传播媒介的物质性包含声光画面、纸张文字、超链接等具体物质元素[91]。过去对媒介的研究长期集中在“以文本为中心的社会建构主义范式”之中[104]，然而媒介并非只指向内容、机构以及形塑这些的社会力量，作为一种基础设施和中介物的媒介身份被传播学者一再忽略。近年来，这一现象才逐步被认知。2010 年前后，文化研究领域开始较为系统地谈到“物质性转向”，关注“从历史维度考察传播、媒介与文化的基础设施”[105]。如今随着数字时代技术、空间、身体等问题不断受到传播学界的重视，传播的物质性问题更加凸显出来[106]。

传播领域这一“物质性转向”，也让笔者意识到在可见性研究中物质基础的重要地位。那些构成可见性的物质基础决定了事物最终呈现的规律与特征，同时也为可见性运作机制的形成提供了强有力的解释。换句话说，如果不是这些物质基础，就不会呈现出眼前这般可见性图景，可见性也绝不会按照这样一套逻辑法则来运转。丹尼尔·米勒(Daniel Miller)就曾提出“物的谦逊”(the humility of things)这一概念，警示人们应该重新将注意力放回事物物质性的一面[107]。他认为，当“物”越日常性地出现在我们的生活中，参与我们的生活实践，我们就越无法觉察出其作为物质与运行机制的过程,也即人们常说的“熟视无睹”状态[108]。本章正是借助物质性的概念,在布里吉蒂研究的基础上补充提出了“可见性分析框架”中“物质基础”这一新的维度,探究可见性得以运作的各个基本组成要素:哪些技术、人、物、组织交织其中,共同构建了事物的可见性?

为了更好地阐述平台媒体可见性的物质基础,本章将从大众媒介开始,在分析大众媒介与网络化媒介可见性的物质基础之上,进一步阐释平台媒体可见性的物质基础。对前两种媒介的分析将帮助我们更好地理解平台媒体的情况。

第一节　大众媒介可见性的物质基础

首先,从技术层面来看,大众媒介以声光画面、纸张文字的多媒体形式将现实世界中的人或事物呈现在了受众面前,它是构建可见性最为基础的技术设施。而作为技术载体的大众媒介的物理特性却经常被研究者忽视,这些媒介本身的属性恰恰直接影响了可见性的生产。以报纸为例,每日发行的报纸无法达到书籍那样的厚度,报纸有限的版面就决定了今日能够进入公共视野的新闻只占据新闻总量的“冰山一角”。与报纸类似,电视和广播节目也只能在几十个固定的频道或波段中播出。媒介载体有限的“体量”意味着并非所有事物都能够被赋予可见性的权利,一部分事物的可见总是以另一部分事物的不可见为代换的。

新闻编辑室每天会对报纸版面作出详尽的安排。第一版的头条新闻是读者最先看到的内容,占有绝对的可见性优势。按照这一思路,一则新闻的版位安排、标题大小、字体粗细、篇幅长短、是否带有图片等版面的“空间布局”就决定了这条新闻被读者“看到”的几率。电视和广播也同样存在“版面”的概念,只是这种排版并不体现在“空间”维度,而是“时间”主导了广播与电视信息内容的展开方式。例如在“黄金档”播出的节目往往收视/收听率最高,占据得天独厚的可见性资源,深夜或双休日清晨的栏目相当于一份报纸中靠后的版面,可见性相对较弱。媒介载体如同一个“空箱子”,人们按照一定的逻辑顺序将物品逐个放入,大众媒介版面的可排布性,催生出事物可见性的次序,无论是空间上的布局还是时间上的先后,它要求所有刊登或播出的内容都必须有一个排序,这种排序确保了一些消息会被优先“可见”,而另一些消息则会被弱化处理甚至被忽略。

综上，任何一种大众媒介在对事物进行呈现时，都会受到媒介体量的“有限性”和版面的“可排布性”这两个特征的影响。前者决定了世界上的事物只有少数一部分能够进入“媒体之眼”，后者则意味着这些事物在无法同时呈现的情况下，必然遵循某种顺序安排依次进入公众的视野。体量的限制和版面的布局也倒逼传统新闻业必须对内容作出取舍与安排，大众媒介时代围绕“新闻价值”（news value）所形成的“把关”过程，正是基于媒介上述特征的产物。

其次，从个人和组织层面，新闻从业人员和新闻机构作为信息内容的“守门人”，从价值标准、体制机制上同样影响着事物可见性的运作规律。在大众媒介时代，“把关人”成为可见性的一道控制阀：记者、编辑按照自己的一套“新闻价值”对信息进行甄别和筛选，经过组织内部流程审核后，最终形成对“什么可见/不可见”“如何可见”的决定。在这里存在两个层面的“把关人”，一是代表新闻专业从业人员的记者和编辑，二是作为组织的媒介机构。记者和编辑作为显性的新闻践行者，对自身的报道负责，并在科层式的生产模式中内化组织宗旨和目标。他们的条线与信源直接“计算和规定了什么可见、什么被排除在视野之外[9]”，而他们的媒介素养、价值观、对做新闻的一种“直觉”[109]指导着日常的新闻实践，决定了什么样的内容会成为重大新闻，什么样的内容读者无需关注。另一方面，不同的媒介机构对可见性也有着不同的要求，比如党报和市场化报刊对于内容的选择和表现方式就截然不同，这与媒介机构的立场密切相关。媒介机构的属性直接决定了哪些信息会入选，以及这些信息的表现形式，等等。担当“把关人”角色的记者、编辑和媒介机构，作为大众媒介可见性的又一物质基础，深刻地影响甚至控制了信息的最终呈现样态。

第二节 网络化媒介可见性的物质基础

首先，从个人层面来看，网络化媒介的可见性主要涉及大量具备内容生产能力的网民。在大众媒介构建的可见性中，观看者与被观看者是截然两分的群体：作为普通公众而存在的观看者总是“在观看”，而政治精英或拥有社会资本等足以引起媒介关注的被观看者总是“在被看”，两个群体之间很难互换位置，且几乎不存在交集。与大众媒介不同，网络化媒介中观看者与被观看者之间的界限十分模糊。作为 Web 2.0 环境下一种新兴的网络信息资源创作与组织模式,用户生成内容成为网络化媒介新闻内容生产的主流模态[110]。用户频繁地介入新闻内容生产的过程中,兼具了信息接收者和信息发布者的“双重身份”。可见性的生产主体不再限于大众媒介机构或记者编辑,UGC 用户成为构成人们信息环境的必不可少的要素。

其次,从技术层面来看,互联网作为构建可见性最为基础的技术设施,其属性同样深刻地影响着可见性的生产。与大众媒介不同,互联网几乎不受版面限制的影响,借助强大的存储能力它可以包含任意海量信息,成为信息共享的平台,“数字化记忆”成为常态。这种“无所不包”的技术属性也引发了人们对于数字化媒介空间中“被遗忘权”(right to be forgotten)的渴求[111]。但这并不是说,网络化媒介就无需再对内容进行筛选,互联网的另一个特点在于“可折叠性”,这一点常常被人们忽视。下拉网页菜单时出现的“展开”“阅读更多内容”“下一页”“点击跳转”等导引正是互联网“可折叠性”的典型表现。客观来说,用户可见的信息数量的确是增多了,但伴随部分资讯被折叠或是以可点击的链接形式生成,这些用户如果不通过二次点击就无法查看的内容等同于“不可见”。移动端进一步将这种网络的“不可见性”扩展到了最大,方寸大小的手机、智能手表决定了用户不可能无限制地读取信息,每多刷“一屏”就意味着“可见”几率减小一些,排在后面的信息几乎不会被用户所阅读。对于网络化媒介而言,信息的排布顺序比是否存在更为重要,处于头条位置的资讯等同于被赋予了优先“可见”的权利。网络化媒介与大众媒介在物质属性上并不存在本质不同,拥有无限容量的互联网因其“可折叠性”,而具有了和大众媒介一样的版面限制。网络化媒介的“可折叠性”和“可排布性”这两个特征,对事物最终的可见性都造成了影响。

最后,从组织层面来看,网络化媒介“把关人”的构成较大众媒介而言更为复杂,有学者将其归纳为四个群体:第一类,由职业“把关人”严格进行内容审核的传统媒体网站(如新华网、人民网等),这类网站实际上是传统媒体在网络上的延伸;第二类,由网络技术或专业网络编辑担当的技术“把关人”,他们虽然不具备职业“把关人”那样的专业化新闻素养,但会按照网络规范等相关条例和商业化网站的价值宗旨对信息进行把关;第三类,由网民组成的影子“把关人”,网民可以通过网络工具发布和传播信息,因无需经过编辑审核和总编审查即可发布,所以网民就成为自己所发布信息的“把关人”；第四类，扮演最终“把关人”的政府，政府通过制订相关的法律、法规设定网络信息登载的条件和发布的范围，以保证网络秩序的正常运转和健康发展[112,113]。在这四类“把关”主体中，最明显的变化是影子“把关人”的引入，它意味着赋予可见性的主体不再仅限于大众媒介机构或记者编辑，公民和意见领袖作为“网络化的守门人”（networked gatekeeping）可以绕过机构媒体直接分享信息，并且“通过对话和社会实践将精英和公众共生地联系在一起，共同来决策信息的内容”[12]。但另一方面，由于互联网空间中可见性的“把关”主体的增加，最终内容样态所呈现的不确定性升高，伴随多元异质声音的出现，网络空间中的虚假信息、猎奇耸动、娱乐化庸俗类内容的曝光风险也在不断增加。

第三节 平台媒体可见性的物质基础

平台媒体进行信息选择、传播与交流的网络中，不同身份的主体纷纷参与到可见性的构建中来。在这一过程中，人、机构、媒介技术同时存在，他们在运转时相互依存、相互影响、相互建构，共同编制了一张“可见性之网”。

平台媒体作为网络化媒介的延伸，与网络化媒介的逻辑一致，平台媒体的用户既是内容的消费者，也是内容的生产者。可见性的生产权利不再为少数几家媒体机构所垄断，每个用户都可以参与到生产与争夺自身可见性资源的角逐中来。这里的用户主要分为三种：第一，为平台媒体提供原始信息和内容的专业新闻机构，主要包括中央媒体、地方媒体、门户网站、行业网站等。这些机构所进行的内容生产，往往遵循着“新闻专业主义”原则，在公众知情权与隐私权、表达权和名誉权、公共服务和经营目标这三组关系之间达成动态平衡。最终抵达用户端的信息内容，是平台媒体对这些专业新闻生产的产品进行二次选择的结果。第二，数量庞大的自媒体。平台媒体将用户生成内容的效益放大到最大，通过在平台内创设自媒体频道，鼓励并培植专业用户生产内容（Professional Users Generated Content，PUGC），收割了一大批极具市场竞争力的原创类内容。如今日头条的“头条号”、天天快报的“企鹅号”和一点资讯的“一点号”都通过吸引内容创业者入驻，生产个性化、原创性较强的垂直领域内容，今日头条的“千人万元"和哔哩哔哩的"百大 UP 主"计划,都旨在通过内容变现,扶植优质内容生产者,进一步强化了平台生产内容的能力,实现了内容的多样化和专业化[32]。第三,作为用户自身的主体。在对平台媒体的使用过程中,用户产生的各类"数字痕迹"(digital trace data)成为平台媒体进行追溯与分析,并对用户偏好作出判断的依据[114]。从这一角度来看,用户通过数据"喂养"平台媒体,平台媒体依托智能算法据此"修改"下一次呈现给用户的内容[97]。作为用户自身的主体的使用行为、社交关系、位置环境等可被读取的数据都将成为决定平台媒体可见性的核心基础要素之一。

平台媒体与互联网的物理属性表现出高度的一致,平台媒体界面的"可折叠性"与"可排布性"决定了它在呈现事物时必须进行范围划定(排除/包括)、等级排序(降序/优先)等步骤,而算法作为平台媒体可见性建构过程中最重要的技术载体,承担了"新把关人"的职责。计算机科学权威教科书中将"算法"界定为一种技术,它被定义为"可将输入转化为输出的计算步骤序列"[115],尽管可见性的输出结果离不开算法的推演与运算,但它只不过是一种"非人格的计算机信息计算的方式"[96]。这一"技术人造物"的确是构成可见性的技术型物质基础,但我们必须看到,算法既不完全是物质的,也不完全是人类的——它是混杂的,由人类意图性(human intentionality)和物质顽固性(material obduracy)共同组成[116]。笔者更关心算法运转背后的个人因素——算法规则的制定者,如算法程序员、平台媒体的运营者的偏好和价值观念,因为"人为偏见和价值观可以被嵌进程序开发的每一个步骤,电脑化操作仅仅是将人为歧视推到了上游层面[117]"。算法规则的制定者是对技术发出指令并最终构建可见性的重要成员之一。此外,组织因素,如企业的方针政策、企业文化等,外部因素,如广告主的诉求、法律规范等,都会影响代码的设计和生成。因此,算法制定者基于其对算法的认知与理解、技术公司对算法所需达成目标的愿景与规划、平台媒体本身的价值取向和定位、社会的监督与规约都会对可见性产生深远的影响。

综上所述,研究平台媒体所构建的可见性是一个集体生产的过程,专业化新闻机构、自媒体、作为用户自身的主体,以及隐藏在算法规则背后的算法工程师、平台媒体的运营管理者等各个异质要素之间的互动共同形塑了平台媒体的可见性结果。

第三章 >>>

建立平台媒体可见性的架构模型

在第二章中，我们探讨了构成平台媒体可见性的各个基础要素，它们是可见性这部“巨型机器”得以运作的物质性前提。然而，这些基础要素的存在，本身并不会直接产生事物的可见性，只有当它们“各就其位”“各司其职”时，可见性才最终得以运转。本章旨在揭示平台媒体中的各个物质基础的具体位置安排，并且在大众媒介与网络化媒介的可见性架构模型的对比过程中，更为全面地展示平台媒体可见性架构模型的独特之处。

根据布里吉蒂对“架构”(architecture)的定义，所谓的架构模型其实是“可见”各方表现出的某种图示结构(diagrams)。布里吉蒂采用“锥形”(cones)和“矢量”(vectors)两种视觉比喻(visual metaphors)来建立可见性的图式结构[73]。这两种图式结构较为准确地描摹了大众媒介与网络化媒介可见性的架构，却不足以解释平台媒体的情况。经过分析，本研究发现，平台媒体是由两个“锥形”模型共同构成的：一半是它与用户之间形成的“数据监视”锥形图示，另一半是它所主导的内容与用户之间形成的“把关人”锥形图示。种种迹象表明，平台媒体呈现出了一种更为复杂的模型结构。

为了更好地阐述平台媒体的可见性架构，本章将首先从大众媒介的可见性架构说起，在分析大众媒介与网络化媒介的架构模型的基础上，进一步阐释平台媒体的可见性架构模型。对前两种媒介的分析，将帮助我们更好地理解平台媒体的情况。

第一节　大众媒介可见性的架构模型

任何事物要形成可见性，必须包含三个基本的组成对象：观看者、被观看者和对可见性进行呈现的媒介载体（中介物）。可见性的架构表现为对上述三方以及所涉及的其他物质基础要素在可见性运作过程中的具体位置安排。布里吉蒂在其著作《社会理论与社会研究中的可见性》中，采用锥形和矢量两种视觉比喻来建立可见性的图式结构[73]。其中，锥形图示代表"少数看多数"或"多数看少数"的情况，即"少数"的一端成为锥形结构的顶点，而"多数"的一端则构成了锥形结构的"底盘"，它表现的是一种"可见"双方不对等的状态。与锥形图式不同，矢量图示则代表了"一对一"或"多对多"的可见性情景。"矢量"作为一个物理学的基本概念，指一个同时具有大小和方向的几何对象。直观上，矢量通常被标示为一个带箭头的线段。线段的长度可以表示矢量的大小，箭头所指的方向可以表示矢量的方向。在矢量图示中，假如将一个个对象抽象为一个点，那么相互可见的对象之间可以是任何距离大小的、任何方向上的相互"可见"。与"锥形"图示相比，"矢量"是一种相对平等的可见性状态。

在媒介出现以前，人与人之间的交流模式主要为人际传播。在这种传播模式下，就已经出现了布里吉蒂所提到的锥形和矢量两种可见性的图式结构。当人们 "面对面"时，彼此"可见"的双方之间不存在任何中介之物，可见性对事物进行了"镜面式"的呈现，这是一种"一对一"的矢量图示结构。而当人们来到广场聆听某位领袖的演讲时，围观人群与领袖之间就形成了"多数对少数"的锥形图式结构，可见双方之间同样也不存在任何中介之物。

人际传播呈现出一种只有可见双方参与的（不含任何其他中介物）矢量或锥形的可见性架构模型。然而，随着报纸、广播、电视的出现，这种可见性架构模型发生了显著的变化。大众媒介属于典型的锥形图示结构，它表现为"多数看少数"的传播模式。那些拥有新闻专业生产能力的媒介机构经过记者、编辑等"把关人"的精心筛选，抽取外部世界所包含的庞杂信息中的少部分内容，通过大众媒介这一载体（如一块屏幕、一张报纸、某个调频）传递给广大的受众。在这里"少数"指的是"被可见"的人或事物，仅占总体数量的一小部分，他们往往代表了政治精英或拥有社会资本等足以吸引媒体注意力的人群；"多数"则代表了由大众媒介所传递给的数量庞大、无远弗届的潜在受众群体。大众媒介位于"少数"的被可见者与"多数"的观看者之间，成为连通两个群体的桥梁。观看者、被观看者与大众媒介三者之间构成了完整的可见性链条（图 3.1）。

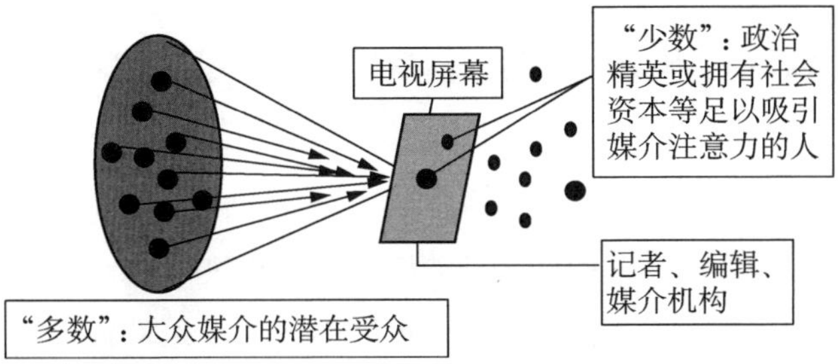

图 3.1　大众媒介的可见性架构：锥形图式结构

第二节　网络化媒介可见性的架构模型

互联网的发展经历了三个不同阶段的演进。Web 1.0 时代门户网站勃兴，形成了以超链接为主要形式的内容网络；Web 2.0 时代，借助博客、微博、微信等平台载体，每个个体都可以构筑起自己的传播中心，形成了以个体连接为主要形式的关系网络；现如今，互联网已经迈入 Web 3.0 的新阶段，尽管学术界对于 Web 3.0 仍未达成共识，但它意味着内容网络和终端网络的质变：内容的关联逻辑将扩展到信息之间、信息与人之间的智能关联。物联网将改变整个互联网的终端网络的性质，使一切物体都有可能成为终端[118]。

由于互联网本身的演进具有阶段性，在梳理网络化媒介的可见性架构模型时，笔者有意将门户网站的"黄金岁月"（即 Web 1.0 时代）和此后以社交媒体为主要产品特征的 Web 2.0 时代加以区分，从而完整地展示网络化媒介可见性架构的全貌。在简单回顾 Web 1.0 时代的可见性架构的基础上，本节重点展示了 Web 2.0 时代以来，社交媒体对可见性架构模型带来的一系列变化。由于目前 Web 3.0 尚未形成确切的定义，无论是它所强调的内容网络还是终端物联，就内涵而言，仍然是对社交媒体时代已经出现的"节点间的互联互通""终端的移动性和多样化"等特征的强化。因此，本节不特别针对 Web 3.0 时代的可见性进行论述，暂时将其视为 Web 2.0 时代的延续与强化。

一、Web 1.0 时代

20 世纪 80 年代初期，电子邮件的出现实现了发件人与收件人之间"一对一”的信息传播模式。进入20世纪90年代,以新浪、搜狐、网易、腾讯为代表的商业化网络媒体开创了中国最早的门户模式。这些门户网站基本上由静态页面构成,通过超链接的方式带来信息内容的扩展,其信息发布是推送式的——由网络编辑作为传播主体向用户提供阅读内容[119]。

以Web 1.0时代为背景的网络化媒介,由最早的电子邮件“一对一”的矢量模式开始转变为“多数对少数”的锥形图示结构——有条件接入互联网的庞大网民群体可以有限地浏览少数几家网站所提供的信息。然而,这些门户网站的出现,并没有立刻带来“被可见”群体的勃兴,只有少数人能够通过门户网站这一载体被大众所知晓,这主要是基于两点原因:第一,门户网站并不具备原创新闻服务的资格①,因此没有采编权的门户网站所传播的内容大致与主流媒体保持一致,可视为对主流媒体已发布信息的“复制粘贴”。尽管出于市场竞争的压力,各大商业门户网站及其新闻从业者都曾尝试越界“做新闻”:包括新浪、网易、凤凰网等在内的网络新闻媒体都曾开办了一些原创新闻的栏目;部分商业门户网站开始采取模糊的方式“打擦边球”,如以演播室访谈的方式避开“采访”;或是在诸如体育、娱乐等“去政治化”的新闻领域“大做文章”;还有的与拥有采编资质的网络媒体合作,稿子交予这些网络媒体首先发表,然后自己再转载,牺牲首发权来换取传播的可能性[120]。然而,这些尝试举措并没有为Web 1.0时代的可见性带来多大的改变,最终在门户网站上获得可见性的人和事物与大众媒介时代得到曝光的“少数群体”并无本质上的差异。第二,在这一阶段,网民始终是被动的客体,只负责接收网站所传递的信息,却无法主动创造新的内容。上述两点原因导致在Web 1.0时代,可见性的资源仍然集中在那些政治精英或拥有社会资本等足以吸引媒介注意力的人身上。

二、Web 2.0时代

随着互联网时代的到来,尤其是进入Web 2.0后,以Facebook、推特、微博、

① 根据2017年《互联网新闻信息服务管理规定》的规定,互联网新闻信息服务包括互联网新闻信息采编发布服务、转载服务、传播平台服务。只有“新闻单位(含其控股的单位)或新闻宣传部门主管的单位”才有资格申请互联网新闻信息采编发布服务许可。也就是说,网易、新浪、腾讯、搜狐等中国著名的门户网站都没有原创新闻服务的资格。

微信、抖音、知乎为代表的社交媒体的崛起，深刻改变了社会个体间的连接方式，重新界定了人的存在以及人与社会、物的关系[121]。

如果说大众媒介的可见性架构模型呈现出“锥形”的图式结构，它是一种不平等的可见性（即“少数人”被“多数人”所见），那么网络化媒介的可见性架构则更像是布里吉蒂所描述的矢量图示，表现为一种“多数看多数”的模型（图 3.2）。“以网络为基础的社会结构具有高度活力的开放系统，其中任意一个节点都可以接入网络从而与另一个邻近的甚至遥远的节点取得联络，实现互联互通[122]。”在互联网空间中，用户节点之间呈现出方向任意、距离大小任意的可见性。“任意方向”指的是人们可以看到散落在互联网空间中任何其他位置上的用户所发布的信息内容，“任意距离”指的是互联网克服了物理距离的阻碍将近在咫尺或远在天边的事物呈现在人们面前。

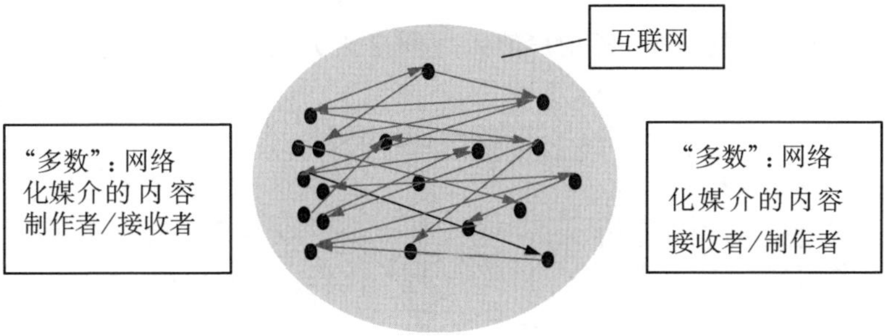

图 3.2　网络化媒介可见性的架构：“矢量”图式结构

与大众媒介的锥形图示结构相比，矢量图示是一种相对平等的可见性模型。约翰·厄里（John Urry）将互联网视作一个“高雅的、无等级之分的根茎状全球结构模型”[123]。“无等级”也就意味着网络中不存在永恒的中心节点，每个节点都有成为中心的可能，但是新的中心很快又会被出现的其他节点所替代。在大众媒介时代“多数看少数”的可见性架构中，“少数”可见的对象是指那些政治精英或拥有社会资本等足以吸引媒介注意力的人，然而互联网却赋权（empower）了所有接入网络的用户和传统意义上被排除在可见性范围之外的“他者”。亨利·詹金斯（Henry Jenkins）曾用“produser”一词指代那些“成为内容创作者的消费者”[124]——普通用户通过上传视频图像、发帖、评论、弹幕等行为获得了在网络空间中的可见性。如果说“大众媒介中介的可见性”更多是中心化的（掌握在媒介机构和少数人手中)、不平等的,甚至是现实权力资本在可见性领域的重演,那么以社交网站为代表的 Web 2.0 时代则极大地冲击了大众媒介时代确立下来的可见性架构模型。本来似乎秩序井然、中心边缘分明,且以线性因果逻辑运转的社会,突然间就变成了无边无际的波浪式的涌动:没有中心,或者是互为中心,此起彼伏,前呼后拥,同声共享[125]。互联网创造了一种“新的可见性”,它的弹性与开放(open-ended)构筑了一个去中心化的、流动的、对话式的、相对平等的可见性空间。

综上,从 Web 1.0 到 Web 2.0 时代,网络化媒介的可见性架构发生了巨大的变化,具体可以归纳为三个阶段(图 3.3):由最早的电子邮件“一对一”的“矢量”模式,转变为“多数看少数”的锥形模式——大量有条件接入互联网的网民浏览由门户网站所提供的少数具有可见性事物的信息;再到后来的“多数看多数”的“矢量”图式结构,即任何掌握互联网技术的普通网民随时随地生产内容,成为众多网络节点之中的一员,各用户节点之间呈现方向任意、距离任意的可见性。

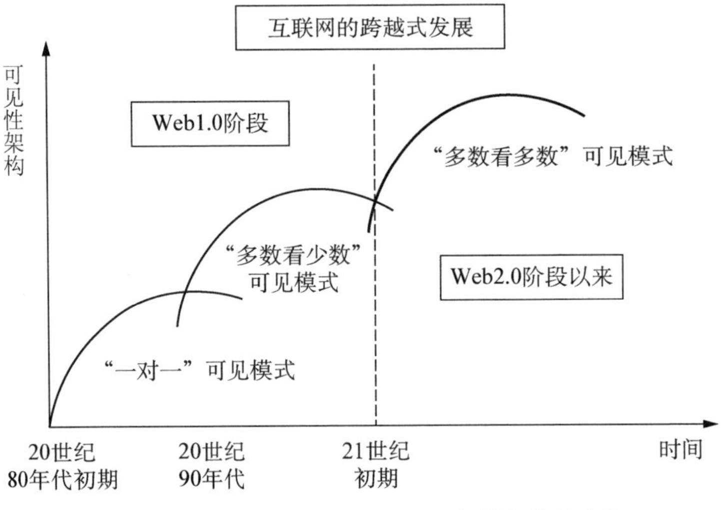

图 3.3　从 Web 1.0 到 Web 2.0 可见性架构的变化

第三节　平台媒体可见性的架构模型

平台媒体的可见性架构模型由两个部分组成:一半是平台媒体与用户之间

所产生的锥形图示结构，即右半边的“数据监视”（data-surveillance）板块；另一半是平台媒体所主导的内容与用户之间所产生的锥形图示结构，即左半边的“内容的‘把关人’”（visibility gatekeeper）板块。两部分的锥形合起来形状犹如一颗钻石（图 3.4），因此也有学者将其命名为钻石模型[126]。

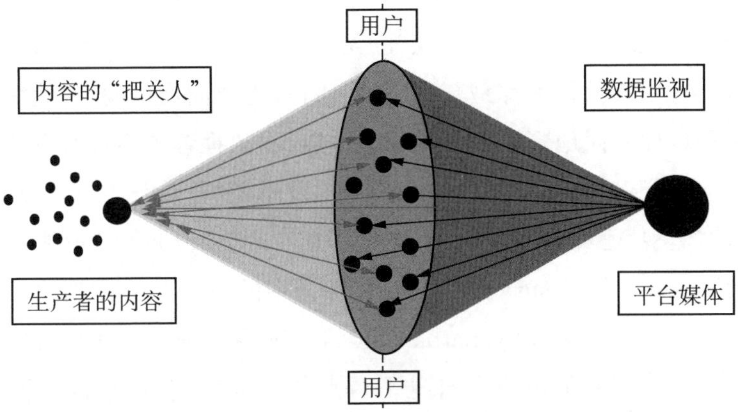

图 3.4　平台媒体可见性的架构："钻石"图示结构

一、右半边："数据监视"板块

首先，对“数据监视”板块进行分析。右半边的锥形图示结构，描绘了诸如谷歌、Facebook、今日头条、微博、抖音等依托智能算法进行内容推荐的平台媒体与用户之间的关系，它表现为一个典型的“少数看多数”的模型。右侧的顶点代表了少数几家具有垄断地位的平台媒体，它们全面掌握了注册或使用其平台用户的大规模数据。平台媒体无时无刻不在对用户实施着全方位的“数据监视”（data-surveillance）——用户所有的行为轨迹在后台被尽览无遗，平台媒体对每位用户的使用习惯、内容或产品偏好、消费水平、地理位置等各种可抓取的“数字痕迹”（digital trace）进行识别[114]，利用这些参数为用户建立画像，同时根据每位用户的每一次使用行为不断修正、完善用户画像。

令人担忧的是，这种来自平台媒体不间断的“监视”却难以被用户察觉，这主要是由于：第一，平台媒体从不宣称它正在获取用户的个人数据，而是通过一种近乎“隐形”的状态，附着和渗透在用户的每一次行为之中，它是隐藏于后台的数据记录。在2021年的“3·15”晚会上，科勒卫浴、宝马、MaxMara商店被证实安装了人脸识别摄像头，在顾客毫不知情的情况下，抓取包括性别、年龄在内的个人信息，智联招聘、猎聘平台、前程无忧等求职网站也被曝光通过地下渠道私自出售求职者的简历信息[127]。这些触目惊心的案例提醒我们，用户在平台媒体上留下的各类隐私“痕迹”已成为商家攫取利益的手段。人们在不寒而栗的同时，也应意识到平台媒体对个体的“监视”已无孔不入、无所不能。第二，也是更为关键的一点，所有用户的行为都是基于满足其自身需求而产生的，因此往往只有当算法“出错”时（如错误地判断用户的个人信息，导致推荐了不合时宜的产品或内容），人们才会明显地感受到平台对个人数据及隐私的窥探[128]。不仅如此，平台媒体的这种“监视”已经通过数据端口的互联互通（connection）形成了一张巨大的“监视网”（network of surveillance），将社会中的每一个个体都笼罩其中。媒体学者威德哈亚纳辛（Vaidhyanathan）以Facebook为研究案例，指出其通过用户授权访问，不止获取了用户在自身平台上的行为轨迹，更掌握了所有使用该Facebook账号访问的其他端口的数据信息[129]。在信息社会中，用户数据可被抓取的“入口”无处不在，无论用户是出于购物（淘宝、京东、亚马逊）、获取资讯（今日头条、一点资讯、趣头条）、娱乐（抖音、快手、手游App）、出行（滴滴、优步），还是工作学习（钉钉、知乎），任何一项社会活动所产生的数据都有可能置于平台媒体的“监视”之下。平台媒体的使用前提是授权登录，如果要接入该平台，就必须选择“默许”平台媒体攫取并使用有关自己的一切数据信息。用户除了服从，几乎没有其他的选择权力，我们早已被卷入数据关系的“螺旋”（spiral）之中，尽管这些关系并不经过我们的同意[130]。

尼克·库尔德里（Nick Couldry）与尤利西斯·A.梅西亚斯（Ulises A. Mejias）在其新书《连接的代价：数据如何殖民人类生活并促使其为资本主义所占有》（*The Costs of Connection: How Data Is Colonizing Human Life and Appropriating It for Capitalism*）中以“数据殖民”（data colonization）命名这种利用程序和数字平台抓取人们的生活信息并将其转化为数据的过程。如果说“历史殖民主义”（historical colonialism）侵占了领土、资源和奴隶劳作的身体，那么“数据殖民主义”的掠夺则更加简单深入——通过侵占可从中牟利的数据进而控制人类生活本身（human life itself）。就像“历史殖民主义”为工业资本主义的最终崛起完成了原始积累一样,“数据殖民主义”为基于数据剥削的资本主义铺平了道路——只不过这一次不是身体、不是时间,也不是劳动力,而是人类的生活本身正在被以平台媒体为代表的资本所吞并[130]。

近年来,围绕数据隐私保护与数字型平台治理的议题,已经有越来越多的国家和组织开始尝试对平台媒体作出规约。欧盟委员会于 2020 年 12 月 15 日发布了《数字服务法案》(*Digital Service Act*, DSA)和《数字市场法案》(*Digital Market Act*, DMA)两份数字新规草案。2021 年 9 月 1 日,作为我国数据保护领域的一般法和基础法的《数据安全法》生效。同年 10 月 19 日,《中华人民共和国反垄断法(修正草案)》提请第十三届全国人大常委会第三十一次会议进行初次审议。10 月 29 日,国家市场监督管理总局组织起草的《互联网平台分类分级指南(征求意见稿)》《互联网平台落实主体责任指南(征求意见稿)》发布公开征求意见的公告。这是我国首次给出明确的平台分类、分级标准,并针对平台企业提出 35 条具体的主体责任,包括公平竞争示范、平等治理、开放生态等具体内容,其中更是对超大型互联网平台经营者单独提出 9 条合规义务。2021 年 11 月 1 日,《个人信息保护法》正式生效实施。11 月 14 日,国家网信办发布《网络数据安全管理条例(征求意见稿)》,向社会公开征求意见[131]。

相关法律条例的出台,是否能够有效遏制平台媒体对个人数据的全方位监视与攫取行为?我们以《个人信息保护法》为例进行分析。该法案的第 4 条第 1 款对“个人信息”作出了明确界定,“个人信息”是指“以电子或者其他方式记录的与已识别或者可识别的自然人有关的各种信息,不包括匿名化处理后的信息”。这意味着经匿名化处理的用户信息不再属于个人信息,《个人信息保护法》的相关规定对其不适用。换而言之,平台媒体只需采用如字符串或数字代码等代替用户的真实身份,便符合条例中有关匿名化处理的要求,那么此时平台媒体任何对于用户数字痕迹的挖掘与分析也就不再与该法案相违背。用户的个人信息与行为数据一直以来都是广告和推广变现的常规资源,由此看来,匿名处理或可能成为平台媒体自我辩护的一把“保护伞”——躲藏在匿名的外衣之下,对个人数据的监视与攫取行为很难得到有效的规制。此外,《个人信息保护法》的第 14 条提出以“告知—知情—同意”为核心的个人信息处理规则体系。法案的本意是确保被告知者充分“知情”的前提,即可自愿、明确地作出决定。然而在实际操作过程中，平台媒体频繁利用这一点，推出各种冗长复杂的用户“知情同意书”。以微博的《用户协议》和《隐私条款》为例，协议条款中明确说明微博会获取用户的位置信息、通讯录、身份证号码、支付账号等敏感信息，并可能在“必要的目的和范围内”将包含上述信息在内的其他更为广泛的各类用户信息分享给第三方（图 3.5）。值得警惕的是，微博并没有就什么是“必要的目的”和“必要的范围”作出解释，如此模糊的定义也给了平台方更大的解释与操作空间，并不利于用户的个人信息保护。此外，有关第三方的合作名单被隐藏在了用户协议下的另一个跳转链接之中，该链接包含了好几页的第三方名录清单。用户需要花费

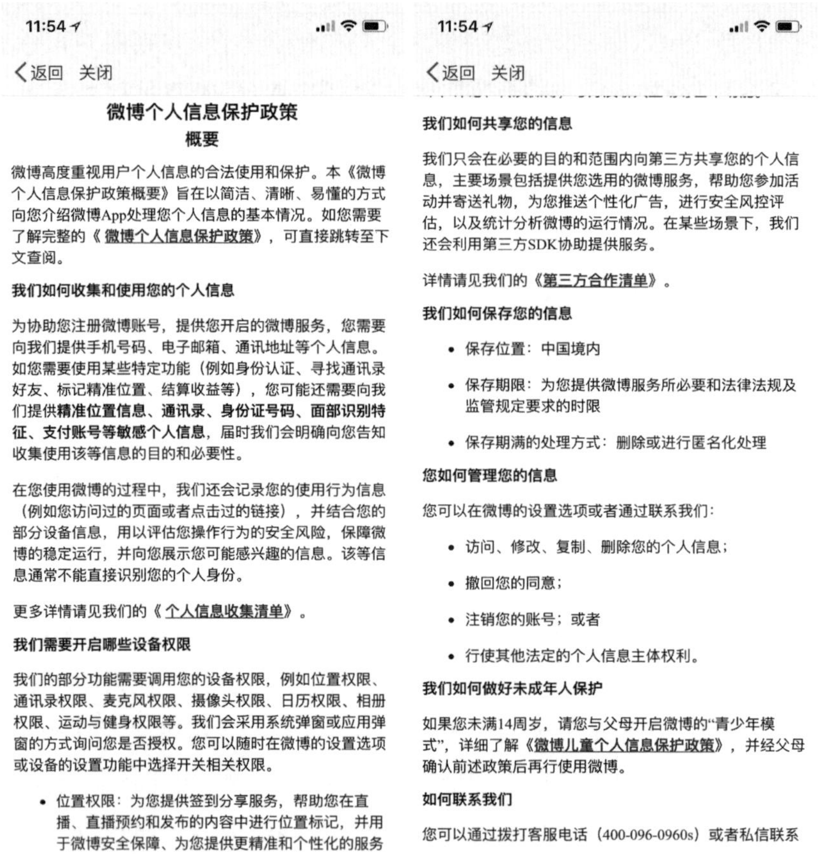

11:54

返回 关闭

微博个人信息保护政策

概要

微博高度重视用户个人信息的合法使用和保护。本《微博个人信息保护政策概要》旨在以简洁、清晰、易懂的方式向您介绍微博App处理您个人信息的基本情况。如您需要了解完整的《微博个人信息保护政策》，可直接跳转至下文查阅。

我们如何收集和使用您的个人信息

为协助您注册微博账号，提供您开启的微博服务，您需要向我们提供手机号码、电子邮箱、通讯地址等个人信息。如您需要使用某些特定功能（例如身份认证、寻找通讯录好友、标记精准位置、结算收益等），您可能还需要向我们提供**精准位置信息、通讯录、身份证号码、面部识别特征、支付账号等敏感个人信息**，届时我们会明确向您告知收集使用该等信息的目的和必要性。

在您使用微博的过程中，我们还会记录您的使用行为信息（例如您访问过的页面或者点击过的链接），并结合您的部分设备信息，用以评估您操作行为的安全风险，保障微博的稳定运行，并向您展示您可能感兴趣的信息。该等信息通常不能直接识别您的个人身份。

更多详情请见我们的《个人信息收集清单》。

我们需要开启哪些设备权限

我们的部分功能需要调用您的设备权限，例如位置权限、通讯录权限、麦克风权限、摄像头权限、日历权限、相册权限、运动与健身权限等。我们会采用系统弹窗或应用弹窗的方式询问您是否授权。您可以随时在微博的设置选项或设备的设置功能中选择开关相关权限。

- 位置权限：为您提供签到分享服务，帮助您在直播、直播预约和发布的内容中进行位置标记，并用于微博安全保障、为您提供更精准和个性化的服务

11:54

返回 关闭

我们如何共享您的信息

我们只会在必要的目的和范围内向第三方共享您的个人信息，主要场景包括提供您选用的微博服务，帮助您参加活动并寄送礼物，为您推送个性化广告，进行安全风控评估，以及统计分析微博的运行情况。在某些场景下，我们还会利用第三方SDK协助提供服务。

详情请见我们的《第三方合作清单》。

我们如何保存您的信息

- 保存位置：中国境内
- 保存期限：为您提供微博服务所必要和法律法规及监管规定要求的时限
- 保存期满的处理方式：删除或进行匿名化处理

您如何管理您的信息

您可以在微博的设置选项或者通过联系我们：

- 访问、修改、复制、删除您的个人信息；
- 撤回您的同意；
- 注销您的账号；或者
- 行使其他法定的个人信息主体权利。

我们如何做好未成年人保护

如果您未满14周岁，请您与父母开启微博的“青少年模式”，详细了解《微博儿童个人信息保护政策》，并经父母确认前述政策后再行使用微博。

如何联系我们

您可以通过拨打客服电话（400-096-0960s）或者私信联系

图 3.5 微博的《用户协议》和《隐私条款》

额外的时间和精力成本去阅读该清单，因此少有用户会认真查阅平台媒体所提供的“知情同意书”。即便用户在仔细审阅各项条款后，察觉到了潜在的数据滥用与个人隐私侵犯，“知情同意书”作为用户使用该软件平台的第一步，“不同意”就意味着用户彻底丧失使用权，而“同意”则代表用户默认遵循协议中的每一项条例，这种霸王条款式的签订方式也反映出用户与平台之间的权力关系极不平等。

许多学者对“数据监控”都有过精彩的论述，这是一个复杂、庞大且迫切的社会议题，涉及技术伦理、政策法规等领域，完全可以就此主题展开新的研究。考虑到“数据监视”并不是本书的重点，笔者在此仅提及了一小部分与数据监控相关的内容。

二、左半边：可见性的“把关人”板块

其次，让我们来分析内容的“把关人”板块。它展示的是平台媒体对于内容的分配与呈现情况。左边“锥形”图示的顶点代表了对用户“可见”的内容，尽管这些内容仅占总体“信息流”（information flow）中的一小部分，但是它们却被推送给了数量庞大的“兴趣相投”的用户共同观看。因此，这是一个“多数看少数”的“锥形”图式结构——平台媒体依托智能算法作为可见性的“把关人”，选择性地呈现与用户高度相关的内容进行推送，从而使这些内容被大量同质化的用户群体所观看。关于平台媒体进行算法推荐时所采用的逻辑与标准，笔者将在本书第五章中详细讨论，此处暂不展开。算法绝不是理性、公正、中立的自然计算输出结果，它是个人因素（如用户的媒介使用习惯、程序员的偏好和价值观念）、组织因素（如企业的方针政策、企业文化）、外部因素（如广告主的诉求、法律规范）对算法代码的渗透与嵌入，是人类意图性（human intentionality）和物质顽固性（material obduracy）杂糅的结果[116]。

有趣的是，在右半边的“数据监视”模型中，用户（包括内容生产者在内）与平台媒体之间的可见性关系是单向的——平台媒体可以随时捕获并征用用户的数据信息，但是算法推断的过程与结果作为技术公司的核心机密，对外界来说是一个永远的“黑箱”[132]，用户无法从科技公司手中获取算法针对不同用户所标记的兴趣标签。也就是说，用户对于平台媒体呈现出一种“绝对透明”的状态，而平台

媒体的数据监视结果对于用户来说却有着绝对的“不可见性”。再来看左半边的模型，经过算法对内容的分发与适配，内容生产者所发布的信息或产品对于相关用户而言具有高度的可见性，与此同时用户可以通过关注、转发、评论、点赞、弹幕等平台媒体所赋予用户的各类互动行为，同样对内容的生产者（被可见者）产生可见性，内容生产者可以明确地知道自己的消费人群是谁、具有什么特征、如何看待自己的产品，等等。在平台媒体所建构的可见性架构模型中，内容生产者与用户之间具有相互可见性，但平台媒体与用户（包括内容生产者在内）之间却呈现出了一种“单向度”的可见性——当平台媒体掌握了全方位洞察用户的权利时，用户几乎难以从平台媒体获取其他用户甚至是自身的任何数据信息。

第四章 >>>

探析平台媒体可见性的交互特点

在第三章中，我们对平台媒体可见性的架构进行了探索，笔者提出“钻石”模型用以建立用户（观看者）、内容生产者（被观看者）和平台媒体（媒介技术）这三个决定了平台媒体可见性的物质基础要素的位置安排。与大众媒介的“锥形”图式结构和网络化媒介的“矢量”图式结构不同，平台媒体呈现出一种更为复杂的架构模型。

本章将以一种全新的视角切入，聚焦可见性中最为重要的两大主体——观看者与被观看者，考察在平台媒体所构建的可见性中，“看”与“被看”之间的互动关系（interaction）。具体而言，被观看的对象以何种方式呈现在观看者面前，双方的交流互动具有哪些特征。

为了更好地阐述平台媒体可见性中可见双方的交互特点，本章将按照媒介技术的历史发展顺序依次展开。汤普森根据大众媒介的特点提出了“中介式准互动”（mediated quasi-interaction），为我们研究在大众媒介环境下可见双方的互动关系提供了很好的基础。在网络化媒介与大众媒介构建的可见性中，被观看对象（信息内容）以一种完全不同的方式呈现在观看者（用户）面前，两种媒介主导的交互特点存在着本质的不同。平台媒体作为网络化媒介的一种延伸，与网络化媒介中可见双方的交互特点存在诸多共通之处，但平台媒体独特的运作模式也决定了它在某些地方和网络化媒介存在差异。本章旨在揭示平台媒体中观看者与被观看者之间的互动关系，并且在与大众媒介和网络化媒介可见性的交互特征的对比过程中，更为全面地展示平台媒体可见性的交互特性。

第一节 大众媒介可见性的交互特点

一、“中介式准互动”

汤普森按照历史时间顺序区分了三种不同类型的互动模式。第一种是传统的“面对面”式的互动(face-to-face interaction),自口头传播兴起后一直延续至今。它要求双方参与者分享同一个“时空框架”(spatial-temporal framework),即这种互动发生的前提是“此时此地”——处在某一时刻(同一时间)的双方同时在场(同一地点)才能彼此可见。这种互动并非自言自语,更不是“一个说一个听”的单向方式,而是以“对话式”(dialogical)的双向互动模式展开。第二种是“中介式互动”(mediated interaction),特指那些以信件、电话等媒介技术为中介的互动。与人际传播的可见性中“时空同构”的运作方式不同,在“中介式互动”过程中,“传者”与“受者”无需见面,借助媒介技术处于不同位置的双方就可以展开实时互动。

在“中介式互动”的基础上,汤普森根据大众媒介的特点,提出了该种互动模式的特殊形式——“中介式准互动”(mediated quasi-interaction)[72],强调在大众媒介时代,随着书籍、报纸、广播、电视等传播技术的出现,人与人之间的互动愈发为媒介所中介,一种区别于传统“中介式互动”的社会互动新模式就此诞生。之所以加上一个“准”(quasi)字,主要有两个原因:第一,“中介式互动”是“传者”针对特定的受众群体进行的传播(如写信和打电话都有明确的互动对象),而报纸、广播和电视面对的却是无远弗届的群体——只要配备了媒介的基础设施(infrastructures),且能够分享相同的沟通符码(包括共同的价值观和共同的成就目标)[122],使用者就能接受并解码大众媒介所传递的内容,因此每一个符合物质条件与社会文化的个体都是大众媒介的潜在受众;第二,在传统“中介式互动”中,双方以“对话式”的模式(如写信和打电话)展开交流,然而大众媒介则以线性的“独白式”(monological)的传播方式进行——信息流(communication flow)由“传者”负责输出,缺乏对受众信息的即时反馈。也就是说,处于屏幕前的观众能够看到遥远的传播主体,但传播主体却无法看到此刻正在注视着他的人。

大众媒介这种面向非特定目标的、拥有广泛潜在受众群体的“单向”(unidirectional)传播模式，使其区别于一般的“中介式互动”(有特定目标的，并且是双向互动的模式)，因此汤普森称这种大众媒介的互动模式为“中介式准互动”。汤普森的“中介式准互动”与丹尼尔·戴扬(Daniel Dayan)和伊莱休·卡茨(Elihu Katz)所提出的“媒介事件”(media events)[133]紧密相关，“媒介事件”可以说是“中介式准互动”的一个典型例证，比如英国戴安娜王妃的婚礼、奥运会盛典、“9·11”等重大事件通过大众媒介向全世界播放，成为全球瞩目的公共事件——人们屏息观看，然而这种观看总是以单向的形式展开，此类事件正是以“中介式准互动”的方式与受众展开互动的。

至此，笔者将这三种不同类型的互动模式及其特点归纳如表 4.1 所示。

表 4.1　人类历史上的三种互动方式

类型	面对面式的互动 face-to-face interaction	中介式互动 mediated interaction	中介式准互动 mediated quasi-interaction
代表媒介	人际传播 口头传播	信件、电报、电话	大众媒介 (报纸、广播、电视)
时空因素	时空同构	跨越时空	跨越时空
交流对象	有特定对象	有特定对象	面向不确定的潜在受众
互动模式	对话式/双向/对称	对话式/双向/对称	独白式/单向/非对称

二、跨越时空

在大众媒介建构的可见性中，被观看者打破了时空限制来到了观看者的面前，人们的视域范围借助大众传播技术分别在“时间”和“空间”两个维度得到极大的延伸。从“空间”层面来看，大众媒介能够实现远距离传播：一方面人们通过观看(电视或电影等)“拔除”了自身的地方性，借助视觉/影像到达世界各地，将个体镶嵌到全球网络之中，这一过程被安东尼·吉登斯(Anthony Giddens)称为“脱域”(dis-embeddedness)[134]；另一方面，遥远的人、事物和时间通过媒介远距离地“侵入”(invade)个体的世界。“脱域”与“侵入”同时发生，人们摆脱地域的束缚(de-spatialized)自由穿梭在不同空间中，获得与那些遥远(distant)事物相遇的可能性。大众媒介突破了人际传播模式中固定空间的限制(人们只能看见自己视域范围内的事物），将世界上任何一个角落中的人、物和发生的事呈现在人们面前。

从“时间”层面来看，这些人、物和事既可以是行动中的或正在发生的（如电视或广播的新闻直播），表现为一种“同步的可见性”（simultaneity visibility）；也可以是过去发生的（如报纸上的一则消息或者几年前的影像资料），表现为一种“非同步的可见性”（desynchronization visibility）。借助大众媒介技术，这些过去发生或正在发生的、处于世界上任何一个位置的事物都能再次为人们所“看见”。“大众媒介中介的可见性”跨越了时空的界限，原来人际传播中可见性对同一时间、同一空间的要求被“任意时间”和“任意空间”所取代。

三、消极型可见

广播或电视的受众每天与屏幕中的人/事物或收音机中的声音所进行的互动不是一种漫无边际、毫无规律的接触，相反，受众只能根据媒介机构所提供的“节目清单”，有限地选择他们想要观看或收听的内容。换句话说，可见双方的“相遇”是由媒介的“议程设置”事先安排好的，人们看似拥有切换频道、关闭设备的权利，但他们能做的和能挑选的范围十分局限。

媒介是如何进行可见性的安排的？这里举两个典型的例子：上下班的往返时间是收听广播的高峰时段，晚餐时间则是全家人一起收看电视的“亲情时刻”，在这些时间段媒介机构更倾向于安排他们认为重要的内容（如新闻播报或投入高昂的广告）进行呈现。于是，这些节目与受众之间就有了一场“意料之中”的“相遇”。我们把像这样选择范围有限、时刻处于控制之下的可见性定义为“消极型可见”，大众媒介带来的正是这种类型的可见性。

第二节　网络化媒介可见性的交互特点

一、去语境化/时空重组

在曼纽尔·卡斯特（Manuel Castells）看来，“空间与时间是人类生活的根本物质向度”[122]，时空所组成的坐标就确定了某一个具体对象的位置。按照这一说法，时间和空间就是任何事物存在于这个世上最基本的“语境”(context)。在媒介技术诞生之前，任何人的出现、任何事的发生总是嵌入(embedment)一个具体的时空语境中，可以准确地追溯到何时、何地所构成的坐标。但是大众媒介技术的出现，改变了受众看到事物的基本语境，事物第一次以跨越时空的姿态出现在人们面前，网络化媒介（尤其是手机的使用）则进一步重组了事物所在的时空坐标，使得被观看的对象彻底地从它所发生的语境中解脱出来。

人际传播是高度“语境化”的，彼此可见的双方必定处于某个相同的时间、相同的地点——他们具有一个固定的时空坐标点。大众媒介部分剥离了“时间”和“空间”要素，过去曾经发生的、现在正在发生的遥远的人和事借助媒介得以再现或呈现，但是这种剥离并不“彻底”：第一，观众虽然可以通过电视屏幕看到远距离发生的事情，但这种“相遇”总是发生在卧室或者客厅等固定的场景。收听广播的听众也一样，与喜爱的节目或演讲者的“碰面”不是在家中放收音机的桌旁，就是在车厢里。换句话说，大众媒介所建构的可见性，必须满足观看者要与媒介捆绑在某个固定的位置这一前置条件。因此，从“空间”的坐标来看，它是一种“半去语境化”(half decontextualization)的情境，处于静止的实体空间中的人们能够看见的事物也仅限于眼前大众媒介所编织出的场景。第二，过去的或正在发生的事物虽然可以通过屏幕呈现在观众面前，但是观众并非随心所欲地与这些事物“相遇”，所见之物总是围绕着节目单的顺序或是大众媒介的播放逻辑而展开。从这个意义上来说，大众媒介所构建的可见性依旧无法摆脱一种线性的、由开端到结尾的有组织性的时序安排。因此，从“时间”的坐标来看，它仍然是一种“半去语境化”的情景。

然而，网络化媒介（主要是手机、可穿戴设备等）具有高度的移动性和“具身性”，它们跟随身体而移动，就像长在人们身上的“电子器官”[135]。从“空间”层面来看，人们可以携带媒介游走在不同的实体空间里，观看者也因此彻底摆脱了必须与媒介捆绑在某个固定位置这一前置条件。用户在身体穿梭于不同的物理场景并与其中的事物遭逢的同时，还可置身于媒介所创造的各类场景之中（如电视中某个事件发生的场景、微信朋友圈中的场景、VR技术建构的仿真场景等），人们“看见”的是一个不断更迭的由物理场景、大众媒介场景、网络虚拟空间等多重场景并置、交叉、融合的状态[136]。从“时间”层面来看，类似微信、微博等社交媒体支持的回溯功能,过去发生在某个时刻的片段可以随时被调取和阅读。卡斯特所说的那种打破了生物时间、线性时间观与秩序的“无时间之时间”[122]在网络空间中得以轻松实现,过去、现在和未来可以被设定在同一信息内且彼此互动,没有开端,也没有终结,没有序列。于是在网络空间中与事物的“相遇”变成了一场突兀、奇特的场景:原来发生在某一时刻、某个地点的瞬间,都可以被单独“抽取”出来,事物彻底剥离了原来所在的时空语境,甚至如同“时空错位”一般呈现在人们面前。互联网创造出了一种“去语境化”(decontextualization)的可见性。

二、对话式

在大众媒介建构的可见性场景中,电视观众不可能与电视屏幕中的对象有即时的、实质性的互动。然而,互联网技术恰恰带来了一种“对话式”(dialogical)的双向互动模式,尤其是 Web 2.0 时代社交媒体的出现,打破了大众媒介时代的单向互动模式,用户通过留言、点赞、弹幕等方式,网络中的任何一个节点都可以与其他节点产生互动,并且节点之间相互可见。使用网络化媒介的用户能够在第一时间看到传播者的一举一动,而传播者也可以通过各种方式感知用户的存在,甚至与他们进行实时互动。

三、积极型可见

网络化媒介的海量云存储和互联网页面中常见的内容搜索功能,赋予用户自主创造与相关内容“相遇”的机会,可见双方能够一定程度上绕过媒介的“议程设置”。我们将这种选择范围广、可自主匹配的信息内容的可见性定义为“积极型可见”,网络化媒介所带来的正是这种类型的可见性。

第三节　平台媒体可见性的交互特点

一、偏向性的时空重组

作为 Web 2.0 的产物,平台媒体依托互联网技术几乎继承了网络化媒介可见性的所有交互特征。从“空间”维度来看,各类平台媒体基本都开发了与手机相兼容的客户端(如微博、微信、今日头条、抖音等),用户摆脱了大众媒介时代人与媒介捆绑式的观看/收听模式,进而可以在任何物理场景下,通过使用平台媒体同时与实体和虚拟场景中的事物“相遇”。从“时间”维度来看,平台媒体同样摆脱了过去只能围绕大众媒介的播放顺序而展开的可见性——原来发生在某一时刻、某个地点的瞬间,都可以被算法单独“抽取”出来呈现在用户面前,事物彻底与原来所在的时空语境相剥离,平台媒体创造出了一种“时空重组”的可见性。

然而,与互联网媒介所不同的是,平台媒体的“时空重组”存在一定的偏好。吉莱斯皮(Gillespie)[137]对平台媒体算法分发的研究表明,与用户的“个性化相关”的内容更容易被推送,因此从“空间性”来看,那些与用户定位的地理位置临近或相关的地点,以及被算法标识为用户可能感兴趣的地方的人和所发生的事,将会被平台媒体优先呈现。从“时间性”来看,欧诗甘姆(Ochigame)和休斯顿(Holston)通过对影响社交媒体内容呈现的因素进行分析发现,“时效性”(time)是其中一个重要的参考标准[138],越是新近发生的事件,越容易优先被用户看见。

综上所述,“平台媒体中介的可见性”按照一定的“相关性”和“时效性”逻辑以“时空重组”的形式将内容呈现在用户面前,是一种具有偏向性的时空重组的可见性模式。

二、对话式

在大众媒介时代,无论是广播听众还是电视观众,都很难与信息系统场景中的事物有即时的、实质性的互动。然而,依托网络新媒体技术的平台媒体为用户带来了“对话式”的双向互动模式,观看者与被观看者之间产生了大量及时且有效的互动。无论是以“社交链接”见长的基于网络社交类的平台媒体(如微博、微信、抖音、哔哩哔哩等),还是为用户个性化需求提供“千人千面”信息的资讯定制类平台媒体(如今日头条、一点资讯、天天快报等),都继承了网络化媒介的这种双向互动的模式。

三、消极型可见

网络化媒介时代,尤其是在 Web 1.0 时代,互联网看起来就像一片未经测绘的大陆,用户们将自己视为这片大陆的发现者和探索者[139]。与网络化媒介赋予用户与相关内容对象主动“相遇”的情景不同,尽管大多数平台媒体也为用户设置了内容搜索栏目,但是依托强大的算法推荐功能,每当用户在平台媒体登录账号时,平台媒体就已经为他们安排好了相关的可见性对象与内容。相比于网络空间那种选择范围广、可自主匹配内容的可见性,平台媒体的用户绕过平台议程设置的难度更大。因此,我们将这种事先被分配与安排好的平台媒体中介的可见性定义为“消极型可见”。

第五章 >>>

解析平台媒体可见性的运作机制

在人们日常信息流的获取过程中，Facebook、谷歌、今日头条、微博等平台媒体凭借更加符合用户阅读习惯和阅读偏好的优势，成为人们获取信息和新闻的主流“入口”。然而，随着平台媒体对海量信息的过滤机制逐步取代传统媒体机构对信息内容的“把关”，外界很少有机会了解平台媒体的核心运作方式——在制定推荐机制时会将哪些因素纳入考量范围，背后体现了怎样的价值观和标准等问题仍处于“黑箱”状态[35]，而这与人们对传统新闻的“把关”过程、新闻价值标准的广泛了解形成对比。本章采用“可见性运作机制”这一概念，用以统摄平台媒体对信息内容的选择与呈现逻辑。

本章的第一节创新性地采用问卷调查与抓取自 98 名真实微博用户的近 10 万条分析数据相结合的方式，共同揭示了微博“推荐流”的可见性运作机制。经研究发现：第一，微博“推荐流”打破了“兴趣决定内容”这一人们对可见性的传统认知，最终决定内容可见性的不是用户的兴趣本身，而是算法所推断的用户兴趣。因此，“算法推断”扮演了介于用户真实兴趣与内容可见性之间的中介角色。根据这个结论，笔者构建了“用户兴趣—算法推断—内容可见性”这一平台媒体的运作机制基础模型。第二，在明确“算法推断”的桥梁作用后，本节还就影响“算法推断”的关键性因素进行了考察。结合 Logistic 回归数据的分析结果可知，①综合了发布/转发、点赞、收藏这三类的“用户自主行为”与“算法推断”存在显著相关的关系；②在用户“社交关系”维度，一个较为令人意外的发现是：与用户呈现“强关系”的微博好友的兴趣方向并不能主导算法对该用户的兴趣推断，相反，微博更倾向于根据那些与用户呈现“弱社交”关系的“大 V”类博主的兴趣方向来推断该用户的兴趣偏好。

在本章的第二节中，笔者结合新注册账号的微博推送数据、微博的公开资料和访谈记录，补充并总结了影响微博“推荐流”可见性运作的一些核心要素，包括基于算法推断的用户兴趣、用户自主行为、用户的社交关系、互动性、导向正确性、用户的领域影响力、使用场景、平台优先级、用户的负反馈、内容类型、内容质量、标准化符号格式等，上述要素的拟合结果共同决定了微博对内容的最终呈现形态。

在“开箱”微博“推荐流”的可见性运作机制后，本章的第三节重点就大众媒介时代与平台媒体时期可见性运作机制的异同进行比较。将“把关人理论”和“新闻价值”两个核心概念作为切入口：第一，考察自大众媒介时代到网络化媒介时期，再到如今平台媒体的崛起，“把关人”角色所经历的嬗变。过去，作为传统“把关人”主体的记者和编辑决定了某则新闻故事能否通过“媒体之门”，并最终以何种形式呈现在受众面前；而到了网络化媒介时代，互联网的出现很大程度上消解了机构媒体的“把关人”角色，赋予可见性的主体不再仅限于大众媒介机构，可见性的权利扩展并下沉至每一个社会个体；如今，平台媒体依托智能算法对内容进行取舍与匹配，复苏了网络化时代曾经被解构的“把关人”机制，重新将内容的可见性掌握在“少数人”，即技术公司的手中。第二，以“价值观”为研究取向，通过对“新闻价值”与“算法价值”的比较，本书认为大众媒介着眼于公共的、集体建构的“客观事实”，始终将舆论导向和社会关切视为己任，通过一套“新闻专业主义”的判断标准来重新界定信息的价值；而相比之下，平台媒体则主要着力于满足个体在社交关系、娱乐分享方面的“欲望”[35]，强调个人主义至上和信息的消费服务属性，商业资本的力量渗透在算法的每一次运算逻辑之中。

第一节 “开箱”微博“推荐流”的可见性运作机制

平台媒体在主导人们日常信息的分配与接收过程中，扮演着越来越重要的角色，各类搜索引擎、社交网站及移动社交应用、内容聚合类平台成为用户获取信息和新闻的主流“入口”。面对海量的信息内容，即便是平台媒体也无法将所有内容提供给所有用户，技术公司继而转向依托算法来对内容进行取舍与适配。

无论是 Facebook 的“3F 原则”——涉及友谊家庭的内容优先推送[35]，还是被媒体多次诟病的“百度竞价”，平台媒体在进行内容推送时必然参考某种价值标准，就如同传统媒体时代记者和编辑所做的那样，根据“新闻价值”（news value）来决定“某一则新闻故事是否能够通过‘媒体之门’进入新闻流通环节”[18]。然而，比起过去以记者、编辑为代表的“把关人”对内严格遵循组织机构的一套章程标准[15,16]，对外接受社会体制的规约[140]，平台媒体的信息加工处理过程更像是一个不可接近的“黑箱”，商业秘密保护和防止恶意黑客入侵是此类科技公司拒绝公布“把关”过程的常见理由[141,142]。即便是内部算法工程师也只熟悉自己负责的局部技术，难以掌握平台运作机制的全貌[54]。

在“把关权力”从人工编辑向智能算法转移和让渡的过程中，点击量至上带来的新闻娱乐化与媚俗化、数据滥用导致的用户隐私侵害、商业垄断竞价对多元“长尾”内容的抹除[143]、少数群体的边缘化、兴趣迎合与“过滤气泡”[144]、“信息茧房”的产生[101]、偏见[145,146]、伪中立[147,148]、网民群体极化、政治与商业对于知识全方位的操纵与渗透[57]等社会问题不断涌现，也引起了媒体和管理部门的关注。被多次质疑平台操纵行为后，Facebook 自 2010 年起为用户提供下载该平台使用信息的选项，其中就包括平台提供给广告商的用户分类信息[149]。2020 年 9 月 10 日，为保护欧洲公民的隐私权，爱尔兰数据保护委员会（Irish Data Protection Commissioner）向 Facebook 下达命令，要求其停止将欧盟用户的数据传输到美国[150]。目光转向国内，平台媒体巨头今日头条、微博、抖音、快手不时触碰底线，却又屡错屡犯，其负责人多次被政府管理部门约谈。2017 年 9 月，人民网发表《不能让算法决定内容》[151]等“三评算法推荐”系列评论；2018 年 4 月，国家广电总局要求今日头条和快手整改，“以更高的标准定义产品的价值[152]”。

一方面平台媒体对信息可见性的主导与支配权力日益强大，而另一方面，传统“把关人”所遵循的职业规范和新闻伦理并不约束其推荐系统[33]。在这样的背景下，针对平台媒体的可见性运作机制的研究显得十分必要，因为如果不能及时打开“黑箱”，就无法针对平台媒体的价值标准进行批判和修正。针对这一议题，国内外学者均进行了有意的探究：姜红和鲁曼认为平台媒体将“趣味性”视为信息选择的首要标准[96];陈昌凤和霍婕认为信息选择的首要标准是“受众的注意力”[154];朱鸿军和周逵则指出,“公众兴趣”和“流行话题”是算法判断新闻的标准[148];王茜通过内容分析和对上榜词的统计,得出影响微博“热搜”可见性的四个要素:时新性、流行性、互动性和导向正确[33],通过对 77 位用户的 8 000 多条新闻推送的分析,她还得出了影响今日头条可见性的因素包括场景、内容、用户偏好和平台优先级[34];迈克尔·德维托(Michael DeVito)通过对 Facebook 公开发布的专利、新闻稿、博客等进行内容分析,提炼出九大影响 Facebook 可见性的因素:朋友关系、用户公开表达的兴趣、用户先前的参与、用户含蓄表达的偏好、发布时间、平台优先级、页面关系、用户的负面表达和内容质量[153]。

综上所述,针对 Facebook、谷歌、推特等西方超级平台的可见性运作机制,学界已经有了较为丰富的研究成果,而非西方语境下的研究除少数实证分析外,结论的得出大多基于研究者对所搜集资料的主观判断,很少采用量化统计和实验的方式进行验证,且呈现出碎片化、多学科交叉的状态。由于推荐机制涉及公司商业机密,愿意公布的公司不多[53],算法也经常因其变动而不被告知的特性被人们所质疑[49]。人们对算法的认知尚停留在对未经迭代的、不完整信息的归纳与推导[9]。相比于近年来多项针对谷歌、Facebook 等超级技术平台的管制条例发布和监督委员会成立,国内暂未出台相关督促社交平台算法增加透明性与可信度的约束性文件,因此对此类平台进行研究往往面临更大的挑战。就目前情况而言,我们无法对所有平台媒体逐一进行研究,且不同的平台媒体的推荐机制也各有偏重,鉴于此,笔者选取微博“推荐流”作为平台媒体的代表案例。微博是中国的超级平台之一,根据 Alexa 公司 2020 年 3 月的统计数据,微博的访问量在全球位居第 16 位,在中国位居第 10 位。网民通过微博获取新闻的比例达到 35.6%,高于通过新闻客户端获取新闻的比例[93]。有学者指出,研究算法需要被放置在具体的情境及社会技术装配(socio-technical assemblage)中来进行阐释[94],作为引导中国舆论风向的社交媒体,微博引入推荐机制的时间最早,其算法的核心产品——微博“推荐流”在经历多次代码迭代后运作也相对成熟,以微博“推荐流”为研究对象可以更好地结合中国本土场景加以阐释,展现数字技术冲击下传播格局中多种权力与利益博弈后的策略性选择。

一、算法推断:搭建从用户兴趣到内容可见性的新路径

与传统媒介时代相比,如今人们正身处一个高度“可选择”(high-choice)的媒介环境之中[155,156],互联网的出现很大程度上消解了机构媒体“把关人”的角色[157],人们拥有自由获取自身感兴趣内容的权利[158]。相关研究也证明,兴趣偏好与新闻内容的获取密切相关,例如学者证明了对政治感兴趣的用户的政治类新闻消费/获取呈现上升趋势[159,160]。这一现象的原因在于,兴趣偏好主导了用户的信息选择,网络化媒介为用户搭建起了一个“兴趣决定内容”的信息自由王国。笔者据此构建了第一种可见性运作的机制模型,这里暂时称之为可见性的“直接模型”。(图 5.1)。

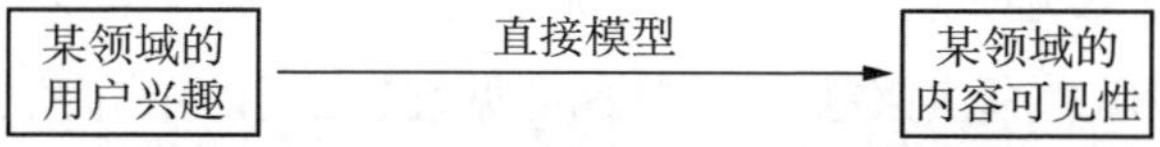

图 5.1　“用户兴趣—内容可见性”模型

然而,随着平台媒体在主导人们日常信息的分配与接收过程中扮演着越来越重要的角色,基于算法的用户兴趣分类(categorization)逐步成为各类平台媒体运作过程中不可或缺的核心环节。后台需要了解用户的兴趣,才能确保用户在后续推送中接收相关内容,并为广告商精准投放产品信息提供可借鉴的依据。我们把算法对用户兴趣进行分类的过程称为“算法推断”(algorithmic inference),所谓“算法推断”就是系统基于对用户使用过程中的各类“数字痕迹”(digital trace data)的追溯与分析,从而判定用户兴趣的过程[114]。根据对用户的地理位置定位、手机型号、媒介使用习惯、基本人口要素、核心关注内容等数据的提取与分析,后台以“打标签”的方式对用户进行兴趣判断与分类,并且在动态使用过程中不断修正与更新,最终为每位使用者建立起独一无二的“用户画像”。与此同时,通过文本内容理解、图像识别、视频关键帧识别等技术对微博内容进行细粒度表征,形成每篇微博内容的表征向量。一边是对用户的描摹,另一边则是基于文本内容的解析,在完成对上述两方的判断后,建立用户与内容的相关性,将算法认为适配的信息推荐给相应的用户群组,从而完成“用户—环境—内

容”的闭环。目前，不少平台媒体已明确表示将“算法推断”纳入内容推荐的核心环节与前提步骤：Facebook 多项公开专利显示，自 2009 年起该平台就开始运用机器学习，根据用户使用行为及其社交行为来推断用户的兴趣[161-164]。作为国内领先社交平台的微博，在《微博 2019 年度报告》(*Annual Report on Weibo 2019*)中也提到其核心技术“社交兴趣图谱引擎”(Social Interest Graph Recommendation Engine，SIG)，SIG 在分析用户一系列围绕社交兴趣所发生的行为的基础上，将算法反馈的用户兴趣与围绕用户兴趣的相关内容进行匹配[165]。

用户兴趣是个体对某领域爱好的集中表现，然而对于平台媒体而言，由于不具备优先获取用户偏好的能力，只能依托算法根据各类可挖掘、可编码、可计算和可测量的“数字痕迹”对用户兴趣重新作判断。从这个意义上来说，“算法推断”扮演了介于“用户真实兴趣”与“内容可见性”之间的中介角色。根据这一情境，我们构建了“用户兴趣—算法推断—内容可见性”的间接模型(图 5.2)。与此前的“直接模型”不同，用户从原来“主动获取感兴趣的内容”变为“被动接收由算法推断的用户可能感兴趣的内容”。失去自主选择权的用户只能通过“不点击”表达对推送内容的“抗议”，而这也是平台赋予用户的最大范围内可行使的权力。

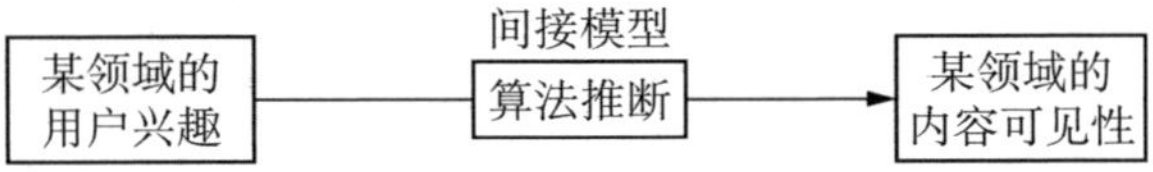

图 5.2 “用户兴趣—算法推断—内容可见性”模型

上述模型有两点新颖之处：第一，尽管从各种科技公司的公开资料中可明显感知“算法推断”这一步骤的存在，各类平台媒体也不断标榜自己算法判定的智能化和准确性，然而，“算法推断”到底在多大程度上左右了平台媒体的内容可见性仍有待验证。目前，已经有学者就算法对用户兴趣的分类过程对于 Facebook 广告投放产生的影响[166]进行了探讨，但现有文献中能证实“算法推断”与平台整体内容推荐(非广告内容)之间关联的研究还十分匮乏。笔者以“algorithmic inference”为关键词，仅搜索到一篇相关文献，该文献的作者证明了当 Facebook

用户被算法推断为对政治感兴趣时，他将更多地被推荐与政治类新闻相关的内容[167]。第二，传统观点认为，在高度信息自治的环境中，个人选择对内容的可见性起到决定性作用[168]，因此人们对什么内容感兴趣就会获取怎样的信息。然而，平台媒体打破了这一可见性格局，伴随"算法推断"这一过程的介入，用户兴趣不再由用户的固然属性决定，而是外化为转发、评论、点赞、阅读停留时长等一系列被算法标记为有效计数的表征向量。那么，此时算法所判断的用户兴趣与用户真实兴趣是否一致呢？如果两者不一致，用户的真实兴趣与算法推断的用户兴趣，哪一个决定了内容推荐？上述研究问题对于"开箱"平台媒体的可见性运作机制而言是必不可少的一环。

二、算法推断的影响因素

根据间接模型，猜想决定内容可见性的不完全是用户的真实兴趣，而是算法所推断的用户兴趣，那么随之而来的问题便是：哪些因素决定了算法推断？

后台最容易获取的"数字痕迹"来自用户的点击浏览、发布/转发、评论、点赞、收藏等行为数据，它被解读为用户可能对同类型内容感兴趣的信号。我们将上述这些用户作为行动主体所主动产生的行为数据统称为"用户自主行为"，并且猜测"用户自主行为"可能是算法推断用户兴趣的重要依据。

大量研究表明，个体倾向于与那些具有相同社会人口特征（sociodemographic features）、行为和/或价值观的人交往并保持联系[169,170]，也就是所谓的"物以类聚，人以群分"。有学者证明了那些对于政治感兴趣的人往往会和其他同样对政治感兴趣的人在一起[171]。遵循这一模式，那么根据用户好友的兴趣便可以倒推出该用户的兴趣所在。这一思路也被证实运用在一些平台媒体的算法推断过程中，如 Facebook 的公开专利承认其系统不仅通过用户的行为判断用户兴趣，而且还从他们朋友发布的动态以及朋友的兴趣推断该用户的兴趣所在[153]。换句话说，在 Facebook 平台上，你的朋友是谁就决定了你是谁。无论其在早年公布的边际排名算法（EdgeRank Algorithm）中明确将"亲密程度"（affinity score）作为衡量新闻源的重要组成要素之一[47]，还是后来其在遭遇"偏见门"事件后主动宣布"3F 原则"（friends and family first）[35]，都是将社交关系视为算法推荐的核心。而同样作为社交媒体的微博,也曾经在多个公开场合强调社交关系对于算法推荐的重要性。现任微博 AI Lab 资深算法专家张俊林就曾公开表示:“如果两个用户之间的互动越频繁,那么两者之间的社交关系越紧密,而亲密的社交关系往往蕴涵着潜在的兴趣关联或者较强的线下社交关系。”[172]社交媒体上的朋友是趣味相投的集合体[173],好友兴趣很可能是微博“推荐流”进行算法推断的一个重要维度。

基于上述分析与判断,我们搭建了微博“推荐流”可见性运作机制的完整模型(图 5.3)。首先,就内容可见性部分进行模型阐述(H1—H3)。由于用户能够通过微博展现自我兴趣的“空间”有限(如 140 字的微博字数限制使得传统的语义分析无法准确推断用户兴趣)、用户自我标注的兴趣标签可能经过美化、用户的实际媒介使用行为未必能够完全反映用户兴趣等多种原因,可能出现用户的“真实兴趣”与“算法推断的用户兴趣”不同的情况,因此提出 H1:用户自我评估对某一领域的兴趣(即用户的真实兴趣)与算法推断某领域用户的兴趣并非在所有兴趣领域都呈现显著相关性。算法基于一系列“数字痕迹”对用户兴趣作出判断后,微博“推荐流”将据此推送相关内容,鉴于上述猜想,提出 H2:算法推断某领域用户的兴趣与某领域的内容可见性呈现显著正相关性。由于不具备事先获取用户偏好的能力,猜想微博“推荐流”主要依托算法推断,而非用户的真实兴趣进行内容推送,提出 H3:用户自我评估对某一领域的兴趣与某领域的内容可见性不一定会在所有兴趣领域都呈现显著相关性。

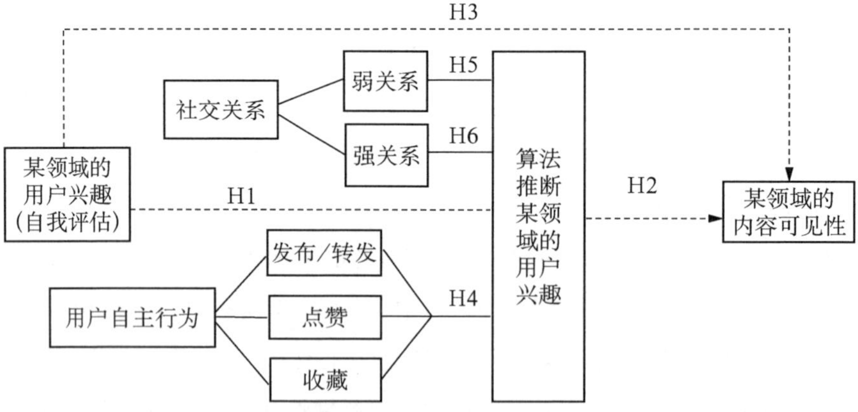

图 5.3 “用户兴趣—算法推断—内容可见性”完整模型

其次，就“算法推断”的过程部分进行模型阐释（H4—H6）。笔者推测影响“算法推断”的第一个因素是“用户自主行为”，在对“用户自主行为”细分后，提出假设 H4：用户对某领域内容进行发布/转发、点赞和收藏的“用户自主行为”与算法推断用户对某领域的兴趣存在显著相关性。

推测影响“算法推断”的第二个因素是“用户的社交关系”。格兰诺维特（Granovetter）将社交关系划分为“强关系”与“弱关系”，认为用户间关系强度体现在用户间的亲密程度和接触频率[174]。“强关系”包括家人、朋友等更了解对方兴趣爱好和性格特征的人，因而相比“弱关系”人们更愿意相信他们；“弱关系”则涵盖那些不熟悉或不认识的人，比起“强关系”，“弱关系”的数量更多，通过“弱关系”接触到的不同类型的组织和群体也更广泛。在微博中，与用户“相互关注”的好友（如亲人、同学等）可被视为“强关系”，而用户与单向关注的“大 V”之间则更符合“弱关系”的定义。我们将同时考察“强关系”与“弱关系”对“算法推断”产生的影响，并提出假设 H5：与用户呈现“弱关系”者（即“大 V”）所发布/转发的微博内容的所在领域，会显著影响算法推断用户对该领域的兴趣；以及假设 H6：与用户呈现“强关系”者（即好友）对某领域的兴趣情况，会显著影响算法推断用户对该领域的兴趣。

三、研究方法

1. 数据与样本描述

本书创新性地采用问卷调查与对抓取自 98 名微博用户的 99 476 条数据进行分析相结合的方式，共同揭示微博“推荐流”的运作机制。鉴于对数据隐私的保护，微博不会向他人或机构展示任何涉及用户对于平台的使用数据，尽管用户在微博上的发布内容、关注人列表、点赞等信息作为公开数据可以获取，但最为关键的“内容可见性”，即“微博为用户推荐了什么内容”，是除了用户以外任何人都无法获取的。面对“内容可见性”数据采集的困境，有学者采用问卷调查的方式，通过受访者“自我报告”（self-report）过去一周的时间内在 Facebook 上看到“有关某领域话题的频率如何”（1＝从不，5＝经常），来获取对“内容可见性”这一变量的测量[167]。然而，不同人对于频率的认知存在差异，受访者的“自我报告”

受主观因素的影响很大,因此相关研究结论的科学性存疑。为了更好地弥补这一缺憾,本研究在征得每位用户"知情同意"的基础上,获取了他们的微博账号与密码,经由用户注册时绑定的本人手机验证码验证后登录该用户的微博账号,通过八爪鱼抓取账号中"推荐流"的内容数据,以避免用户的主观作答带来的不准确性。

2020 年 10 月至 11 月,笔者通过向身边好友征集微博账号,并依托"滚雪球"的方式向朋友的朋友征集微博账号,总共获取了 108 个微博账号,在对账号进行"非活跃用户"(点赞数、收藏数、微博发布数中任意两项少于 10 条)的筛选后,最终得到 98 名活跃用户的微博账号使用权($n=98$)。所有用户通过问卷星调查平台完成了一份题为"用户兴趣与微博推荐相关性"的调查问卷(附录一)。

笔者于 10 月 31 日、11 月 1 日和 11 月 28 日(三天内均无重大新闻事件发生,因此排除某段时间内微博集中推荐某些特定类别的内容)对 98 个微博账号进行登录,利用八爪鱼对每个账号抓取包括推荐广告(至少 50 条)、热门推荐内容(至少 400 条)、推荐关注的人列表(不少于 100 位)、转发/发布的微博(全部或至少 100 条)、点赞(全部或至少 100 条)、收藏(全部或至少 100 条)、关注的人所发布的微博(至少 100 条)在内的数据。98 个账号共抓取广告 4 971 条、热门推荐 38 755 条、推荐关注的人 15 822 位(其中与用户呈现"弱关系"的共计 11 352 人)、转发/发布微博 9 561 条、点赞 49 99 条、收藏 2 569 条、关注的人发布的微博 11 447 条,总共获得有效数据 99 476 条。

微博对大部分推荐内容和博主领域进行了兴趣标注(图 5.4),笔者对所有微博中出现过的各类标签都进行了记录,直至不再出现新的标签为止,累计汇总了 52 类标签(表 5.1)。按照主题合并同类项后,又将这 52 类标签合并为 9 个大类(1=新闻消息类,2=金融科技类,3=教育卫生类,4=人文艺术类,5=娱乐明星类,6=娱乐产业类,7=体育竞技类,8=日常生活类,9=时尚美妆类)。笔者参照编码表(表 5.2)对上述所有抓取的数据进行分类,并按照四分位数法将连续数据转换为等级资料,通过有序 Logistic 回归分析来证明各变量之间的相关性。

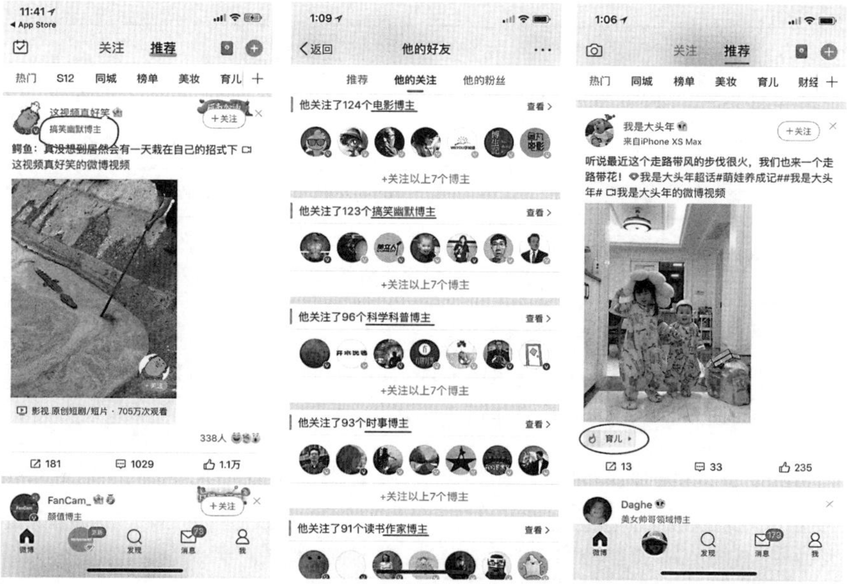

图 5.4　微博平台设置的兴趣标签分类

表 5.1　　　　微博标签类别汇总表

1 时事	2 社会	3 法律	4 军事	5 头条文章	6 纪录片	7 媒体	8 政务	9 财经	10 房地产	11 教育	12 校园	13 母婴育儿
14 科学科普	15 医疗卫生	16 娱乐明星/网红	17 搞笑幽默	18 星座命理	19 情感两性	20 美女帅哥	21 电视剧	22 综艺节目	23 电影	24 游戏	25 动漫	26 动物宠物
27 家装家居	28 旅行出游	29 摄影拍照	30 运动健身	31 美食	32 时尚	33 美容美妆	34 婚庆	35 公益	36 园艺种植	37 体育赛事	38 体育明星	39 读书作家
40 国学/历史/地理/哲学/宗教	41 人文艺术	42 音乐	43 收藏	44 绘画	45 美学设计	46 舞蹈戏剧	47 互联网/IT	48 数码	49 汽车	50 航空	51 职场	52 生活心情

表 5.2　　微博内容编码表

编码	标签类别
1　新闻消息类	1 时事、2 社会、3 法律、4 军事、5 头条文章、6 纪录片、7 媒体、8 政务
2　金融科技类	9 财经、10 房地产、47 互联网/IT、48 数码、49 汽车、50 航空
3　教育卫生类	11 教育、12 校园、13 母婴育儿、14 科学科普、15 医疗卫生
4　人文艺术类	36 园艺种植、39 读书作家、40 历史/地理/哲学/宗教、41 人文艺术、42 音乐、43 收藏、44 绘画、45 美学设计、46 舞蹈戏剧
5　娱乐明星类	16 娱乐明星/网红、20 美女帅哥
6　娱乐产业类	17 搞笑幽默、18 星座命理、21 电视剧、22 综艺节目、23 电影、25 动漫
7　体育竞技类	24 游戏、37 体育明星、38 体育赛事
8　日常生活类	19 情感两性、26 动物宠物、27 家装家居、28 旅行出游、31 美食、34 婚庆、35 公益、51 职场、52 生活心情
9　时尚美妆类	29 摄影拍照、30 运动健身、32 时尚、33 美容美妆

2. 测量

1）基于问卷部分

（1）人口统计学

本研究调查样本来自 98 名微博活跃用户（表 5.3），所有用户均通过专业网络调查平台——问卷星完成了一份题为“用户兴趣与微博内容推荐”的调查问卷。本次共回收有效问卷 98 份，在所有受访者中，男性占比 48.0%，女性占比 52.0%。受访者的年龄集中于 26—30 岁（$SD=0.0774$），受教育程度中位值为“硕士”。受访者职业分类占比较多的主要是在校学生（37.8%）、专业技术人员（20.4%）及企业/公司的管理人员/职员（19.4%）。

表 5.3　　样本特征描述（$n=98$）

变量		选项	频数（百分占比）	均值	标准差
性别	男	1	47(48.0%)	1.520	0.0507
	女	2	51(52.0%)		
年龄	18 岁以下	1	1(1.0%)	2.898	0.0774
	19—25 岁	2	27(27.6%)		
	26—30 岁	3	55(56.1%)		

续表

变量		选项	频数(百分占比)	均值	标准差
年龄	31—35 岁	4	11(11.2%)	2.898	0.0774
	36 岁以上	5	4(4.1%)		
学历	大专及以下	1	3(3.1%)	2.653	0.0809
	大学本科	2	45(45.9%)		
	硕士	3	33(33.7%)		
	博士	4	17(17.3%)		
职业	党政机关事业单位人员	1	11(11.2%)	5.316	0.344
	企业/公司的管理人员/职员	2	19(19.4%)		
	专业技术人员	3	20(20.4%)		
	商业服务业人员	4	2(2.0%)		
	个体工商户	5	2(2.0%)		
	自由职业者	6	0(0%)		
	工人	7	3(3.1%)		
	农业劳动者	8	0(0%)		
	在校学生	9	37(37.8%)		
	其他	10	4(4.1%)		

(2) 用户自我评估兴趣

为了测量用户对某领域的真实兴趣,受访者被要求对时事、社会、房地产、财经、母婴育儿等不同领域的兴趣程度进行评分(1=完全不感兴趣,2=比较不感兴趣,3=一般,4=比较感兴趣,5=非常感兴趣)。笔者根据微博内容编码表将问卷中所涉及的领域合并为 9 个大类,同样按四分位数法转换为等级资料,从而得到 98 名用户对这 9 个类别的自我兴趣,即用户的真实兴趣的评估情况。

本研究对拟进行分析的量表条目进行了信度分析。9 大类问卷题目的 Cronbach's α 值为 0.824,0.761,0.683,0.843,0.666,0.812,0.754,0.824,0.837,总体量表的 Cronbach's α 值为 0.944,该结果表明本研究所使用的量表具有较好的信度。

2）基于用户数据部分

（1）算法推断

“算法推断”是系统基于对用户使用的各类“数字痕迹”进行追溯与分析，从而判定用户兴趣的过程[114]。平台媒体的“算法推断”过程与结果作为技术公司的核心机密，对外界来说是一个“黑箱”，我们虽然无法从科技公司手中获取算法针对不同用户所标记的兴趣标签，但可以通过其他途径得到启发。微博的一项专利申请指出，微博会根据当前用户的实时特征及兴趣标签，确定对应当前用户的广告主题[175]，即微博会将“算法推断”的结果直接运用于广告商的广告投放，让那些与用户兴趣密切相关的广告商精准找到潜在买主，从而扩大社交媒体的商业价值。因此，获取“算法推断”这一变量的途径之一，是抓取向用户推荐的内容并从中单独筛选出广告部分进行分类，从而判断该用户被算法打上了对什么领域感兴趣的标签。

除了考察广告，微博中“可能感兴趣的人”（后改名为“推荐关注”）同样也是一条反映算法推断用户兴趣的途径。点击用户的关注列表，第一栏就是微博推荐用户添加关注的博主名单（图 5.5）。由于其推荐依据是“用户可能感兴趣”，因此该推荐的结果就包含了算法推断用户兴趣的过程，是对“算法推断”逻辑的直接反映。抓取每位用户“推荐关注的人”并对其进行分类。

图 5.5　微博的推荐关注人列表

（2）内容的可见性

内容的可见性就是微博“推荐流”在某个时刻展现给用户的内容。抓取每位用户“推荐流”中的内容并对其进行分类。

（3）用户自主行为

微博可直接获取的“用户自主行为”包含：点赞、收藏和发布/转发内容。三者分别可以通过微博中“我的赞”“我的收藏”“我的微博”获取，抓取上述三类数据并对其进行分类。

(4) 社交关系

首先对“强关系”进行测量，本研究默认那些与用户“相互关注”的人即与用户存在“强关系”。笔者对 98 名用户匿名编号后随机选取 13 名用户，登录其微博账号并手动记录每一位与该用户存在“相互关注”关系的好友的兴趣领域。微博会自动根据用户好友的关注列表生成一张他的兴趣领域分布图(图 5.6)，这些兴趣领域构成了用户好友的兴趣结构闭环。笔者对每位用户所有好友的兴趣领域都进行了分类统计。

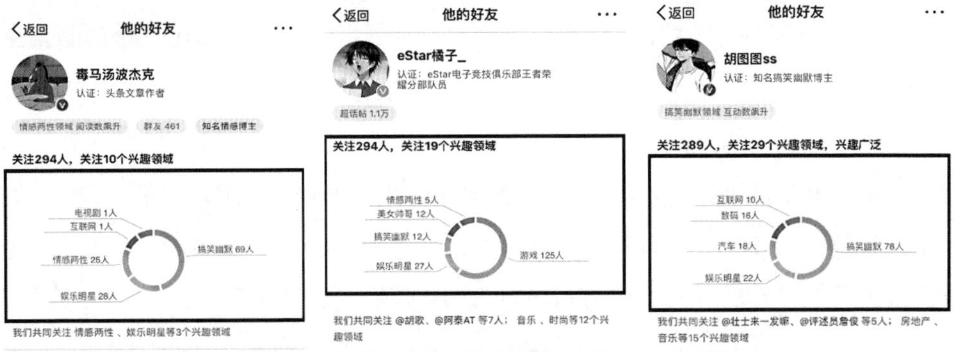

图 5.6 微博为每位用户好友所设置的兴趣领域

其次是对“弱关系”的测量，笔者通过八爪鱼抓取每个账号中“关注的人”所发布的微博，手动排除非“大 V”账号(转评赞数量均少于 5 条，且不带“大 V”认证的用户)后，获取的就是与该用户存在“弱关系”的博主所发布的内容，笔者对上述内容也进行了分类处理。

四、研究结果

本研究旨在探讨微博“推荐流”的运作机制，并猜测它与网络化媒介为用户搭建起的“兴趣决定内容”这一高度自由化的信息环境不同，用户从原来主动获取感兴趣的内容变为被动接收由算法推断的用户可能感兴趣的推送信息。鉴于此，笔者在“用户兴趣—内容可见性”这一直接模型的基础上，重新建立了“用户兴趣—算法推断—内容可见性”的间接模型。本书首先对“间接模型”的猜想进行论证，随后探索哪些因素会对“算法推断”产生影响。

1. 对内容可见性部分的论证

(1) 用户兴趣与内容可见性

问卷调查显示：有 41.8%的受访者表示“微博的推荐内容并不符合其个人喜好，微博经常会推送一些用户不感兴趣的内容”。从受访者的主观作答中，我们可以明显感知“用户兴趣”与“内容可见性”之间存在断裂，并非用户对什么感兴趣，微博“推荐流”就会为其推送什么内容。笔者以“用户的自我兴趣评估”（即用户的真实兴趣）为自变量、以“热门推荐”为因变量，进行 Logistic 回归分析后发现（表 5.4）：9 个类别中只有金融科技类（$\beta=0.690$，$p<0.001$）、娱乐明星类（$\beta=0.945$，$p=0.009$）和体育竞技类（$\beta=0.912$，$p<0.001$）的“用户自我兴趣评估”与热门推送内容之间存在显著正相关性，其余 6 类，即新闻消息类、教育卫生类、人文艺术类、娱乐产业类、日常生活类和时尚美妆类的“用户自我兴趣评估”与内容可见性之间均不存在显著相关关系（$p>0.05$）。因此，用户对某一领域的“真实兴趣”与该领域的“内容可见性”之间不存在必然联系，故 H3 得到验证。

表 5.4　有序 Logistic 回归：用户自我评估兴趣与内容可见性

因变量：热门推送（内容可见性）		回归系数	标准误	McFadden R^2	卡方检验概率值
自变量：用户自我兴趣评估（问卷）	新闻消息类	0.566	0.387	0.021	0.146
	金融科技类	0.690***	0.188	0.135	0.000
	教育卫生类	−0.121	0.267	0.002	0.654
	人文艺术类	0.200	0.295	0.005	0.500
	娱乐明星类	0.945**	0.424	0.067	0.009
	娱乐产业类	0.305	0.182	0.028	0.096
	体育竞技类	0.912***	0.247	0.131	0.000
	日常生活类	0.015	0.365	0.000	0.968
	时尚美妆类	0.361	0.284	0.021	0.146

$^{**}p<0.01$; $^{***}p<0.001$

(2) 用户兴趣与算法推断

如前文所述,“算法推断”的量化衡量方式有两种:一种是根据用户收到的广告推送类别推测算法对用户兴趣的判断,另一种则是根据微博“推荐关注的人”的分类来反映算法对用户兴趣的判断,笔者对这两种量化途径均进行了检验。在广告数据抓取的过程中,笔者发现:第一,用户被推荐的广告存在大量重复,去重后每位用户收到的广告信息种类十分有限,现有广告内容并不能很好地反映用户特性;第二,同一时间段内,不同用户都收到了如“铂金钻戒”“兰蔻粉水”“防脱生发”“马云爸爸教你如何省钱”等无差别投放的广告内容,这与笔者原先设想的微博会根据用户兴趣精准投放广告有所出入。

针对前一种现象,笔者猜想这与微博近几年的盈利模式密切相关。微博的收益除广告商投资外,主要集中在博主购买微博阅读推广,明星买号涨粉、粉丝虚拟打赏、买礼物、献花等形形色色的“饭圈”经营手段。维持明星与粉丝的互动关系,比单纯投放广告所获的好处更多,不但能轻松牟利,而且能吸引用户参与互动,增强用户黏性。微博这几年对“大V”的关注超过了对广告的经营,这是用户收到大量重复且类型有限的广告的原因。

关于第二种现象,微博的非个性化广告投放也得到了多数受访者的验证。问卷调查的统计结果显示:有63.3%的受访者表示微博的广告推送不太符合用户的个人需求,“经常给我推送一些我并不感兴趣的广告”(28.6%)或“一些垃圾广告时常令我哭笑不得”(34.7%)。统计结果也再度佐证了这一点(表5.5):以受访者的“自我兴趣评估”为自变量、受访者接收的广告内容为因变量,作Logistic回归分析后发现:在用户接收的广告类型中,除金融科技类($\beta=0.563$, $p=0.003$)和时尚美妆类($\beta=-1.461$, $p=0.007$)外,其他7个类别的广告推送均与用户的真实兴趣无显著相关性。并且时尚美妆类的回归系数为负数,这说明即便是对时尚美妆类内容不感兴趣的用户,也同样可能会被投放化妆品、潮流服饰等广告,消费单品类广告已经成为微博“推荐流”中的普遍现象,这也进一步证明“用户的真实兴趣”与相关广告内容的推荐关联性并不强。

表 5.5　　有序 Logistic 回归:用户自我兴趣评估与广告推送

因变量:广告推送		回归系数	标准误	McFadden R^2	卡方检验概率值
自变量:用户自我兴趣评估(问卷)	新闻消息类	0.733	0.750	0.008	0.377
	金融科技类	0.563**	0.193	0.086	0.003
	教育卫生类	0.047	0.267	0.000	0.861
	人文艺术类	−0.113	0.198	0.003	0.566
	娱乐明星类	0.023	0.267	0.000	0.933
	娱乐产业类	0.354	0.192	0.038	0.050
	体育竞技类	0.351	0.232	0.024	0.125
	日常生活类	−0.325	0.390	0.008	0.378
	时尚美妆类	−1.461**	0.680	0.072	0.007

** $p<0.01$

为何会出现这一现象呢？在与新浪首席信息官王巍的访谈中,他承认“微博存在广告竞价”(2020 年 10 月 28 日),广告的投放量与广告商的资本投入密切相关,这是无差别广告现象出现的重要原因之一。更微妙的是,根据 2019 年微博向美国证券交易委员会(United States Securities and Exchange Commission, SEC)递交的财报显示:阿里巴巴目前作为微博的第二大股东,持股 30.2%且拥有 15.8%的投票权[176]。持有绝对“话语权”的阿里巴巴在广告投放过程中可能对微博进行了“施压”。对受访者的问卷调查也印证了“阿里系”广告的强大生命力,有 66%的用户表示“自己曾经在淘宝平台浏览或购买的商品出现在了微博广告中”。

一方面,微博“推荐流”并未完全根据用户特征来确定广告主题;另一方面,目前所能收集到的广告类型十分有限,难以描绘用户的完整兴趣图谱。鉴于上述原因,笔者认为用户的广告分类并不适用于衡量“算法推断”。因此,在本研究中笔者采用对“推荐关注的人”的分类作为反映“算法推断”的指标。“推荐关注的人”本质上就是基于算法推断的用户兴趣的结果,新浪首席信息官王巍也承认“用户(兴趣)标签是作为‘推荐关注’最为重要的依据”(2020 年 12 月 15 日)。以“用户自我兴趣评估”为自变量、算法推断的用户兴趣(即“推荐关注”)为因变量，进行 Logistic 回归分析后发现（表 5.6）：只有在体育竞技类（$\beta=1.020$，$p<0.001$）和时尚美妆类（$\beta=0.735$，$p=0.022$）中，“用户自我兴趣评估”与“算法推断”之间存在显著正相关关系，而在其余的新闻消息类、金融科技类、教育卫生类、人文艺术类、娱乐明星类、娱乐产业类和日常生活类中均未表现出显著相关性。这一结果说明，用户的真实兴趣与算法所推断的用户兴趣之间存在“间隙”，H1 得到验证，算法在判断用户偏好时可能出现“误判”。

表 5.6　有序 Logistic 回归：用户自我兴趣评估与算法推断

因变量：推荐关注的人（算法推断）		回归系数	标准误	McFadden R^2	卡方检验概率值
自变量：用户自我兴趣评估（问卷）	新闻消息类	0.067	0.383	0.000	0.860
	金融科技类	0.506	0.302	0.029	0.087
	教育卫生类	−0.153	0.270	0.003	0.568
	人文艺术类	−0.028	0.306	0.000	0.951
	娱乐明星类	0.263	0.315	0.007	0.392
	娱乐产业类	−0.004	0.225	0.000	0.985
	体育竞技类	1.020***	0.254	0.152	0.000
	日常生活类	0.063	0.276	0.000	0.825
	时尚美妆类	0.735*	0.299	0.050	0.022

* $p<0.05$；*** $p<0.001$

为何会产生误判现象？在问卷调查的基础上，笔者梳理了一些可能造成用户真实兴趣与算法推断的用户兴趣存在差异的原因，发现人情面子（51.9%的受访者更倾向浏览或点赞“与自己密切相关的人，如亲人或好友发布的微博”）、微博的类型（54.1%的受访者对“娱乐八卦类的‘软’资讯都不太点赞”；43.9%的受访者在看到“大爱、牺牲奉献等体现社会价值、人生意义的微博”时会转发点赞）和微博的实际效用（34.7%的受访者“看到教育培训相关的资讯会浏览收藏，以更好地应对升学和职场”；48%的受访者“会收藏搞笑视频或段子，用于自我娱乐和减压”；39.8%的受访者“会收藏深度好文以增加谈资”）都可能成为兴趣之外用户转评赞等行为产生的原因，通过“解读”这些行为，微博对用户兴趣的判断产生了偏差。

(3) 算法推断与内容可见性

根据预测,算法推断某领域用户的兴趣与某领域的内容可见性呈现显著正相关关系(H2)。在对"算法推断"与用户的热门推荐进行回归分析后发现(表 5.7):所有 9 个类别,即新闻消息类($\beta=0.422$, $p<0.001$)、金融科技类($\beta=0.487$, $p<0.001$)、教育卫生类($\beta=0.425$, $p<0.001$)、人文艺术类($\beta=0.331$, $p=0.007$)、娱乐明星类($\beta=0.523$, $p<0.001$)、娱乐产业类($\beta=0.407$, $p=0.001$)、体育竞技类($\beta=0.859$, $p<0.001$)、日常生活类($\beta=0.616$, $p=0.002$)和时尚美妆类($\beta=1.032$, $p<0.001$)的"算法推断"均与"内容可见性"呈现显著正相关关系,提示算法一旦判断用户对某领域感兴趣,那么该用户就会看到更多有关该领域的推荐内容,H2 得到了验证。

表 5.7　　有序 Logistic 回归:算法推断与内容可见性

因变量:热门推送(内容可见性)		回归系数	标准误	McFadden R^2	卡方检验概率值
自变量:推荐关注的人(算法推断)	新闻消息类	0.422***	0.381	0.122	0.000
	金融科技类	0.487***	0.129	0.167	0.000
	教育卫生类	0.425***	0.125	0.125	0.000
	人文艺术类	0.331**	0.125	0.071	0.007
	娱乐明星类	0.523***	0.130	0.149	0.000
	娱乐产业类	0.407**	0.121	0.112	0.001
	体育竞技类	0.859***	0.123	0.432	0.000
	日常生活类	0.616**	0.226	0.097	0.002
	时尚美妆类	1.032***	0.210	0.235	0.000

** $p<0.01$; *** $p<0.001$

综上所述,我们搭建了微博可见性运作机制的完整模型(图 5.7):用户的真实兴趣与算法所推断的用户兴趣之间存在"间隙"(H1 成立),算法推断某领域用户的兴趣与某领域的内容可见性呈现显著正相关关系(H2 成立),用户对某领域的"真实兴趣"与相关内容的可见性不存在必然联系(H3 成立)。这一模型说明，微博“推荐流”打破了“兴趣决定内容”这一人们对可见性的传统认知，最终决定内容可见性的不是用户的真实兴趣，而是算法所推断的用户兴趣，并且“微博认识的你”与“真实的你”之间尚存在差异。

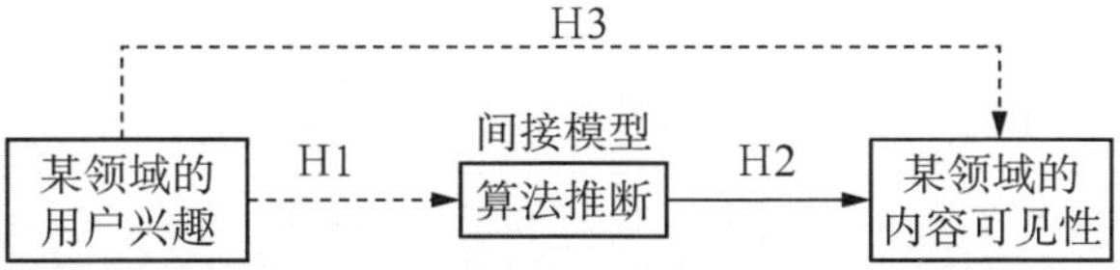

图 5.7 “用户兴趣—算法推断—内容可见性”模型

2. 对算法推断影响因素部分的论证

如果说最终决定内容可见性的不在于用户的真实兴趣，而是算法所推断的用户兴趣，那么究竟哪些因素决定了算法推断？下面将具体探究影响算法推断的各种可能因素。首先，对“用户自主行为”与“算法推断”之间的关系进行考察。我们以“算法推断”为因变量，点赞、收藏、发布/转发这三种“用户自主行为”为自变量进行 Logistic 回归分析，结果显示(表 5.8)：在所有 9 个类别中，除了日常生活类($p=0.447$)以外，其他 8 个类别，即新闻消息类($p=0.003$)、金融科技类($p=0.001$)、教育卫生类($p<0.001$)、人文艺术类($p=0.001$)、娱乐明星类($p<0.001$)、娱乐产业类($p=0.003$)、体育竞技类($p<0.001$)和时尚美妆类($p=0.001$)的“用户自主行为”均与“算法推断”呈现显著相关性。提示用户对某领域的点赞、收藏和发布/转发行为会影响算法判断用户对该领域的兴趣，证明“用户自主行为”是算法进行用户兴趣推断的重要参考维度，H4 得到验证。

表 5.8 有序 Logistic 回归：用户自主行为与算法推断

自变量：用户自主行为（综合发布/转发、收藏和点赞）		发布/转发		收藏		点赞		McFadden R^2	卡方检验概率值
		回归系数	标准误	回归系数	标准误	回归系数	标准误		
因变量：推荐关注的人（算法推断）	新闻消息类	0.217	0.184	0.360*	0.206	0.374	0.190	0.135	0.003
	金融科技类	0.013	0.140	0.632***	0.166	0.081	0.164	0.158	0.001
	教育卫生类	0.087	0.103	0.241*	0.107	0.217	0.110	0.182	0.000
	人文艺术类	0.061	0.131	0.202	0.116	0.408**	0.147	0.158	0.001

续表

自变量：用户自主行为（综合发布/转发、收藏和点赞）		发布/转发		收藏		点赞		McFadden R^2	卡方检验概率值
		回归系数	标准误	回归系数	标准误	回归系数	标准误		
因变量：推荐关注的人（算法推断）	娱乐明星类	0.549*	0.221	0.057	0.244	0.319	0.179	0.170	0.000
	娱乐产业类	−0.014	0.112	−0.208	0.120	0.413***	0.118	0.134	0.003
	体育竞技类	0.434***	0.123	0.061	0.174	−0.171	0.114	0.173	0.000
	日常生活类	−0.218	0.169	0.105	0.134	0.068	0.167	0.027	0.447
	时尚美妆类	0.175	0.126	0.119	0.104	0.360**	0.124	0.165	0.001

* $p<0.05$；** $p<0.01$；*** $p<0.001$

其次，是基于“社交关系”对“算法推断”所产生影响的考察。以“弱关系”为自变量、“算法推断”为因变量，进行 Logistic 回归分析后发现（表 5.9）：所有 9 个类别，即新闻消息类（$\beta=0.811$，$p<0.001$）、金融科技类（$\beta=0.527$，$p<0.001$）、教育卫生类（$\beta=0.395$，$p=0.003$）、人文艺术类（$\beta=0.415$，$p=0.001$）、娱乐明星类（$\beta=0.475$，$p=0.011$）、娱乐产业类（$\beta=0.646$，$p<0.001$）、体育竞技类（$\beta=1.075$，$p<0.001$）、日常生活类（$\beta=0.467$，$p=0.002$）和时尚美妆类（$\beta=0.635$，$p<0.001$）中的“弱关系”与“算法推断”均呈现显著正相关关系。当用户关注的“大 V”发布越多有关某领域的内容时，微博就越倾向于判断该用户对这一领域感兴趣。因此，我们基本可以得出“弱关系”也是算法进行用户兴趣推断的重要参考维度，H5 得到验证。

表 5.9　　有序 Logistic 回归：“弱关系”与算法推断

因变量：推荐关注的人（算法推断）		回归系数	标准误	McFadden R^2	卡方检验概率值
自变量：弱关系	新闻消息类	0.811***	0.199	0.174	0.000
	金融科技类	0.527***	0.148	0.148	0.000
	教育卫生类	0.395**	0.143	0.086	0.003
	人文艺术类	0.415**	0.130	0.101	0.001
	娱乐明星类	0.475*	0.187	0.065	0.011

续表

因变量:推荐关注的人（算法推断）		回归系数	标准误	McFadden R^2	卡方检验概率值
自变量:弱关系	娱乐产业类	0.646***	0.134	0.224	0.000
	体育竞技类	1.075***	0.188	0.392	0.000
	日常生活类	0.467**	0.140	0.095	0.002
	时尚美妆类	0.635***	0.184	0.121	0.000

* $p<0.05$; ** $p<0.01$; *** $p<0.001$

在对“弱关系”进行研究后，接下来将考察“强关系”可能对“算法推断”造成的影响。本研究设定与用户“相互关注”的人，即与用户存在着“强关系”。笔者在对 98 名用户进行匿名编号后，随机抽取其中的 13 名作为研究样本(随机抽样结果为:11＃、26＃、27＃、28＃、30＃、31＃、32＃、39＃、41＃、42＃、46＃、51＃、53＃)。第一步，登录这 13 名用户的账号，并手动记录每一位与该用户存在“相互关注”关系的好友的兴趣领域，得到用户好友的完整兴趣图谱。每一行代表该用户的一位好友的各类兴趣分布，每一列代表该用户所有好友就某个兴趣领域的整体情况。

第二步，取每行频率最高的类别，得到该名用户的每位好友最感兴趣的项目列表(图 5.8)，并对该用户所有好友的最感兴趣项目列表进行分类汇总。

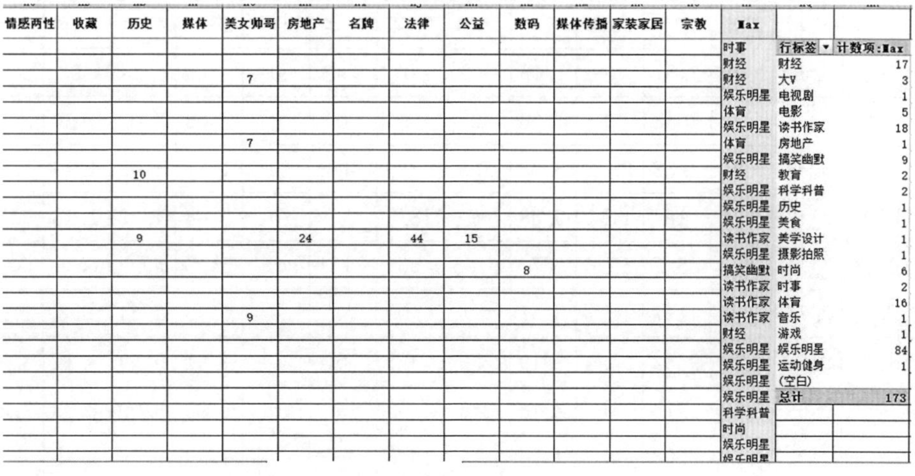

图 5.8　用户好友的最感兴趣项目列表及分类统计

第三步,根据微博内容编码表(表 5.2)对汇总的项目进行同类项合并,得到该用户所有好友在 9 个类别中最感兴趣的项目列表。重复上述操作,最终获取 13 名用户的所有好友在 9 个类别中最感兴趣的项目情况(表 5.10)。

表 5.10　　　　用户好友的最感兴趣项目归类结果

分类	53#	11#	31#	30#	42#	51#	28#	46#	39#	26#	41#	27#	32#
第一类	1	2	6	0	1	0	0	0	0	0	0	0	1
第二类	38	18	35	0	1	0	1	0	0	5	13	8	3
第三类	1	4	4	2	6	1	0	1	0	1	5	1	6
第四类	5	21	32	1	6	2	4	0	0	6	7	1	1
第五类	87	87	60	5	63	27	11	5	16	34	96	56	85
第六类	6	15	7	1	8	4	2	0	0	4	14	8	15
第七类	15	17	16	0	3	3	0	0	0	1	11	7	5
第八类	1	1	3	0	2	1	1	0	0	2	5	2	3
第九类	6	8	5	0	4	2	3	1	1	9	11	3	8

第四步,将表 5.9 中的数据百分比化:计算每一类项目占每个用户最感兴趣项目总数的比例(表 5.11)。

表 5.11　　　　用户好友的最感兴趣项目百分比统计表

分类	53#	11#	31#	30#	42#	51#	28#	46#	39#	26#	41#	27#	32#
第一类	0.63	1.16	3.57	0	1.06	0	0	0	0	0	0	0	0.79
第二类	23.8	10.4	20.8	0	1.06	0	4.55	0	0	8.06	8.02	9.3	2.36
第三类	0.63	2.31	2.38	22.2	6.38	2.5	0	14.3	0	1.61	3.09	1.16	4.72
第四类	3.13	12.1	19	11.1	6.38	5	18.2	0	0	9.68	4.32	1.16	0.79
第五类	54.4	50.3	35.7	55.6	67	67.5	50	71.4	94.1	54.8	59.3	65.1	66.9
第六类	3.75	8.67	4.17	11.1	8.51	10	9.09	0	0	6.45	8.64	9.3	11.8
第七类	9.38	9.83	9.52	0	3.19	7.5	0	0	0	1.61	6.79	8.14	3.94
第八类	0.63	0.58	1.79	0	2.13	2.5	4.55	0	0	3.23	3.09	2.33	2.36
第九类	3.75	4.62	2.98	0	4.26	5	13.6	14.3	5.88	14.5	6.79	3.49	6.3

第五步，将用户好友最感兴趣的项目的分类结果（表 5.11）与“算法推断”进行相关性分析（R 软件，版本号 3.6.2），利用 Pearson 系数计算 R 值。结果显示（图 5.9）：在所有 9 个类别中，大部分类别，即新闻消息类、金融科技类、教育卫生类、体育竞技类和日常生活类，提示用户好友最感兴趣的项目与“算法推断”并无显著相关关系（$p>0.05$），只有在少部分类别，如人文艺术类（$R=0.71$，$p=0.0067$）、娱乐明星类（$R=0.63$，$p=0.022$）和时尚美妆类（$R=0.71$，$p=0.0063$）中，用户好友感兴趣的项目与“算法推断”存在显著正相关关系。此外，娱乐产业类（$R=-0.56$，$p=0.048$）的用户好友兴趣与“算法推断”呈现显著负相关关系，这

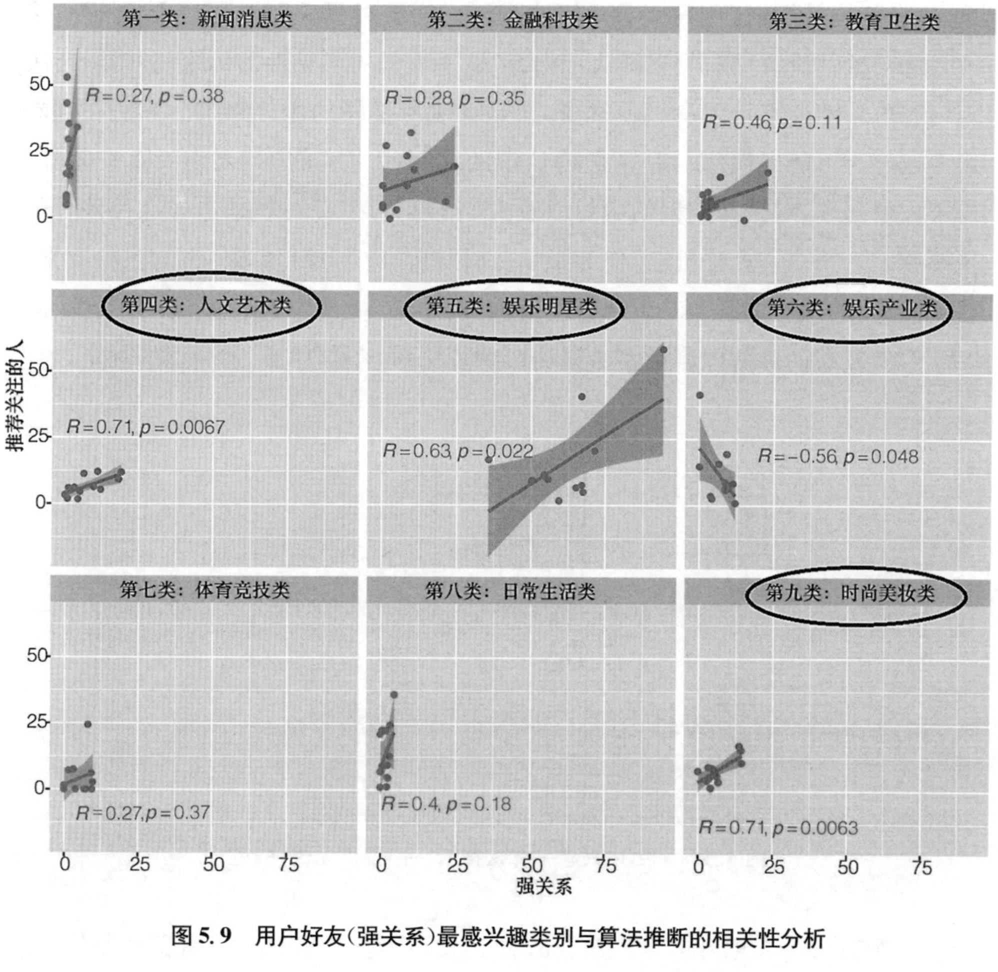

图 5.9 用户好友（强关系）最感兴趣类别与算法推断的相关性分析

说明即便用户好友对娱乐产业不感兴趣,系统仍然有可能判定该用户对娱乐产业感兴趣,在娱乐产业领域算法所推断的用户兴趣与用户的好友兴趣无关。综合上述分析可知,用户好友的兴趣与"算法推断"仅呈现部分相关性,用户好友对某领域的兴趣不一定导致算法推断该用户对这一领域感兴趣。

五、总结与反思

本研究就微博"推荐流"的可见性模型进行了考察,在明确提出"算法推断"这一过程的同时,对可能影响"算法推断"的各类因素进行了探究。根据分析结果,笔者建构了微博"用户兴趣—算法推断—内容可见性"的模型(图 5.10):第一,微博"推荐流"打破了"兴趣决定内容"这一人们对可见性的传统认知,最终决定内容可见性的不是用户兴趣本身,而是算法所推断的用户兴趣。算法在判断用户偏好时可能出现"误判","微博认识的你"与"真实的你"之间尚存在差异。碍于人情面子、对微博类型的偏好以及人们的实用主义心理是造成这种差异的主要原因。第二,"算法推断"作为影响微博"推荐流"中内容可见性的核心要素,受到"用户的社交关系"和"用户自主行为"的影响,其中与用户呈现"弱关系"的"大 V"所发布的微博内容类型会显著影响算法对该用户的兴趣类型的判定。

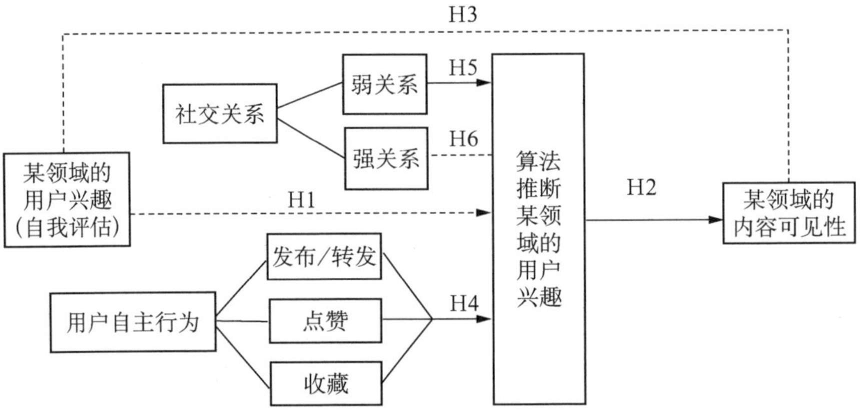

图 5.10 "用户兴趣—算法推断—内容可见性"模型

一个较为令人意外的发现是,在"社交关系"这一维度中,笔者所猜测的"强关系"并未显著地影响算法推断,相反"弱关系"却成为决定算法如何判定用户兴趣的关键。“弱关系”包含用户与非亲密好友之间的关联，在研究中体现为用户与其单向关注的“大 V”博主之间的关联。在微博平台上，加“V”字表示经过微博认证的博主，微博认证分为两种途径：一是个人认证，粉丝数和微博阅读数等较少的可申请成为“橙 V”，粉丝数多于 1 万且月阅读量大于 1 000 万的博主可升级为“金 V”。进行个人认证时，博主要从娱乐、体育、时尚、健康医疗、财经等领域内选择所属行业。二是官方认证，主要面向企业、政府、媒体、机构、校园和公益六种类型的官方微博，在选择行业类别后给予“蓝 V”标识。无论是“橙 V”“金 V”还是“蓝 V”，在认证过程中最重要的一步就是确认博主所属领域（图 5.11），并确保这些博主都具有某一领域的话语权，从某种程度上说，“微博认证”就是领域权威的体现。也就是说，在算法眼中，那些具有较高领域权威或者拥有更多粉丝和话语权的人，比那些与用户关系密切的好友，更能影响用户所看到的内容。举个例子：如果一个用户的好友都对时政感兴趣，恰好该用户又关注了时政领域某“大 V”的微博，那么微博在判定该用户对时政感兴趣时并不是

图 5.11　微博认证标识

基于该用户好友的兴趣，而是因为该用户所关注的“大 V”在时政领域具有高度权威。与明星名人、机构企业相比，普通用户在算法推断中占有的权重微乎其微，平台并不关心“小人物”的兴趣与意愿，他们全部力量相加或许抵不过一个“大 V”在某领域内的代表性。当“领域权威度”成为主导用户获得内容推荐的重要参考指标时，算法默认了那些有名望的人的影响力要超过普通人，“身份”“等级”“资本”“权力”等现实社会中对人的划分方式，在平台媒体上被重新加以实践。这种基于“关键少数法则”(vital few rule)所进行的“算法推断”可能造成对微弱声音、新声音的抹除[143]，这类议题引人深思且值得继续深入探究。

本研究存在三点不足之处。第一，样本量不足。由于微博用户的账号获取难度非常大，一般用户出于个人隐私原因不愿意将微博账号授权予他人，鉴于个人能力有限，在第一轮实验中，笔者仅获得了 65 个账号。为弥补样本量的不足，笔者通过“滚雪球”的方式进行了第二轮的账号收集工作，两轮共计获取 108 名用户的微博账号，在排除非活跃用户后，对 98 名用户的近 10 万条数据进行了抓取与分类。需要指出的是，本研究以 98 名用户和抽样的“强关系”作为研究样本，研究结果的代表性可能有限，更为确切的结论需要更大规模的样本予以支撑。

第二，算法具有高度的流动性。为了应对用户反馈和不断变化的市场规则而实时更新迭代的后台程序[177]，使外界对平台媒体的考察变得愈发困难。本质上，并不存在某种稳定的、封闭化的、最终形态的算法。本研究所得出的结论会因后续算法的更新迭代而发生改变，所以对微博“推荐流”可见性机制的研究没有终点，须不断根据实际情况作出周期性修订。

第三，本研究重点对“算法推断”以及影响算法推断的因素进行了考察，事实上最终导致“内容可见性”的变量远不止基于用户兴趣的算法推断，新浪首席信息官王巍就在访谈中提到，“微博算法本身经历多次迭代，是一种多重复杂运算的呈现，根据各种不同的要素拟合后共同对内容推荐产生影响”(2020 年 10 月 28 日)。诸如热度、平台优先级、内容质量、用户的负面反馈等维度，是难以通过简单的量化指标衡量的，本章第二节将结合新闻稿、专利、核心人物(如微博首席执行官、算法工程师)讲话稿，以及“微博热搜榜”“微博搜索”“微博管理员”“微博客服”“微博小秘书”等官方账号发布的公开声明等资料，继续对可能影响微博“推荐流”内容可见性的其他要素进行探究。

第二节 延伸部分：对微博"推荐流"的可见性运作机制续探

在本章第一节中，笔者采用问卷调查与分析抓取自98名微博用户的近10万条数据相结合的方式，揭示了"算法推断"这一影响微博内容可见性的关键因素。作为一个逐步迈向成熟的平台媒体，微博的"推荐流"在历经多次算法修正与迭代后，拟合了各类人们所能想到的因素共同对内容的可见性做运算。算法推断的用户兴趣只是众多影响因素之一，还有诸多影响因素是难以通过简单的量化指标进行衡量的。鉴于此，本节将对所搜集的有关微博的各类新闻稿、专利、核心人物（如微博首席执行官、算法工程师）讲话稿，以及"微博热点""微博视频""微博管理员""微博垂直博主""微博小秘书""微博新星"等官方账号所发布的公开声明等资料进行文本分析，并且结合对新浪首席信息官王巍的访谈记录（访谈提纲详见附录二），以及第六章第一节所采用的个案分析法（对微博新注册的实验账号的内容推送进行分析），继续对可能影响微博"推荐流"内容可见性的其他要素进行延伸性探究。

一、导向正确性

2016年2月19日，习近平总书记在中国共产党新闻舆论工作座谈会上指出："新闻舆论工作各个方面、各个环节都要坚持正确舆论导向。各级党报党刊、电台电视台要讲导向，都市类报刊、新媒体也要讲导向；新闻报道要讲导向，副刊、专题节目、广告宣传也要讲导向；时政新闻要讲导向，娱乐类、社会类新闻也要讲导向；国内新闻报道要讲导向，国际新闻报道也要讲导向。"[178]

作为中国最有影响力的社会化媒体和获取新闻的重要渠道，微博也被纳入了日常媒介规制。需指出的是，"导向正确"并非一开始就由平台媒体自觉纳入算法设计标准之中，而是经过了一系列的约谈、整改、下架、关停等监管与媒体曝光后，才开始得到平台媒体的重视。

- 2017年6月22日，国家新闻出版广电总局发布通知，要求微博按照有关规定，对视听节目服务进行全面整改。对此微博发表声明表示,将诚挚接受政府管理部门的批评,并将通过此次整改,健全和完善对视听节目的管理规范[179]。

· 2018 年 1 月 27 日,北京网信办发布公告通报了微博平台存在的内容管理问题,对此微博回应:全部接受通报中的批评,并端正态度,正视问题,主动对问题突出的热搜榜、热门话题榜、微博问答功能、热门微博榜明星和情感版块、广场头条栏目情感版块暂时下线一周,进行全面整改。微博在声明中还表示,"作为国内最大的社交媒体平台,微博理应具有更高的价值标准和更大的责任担当"[180]。

· 在央视《新闻调查》栏目报道某艺人一条新歌宣传视频的微博获得 1 亿多次转发,揭露刷虚假数据提升流量的黑色产业链后,2019 年 2 月 24 日,微博针对央视等媒体所报道的明星账号微博转发数据异常偏高现象作出回应,调整微博转发、评论计数的显示上限至 100 万,并从 2018 年开始多次向公安机关提供所掌握的数据"作弊"证据材料。微博在这份说明中表态,"作为用户数量众多的社交媒体平台,微博始终愿意承担企业的主体责任和运营平台的社会责任"[181]。

平台媒体不生产内容或不单靠自己的力量做内容生产和传播,而是将聚合而来的内容通过算法与用户偏好进行精确匹配,很大程度上扮演了内容分发的"二传手"角色,并且因为在分发过程中使用算法而非仰赖人工判断而被标榜为是理性、中立、高效和值得信赖的[182]。这样的内在属性就决定了平台媒体不同于传统媒体机构,它们希望自己不需要对内容负责,只对内容的分发负责,而当分发的过程全权交由算法这一"技术中立物"时,即使出现负面后果平台媒体也无需承担过多责任。这就是诸如马克·扎克伯格、张一鸣等人多次公开强调"平台媒体是技术公司而非媒体"的原因所在[183]。面对平台媒体"金蝉脱壳"般的托词,国家不断加大对此类技术公司的监管与规训力度,在双方博弈的过程中逐渐达成了一种动态平衡:微博通过多项不定期自查行为,以保障网络空间的洁净环境与正能量声音。"导向正确性"成为指导微博内容推荐的"最高宗旨"与"最低底线"。这可以从微博近年来批评、关停的各类账号和推行的多项举措中窥见一斑。

·2018年4月9日，针对某未成年微博用户反复炒作对国家法定婚龄的质疑，并宣称将与另一名微博用户结为夫妻的言论，微博认为两名用户发布了未成年人低俗不良信息，突破道德底线，违背社会主流价值观，严重影响青少年健康成长，对两名用户予以禁言处理[184]。

·2018年5月22日，微博对在线下发表有关慰安妇的不当言论的自媒体账号"ayawawa"做出禁言、禁关注的处罚，同时表态"对此类微博账号使用者在其他平台或线下存在违规违法言行且造成重大社会负面影响的，微博将比照其他平台的处置措施及其应当承担的法律责任，对相关的微博账号进行处置。主管部门有进一步处置要求的，微博也将予以配合[185]"。

·2019年2月21日，微博严厉打击通过"贩卖焦虑"以及其他通过消极低俗内容获取流量的行为，关闭"才华有限青年"和"咪蒙"账号[186]。

·2020年9月，微博开展"清朗"未成年人暑期网络环境专项整治行动[187]。

·2020年11月，为响应国家网信办及北京市网信办"网上违规软色情信息清理专项"行动，营造有利于青少年健康成长的网络环境，微博开展了为期一个月的#蔚蓝计划#秋季整治软色情内容专项行动[188]。

·2020年11月13日，微博管理员对多名发布攻击诋毁抗美援朝老战士@老兵尹吉先的微博账号做出禁言处罚。微博给出的官方处罚依据是："正值纪念中国人民志愿军抗美援朝出国作战70周年之际，对军人和部队进行人身攻击、蓄意引战属于严重违反社区秩序的行为。[189]"

·2022年10月2日，微博对29个账号予以禁言90天至永久禁言的处置。这些账号对女篮运动员进行了言语冒犯和诋毁。微博在处罚上述账号的同时，强调"在女篮球世界杯决赛中，中国队夺得亚军佳绩，这是女篮球荣耀的延续，更是国人的骄傲。每一位不畏挑战、为国争光的健儿都值得我们的支持和赞美。站方呼吁广大网友尊重每一位付出汗水和努力的运动员，理性讨论、文明发言。[190]"

微博发布的《微博社区公约》中明确规定，“微博社区倡导社会主义核心价值观，宣扬正确的价值导向、道德观念和积极向上的时代精神。传播正能量，反对消极、低俗内容”。新浪董事长兼首席执行官曹国伟在第五届世界互联网大会的演讲中也呼吁：“互联网平台要有敬畏之心，积极加强平台治理，承担社会责任。”[191]在微博成立十周年之际，曹国伟向全体员工发布的内部公开信中，着力强调自成立以来，“来自众多普通网友们的点滴力量，通过微博平台汇聚成推动中国社会发展的强大正能量”[192]。微博通过发起#冰桶挑战##一颗心的生命接力##首艘国产航母正式下水##中国一点都不能少#等充满社会正能量与树立正确价值观的话题，吸引更多网民参与到公共事务的讨论中来，增进民众的团结和对国家的信任。种种迹象表明，微博对于有利于弘扬主流宣传观点的内容予以积极推广，通过主动设置相关议题赋予了此类内容广泛的可见性，并在醒目位置呈现以突出其可见性。相反，凡是发布有违正确导向的内容以及发表不当言论的博主将被系统禁言、禁关注，等同于被剥夺了在微博空间中的可见性。网络正能量、宣传和意识形态教育等，成为新的治理策略和公共话语，体现了政治权力更巧妙的表现形式[193]。

综上所述，我们可以明显看到，尽管中西方平台媒体都以盈利为主要目标，然而中国语境下的平台媒体具有其自身的独特性。这一点尤其体现在“宣传新闻主义”观念的指导下，“导向正确性”要素被纳入或者说被强制编织进中国平台媒体的算法设计标准之中。“政治性”毋庸置疑已成为悬在平台媒体之上的“达摩克利斯之剑”，网络空间中的内容可见性与核心价值观、导向正确性密切相关。无论是微博所强调的“更高的价值标准和更大的责任担当”[180]，还是快手首席执行官宿华表示要“用正确的价值观指导算法”[194]、今日头条首席执行官张一鸣承诺的要“将正确的价值观融入技术和产品”[195]，平台媒体都已感受到了来自国家权力的管制力量，导向正确无疑会成为未来检验平台媒体内容可见性的一把“标尺”。

二、用户的领域影响力

微博给予具有较高领域影响力的博主更大范围内的可见性。在第六章第一节中，笔者采用个案研究法新注册了一个微博账号进行测试，在不对该账号进行任何关注、点击、转评赞操作的前提下持续记录了一周微博“推荐流”的推送内容，在总计 280 条微博中（40 条×7 天＝280 条），有高达 95％的微博来自认证类博主。“微博认证”的准入门槛是拥有庞大粉丝群体、较高的微博阅读数量，这两个条件就决定了认证类用户往往是某个领域内具有较高影响力的博主。微博在其官方认证说明中也明确了认证博主将享有“找人页推荐、增加曝光、纳入各渠道热门推荐”等特权[196]，该认证说明与笔者的测试结果一致，微博认证用户的曝光率大于普通用户，再次验证了“领域影响力”与可见性之间存在正向关联。

对于“大 V”博主的重视与营销，一直以来都是微博用于吸引和留住用户的主要市场竞争手段。近年来，微博推出的各类针对博主的激励计划中，多项都是针对“大 V”博主的。

- 2019 年 9 月 3 日，助力微博头部用户兴趣内容创作，新增兴趣话题模块，用户选择兴趣点并带＃兴趣话题词＃创作相关领域优质内容，即可享热门流加权推荐[197]。
- 2020 年 6 月，微博推出“V 光计划”，通过该计划汇集微博各领域最具影响力的“大 V”，聚焦全网最热看点，为用户呈现专业、理性、全面的热点讨论。入选“V 光计划”的业界知名博主发布热点相关博文，只要带有“V 光计划”话题词就可第一时间被站方识别到并获得热点推荐流量[198]。
- 2020 年 7 月 13 日，微博推出“中小 V 挑战赛”，粉丝数小于等于 5 万的博主，带话题＃中小 V 挑战赛＃发布内容，优质原创微博有机会立即获得粉丝头条[199]。

当握有绝对优势资源的“大 V”群体成为微博用户中可见性的主要来源时，这种对既有网络的强化、偏袒造成了对新声音、微弱声音的抹除。在这种逻辑之下，流行的人（如明星、网络红人）、流行的事物（如世界杯、热门电视剧）大行其道，而普通人、少数群体和那些与主流观点相左的声音被边缘化，算法这种对部分人群“数字痕迹”的“抹除”（exclusion），很可能会导致“多数人的暴政”（the tyranny of the majority），现实世界中对于“身份”“等级”“资本”和“权力”的划分方式，在平台媒体上被重新加以实践。

三、内容质量

微博官方账号 2014—2020 年期间，颁布了多项针对优化微博内容质量的公开声明，主要的声明内容梳理如下：

- 2014 年 5 月 16 日，发布《关于优化信息流展现机制的说明》，强调降低低质量内容在信息流中展现的频次，同时确保高质量内容的曝光率[200]。
- 2014 年 6 月 6 日，再次强调将降低低质量内容在信息流中的展现频次，同时会提升优质内容的曝光率，提升用户的信息流阅读效率[201]。
- 2014 年 7 月 16 日，针对低质量微博内容、垃圾营销信息微博内容、强制关注和账号授权产生的自动微博内容及恶意刷屏等内容进行限制展示[202]。
- 2014 年 12 月 17 日，在原有“信息流优化计划”基础上，重点对营销信息、相似内容、同类账号的过量信息进行展示限制[203]。
- 2015 年 12 月 4 日，发布《信息流优化计划解读（二）》，把前一个时间段用户错过的互粉好友及自媒体优质内容筛选出来优先推送给用户阅读，给予优质内容更多的曝光机会[204]。
- 2019 年 9 月 19 日，微博宣布有价值、有态度的原创优质博文，如围绕热点或原生内容所产生深度解读、多角度分析的博文，又如专业知识科普、网友深度参与的博文，将直接进到话题观点流曝光，获得话题内优先推荐，议题观点微博自动关联热门推荐池，获得更多用户曝光进入热门流[205]。
- 2019 年 11 月 12 日，宣布垂直领域原生的、有较深领域沉淀的稀缺性内容，是平台加权曝光及精准推荐的内容[206]。
- 2020 年 6 月 17 日，发布《寻找宝藏博主》，面向微博粉丝数不超过 20 万、内容多元、有期待感、符合青年文化人群的喜好的优质内容博主进行扶持[207]。
- 2020 年 7 月 18 日，为了加强信息流中对原创博主的曝光，鼓励博主生产更多优质原创内容，微博对快转功能进行优化升级[208]。

• 2022 年 9 月 29 日，发布《IP 秋日加成计划》，邀请微博用户一起分享热播、经典作品等影视综音衍生内容并发起原创话题，可获得现金流量资源加持、内容加权分发等激励措施[209]。

不难发现，微博对内容质量的监管举措经历了从负向"打压"到正向"激励"的变化。最早推出的"信息流优化计划"主要针对低质量微博的曝光采取限制措施，此后无论是"兴趣话题流量补贴计划""兴趣话题投稿激励计划"，还是"议题话题参与攻略""寻找宝藏博主"都采取激励的方式为优质内容增加可见性机会。根据上述细则，我们可窥知微博对于"优质内容"的部分定义标准：具有领域沉淀的垂直内容、原创性稀缺性内容、观点独到、符合青年文化人群、专业化内容等。对微博内容质量的批判从未消止，微博的确因为粉丝买卖、竞价置顶、"唯热度论输赢"等暗箱操作而被诟病，但我们也不能就此忽略微博在推广"中长尾内容"的可见性、扶持成长型小微博主、增进深度多元观点碰撞方面所作出的努力。只不过营造良好优质的内容环境并非易事，这一条路还需要微博平台、网民以及政府和各类监督委员会的共同努力。

四、互动性

"互动性"是指内容所具有的易于促进用户参与和社交行为（如点赞、评论、转发、关注）的性质。微博以某条博文的"转评赞"互动率为基础，反映用户消费内容的意愿[210]，在一段时间内呈现高互动性的微博将获得更大范围内的可见性。

• 2014 年 6 月 6 日，微博发布《关于信息流展现体验的优化效果》，将降低低互动内容在信息流中的展现频次，同时会提升优质高互动内容的曝光率[201]。

• 2014 年 7 月 16 日，微博限制低互动类微博内容的展示[202]。

• 2014 年 12 月 17 日，微博宣布当单条微博曝光量大于整站平均值后，将会对其互动率进行监测，若互动率低于整站平均水平，则会限制该条微博的后续曝光。互动率越低，可得到的曝光机会就越低[203]。

五、平台优先级

新浪首席信息官王巍在访谈中提到,微博内部会对媒体采取“分级制度”:“根据互动、发布内容质量、粉丝数等维度对媒体进行 F0—F3 排序。每过一段时间评估一次,评估结果处于不断变动之中。”(2020 年 10 月 28 日)虽然王巍对于“媒体分级”指标具体会对该媒体的内容可见性产生什么影响没有作出明确表述,但笔者认为既然存在此类评估,那么不同内容来源的分级结果必然会成为微博可见性资源分配的重要参考指标。

目前,微博明确公布的优先级平台是头条文章。“头条文章”是微博于 2016 年推出的长微博产品(图 5.12):2016 年 1 月 26 日,微博发布《头条文章正式上线　微博信息流权重全站最高》,公开表示当用户在 PC 端或移动端选择以“头条文章”的方式发布微博时,该微博在信息流中的加权将比旧版长微博提升 5 倍,展示权重为全站最高[211]。

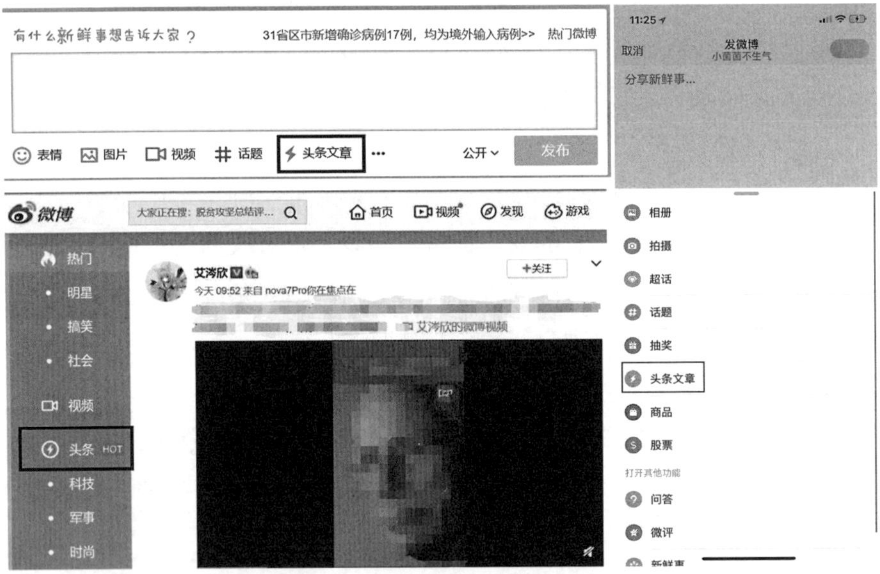

图 5.12　头条文章的发布入口

注:PC 端点击左侧折“头条文章”,移动端点击下方“头条文章”即可进入文章编辑页面

此外,我们还发现,尽管最终推荐给用户的内容千差万别,但是用户所接受

的微博来源存在小部分的交集，比如“头条文章”“微博助手”“微博视频”“新浪科技”“新浪新闻”等微博旗下账号会频繁出现在不同用户的新闻来源之中，微博在进行内容推荐时“自产自销”的情况确实存在，其会保留内部账号一定的可见性几率。平台媒体会赋予自己品牌旗下[212]以及合作伙伴的产品[213]优先可见性，已是公开的秘密。例如 Facebook 就将其合作伙伴的内容通过“及时文章”(instant articles)等栏目优先发布[214]；百度自身产品(如百度地图、好看视频、百度新闻、百家号等)在百度搜索中占据了极高的比例[57]。又如欧盟曾收到一个购物搜索网站的投诉，称其和其他类似网站的交易量下降是因为谷歌开始在常规搜索结果之上推广自己的服务[215-218]。谷歌还将其社交网络平台谷歌 Plus 中的内容集成到谷歌搜索结果中，这引发了推特的抗议[219]。此外还有研究显示，谷歌和必应搜索引擎均会在其他搜索引擎没有引用的情况下，在其第一个结果位置中引用自己的内容[218,220]……这样的例子不胜枚举，可见性是信息市场中公开争夺的一种稀缺资源，平台媒体凭借自身规则制定者的天然优势，为旗下的栏目、产品或合作方争取更大范围内的注意力经济已然成为水到渠成之举，而来源于其他群组、媒体、品牌或平台的信息都会被弱化甚至“不可见”。在这种情况下，网络空间中可见性的不平等现象进一步加剧。

除内部账号外，微博还优先为政务类账号、主流媒体账号、认证类账号的内容呈现提供便利。在第五届互联网大会上，新浪董事长兼首席执行官曹国伟强调“要放大权威的声音，把有公信力的账号放在前面，让主流权威的内容覆盖更多的用户”[191]。2020 年 7 月 8 日，微博参照主流内容平台的做法颁布《微博平台实施外链白名单机制的公告》，采用“外链白名单”机制，对“白名单”以外的网址均不再支持跳转。微博的“外链白名单”包括政府网站(以. gov. cn/. gov. com 结尾)、正规媒体网站、各大门户网站、企业自主向微博平台申报确认后的正规网站[221]。跳转页决定了用户是否可以通过一个网址链接到另一个指定的网址，跳转成功意味着增加指定网站的可见性。从“外链白名单”可以看出，政务类账号、主流媒体等享受微博审核的“豁免权”，而其他企业微博、自媒体账号则需经过严格的审核，才能获得二次“被接入”的可见性权利。

六、标准化符号格式

微博发布栏设置有“＃”话题键，用户发布微博时可将多个主题词放在两个

“#”之间，发布后主题词自动生成链接，方便其他用户查找同类或同话题微博（图 5.13）。话题设置相当于对当下热点事件或具有成为热点潜质的内容进行标识，并通过标识对同主题的内容作聚类，一方面有利于微博平台及时侦测发现新的舆情热点，另一方面可以更好地促进用户的深度参与，不断发起可讨论和可传播的议题话题，从而提高和丰富网络空间中话语的深度、广度和活力。

图 5.13　微博的话题设置功能

笔者新注册了一个微博账号，在不进行任何点击、转发、评论和点赞等操作的前提下持续记录了一周微博“推荐流”中的内容，在总计 280 条微博中（40 条×7 天=280 条），有 60.7%的微博至少带有一个相关话题。也就是说，自带话题设置的微博内容更容易被推荐给用户。话题设置增加了用户与用户之间、用户与内容之间的互动，也有学者称之为“编程的社交性”（programmed sociality）——算法和软件深度介入人际关系网络的创建、维系、形塑和组织过程之中[222]，而这正是由微博的社交媒体属性所决定的。

微博另一个特有的格式设定则来自“超话”（图 5.14）。“超话社区”是基于某个可持续讨论主题的兴趣社区，用户可以通过“超话”为自己喜欢的明星打榜，也可以通过关注、发帖等行为参与到“超话”的讨论中。“超话”分类排行榜对不

图 5.14　微博超话及其分类

同垂直兴趣领域进行了划分，用户关注某个“超话”后就可以在“超话”里发帖，所发布的微博不仅会被关注该用户的人看见，“超话”群中的用户同样也会看到这条微博，大大增加了某条微博的可见性范围。尽管目前“超话社区”内以“明星超话”为主，粉丝通过发帖、打榜、献花、评论等做任务的形式与明星互动，平台从中获取部分收益，但笔者认为“超话”的真正目标除了“粉丝经济”外，其本质与“话题”设置其实是异曲同工的——聚合拥有共同兴趣的人，以类似博客的方式围绕某一主题鼓励社区内部的用户持续地互动讨论。一方面，“超话”的分类代表了用户可能感兴趣的垂直领域，参与超话的用户行为数据为微博精准细分用户兴趣提供了依据；另一方面，“超话”也扮演了迷你社区的角色，用户走进“超话社区”就如同进入“熟人社会”，基于相同的兴趣爱好使得同一“超话”内的用户更容易进行互动，“超话社区”也就成为生产议题、引爆热点舆情、持续升温热门话题的“利器”。

七、内容类型

从文字书写迈入“读图时代”，当今的信息内容生产正在经历又一次转型，与纯粹的图像不同，“第二读图时代”的视频兼容文字、图片和语音，对视频进行即拍即发，形式简单，往来频繁，使视频成为一种可视化的活跃的“语词”（visual becoming verbal）[223]。媒介类型的变迁在微博平台也不例外，新浪微博机器学习团队 AI Lab 负责人张俊林曾对微博中含图片与视频的比例进行过统计，“目前微博 App 上 70%的微博是包含图片的,30%的微博是包含视频的”。[224]近年来随着抖音、快手、哔哩哔哩的迅速崛起,优质原创视频的市场竞争日益激烈,微博明确表示未来会将视频作为长期战略产品[225]。视频具有强烈的视觉冲击力,能在第一时间吸引用户的注意力,微博捕捉到了内容类型对于保持用户黏性的重要意义,先后发布多项鼓励视频内容制作的措施,赋予视频类内容更大的可见性空间。

·2019 年 12 月 5 日,投稿至微博视频社区,享受弹幕互动以及专属播放页、全站流量分发(视频流、热门、搜索等)、增加粉丝头条、视频流、涨粉包、优先加入视频广告分成、自制内容保护[226]。

·2020 年 3 月 11 日,微博给予哔哩哔哩、抖音、快手、西瓜、油管等视频平台的优质视频作者各类官博转发、粉丝头条、视频流、社区推荐等流量资源,帮助视频制作者的内容在站内传播曝光[227]。

·2020 年 7 月 10 日,正式推出“微博视频号计划”,微博视频创作者将全面升级为微博视频号。未来一年,微博将向微博视频号分成 5 亿元现金、投入 10 亿精准广告投放资源、300 亿顶级曝光资源[228]。

·2020 年 7 月 28 日至 8 月 24 日,带#宝藏视频创造营#话题发布视频内容,优质视频将获得粉丝头条奖励、榜单推荐、官号转发、涨粉或流类曝光资源[229]。

·2020 年 7 月 31 日,带#视频潜力新星#话题发视频打卡,上榜博主将获得粉丝头条+官博转发/流类资源/官方涨粉推荐奖励[230]。

八、用户负面反馈

每条微博的右上角设有“关闭”选项,当用户关闭该微博时会自动跳出弹窗要求用户选择关闭的理由:如不感兴趣、不想看此类内容、不看此博主、重复推荐或涉嫌垃圾营销、黄色信息等(图 5.15)。微博将根据用户的负面反馈意见,减少或取消对同类内容/博主的曝光。

图 5.15 微博用户负面反馈界面

值得注意的是，在所有的负面反馈中，用户投诉对于某条微博的可见性而言等同于“致命伤”。“投诉”选项的前身是“举报”，微博明确表示，“站方将根据举报人数量、举报用户可信度等标准对相关微博进行审核，被确定为垃圾营销内容的微博，将不再出现在其他网友的信息流中”。尽管后台会对举报是否属实进行审核，被举报账号也可选择申诉，但“洗白”的可能性极小。对此，微博首席执行官王高飞（微博用户名：来去之间）曾在自己的微博中写道：“Facebook 以前是你投诉了你的信息流里面就没这条了，但是内容还在，投诉多了才删（不知道最近策略）……但是在国内做不到，以前有个 500 转，现在 1 条涉黄博文即使 3 次阅读，也算平台责任的”（2020 年 3 月 2 日）。在国家对互联网治理的高压政策之下，平台媒体宁可错杀也不敢冒散布不实谣言、虚假信息，违反网络传播安全要求的风险，在这样的前提背景下，用户举报也就成了“不可见性”的同义词。

九、使用场景

移动传播的本质是基于场景的服务，即对场景（情境）的感知及信息（服务）

适配[231]。在访谈中新浪首席信息官王巍着重谈到了“使用场景”对于内容推荐的重要性：“某个用户晚上六点发布了一条与朋友共进晚餐的微博，定位显示在虹口足球场附近。那天晚上七点林俊杰开演唱会，我们推测该用户晚饭后会去参加演唱会，因此向她推送了与林俊杰相关的微博内容。勾勒用户的使用场景目的在于推测用户会在什么情况下产生信息需求。”(2020 年 10 月 28 日)

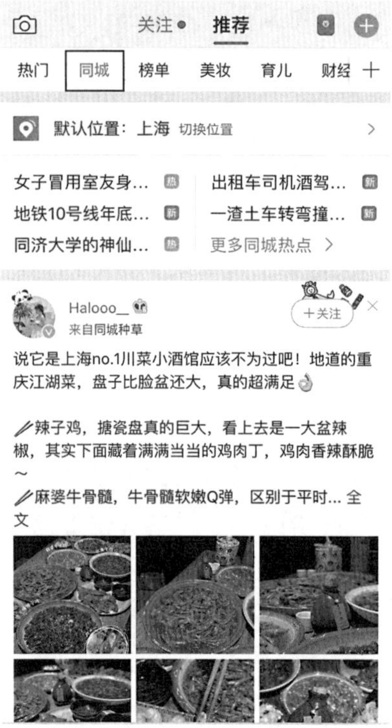

图 5.16　微博的同城推荐

使用场景并不只是狭义理解中的地理位置(在哪里/这个环境里有什么或没有什么/这个环境对于使用媒介产品有什么影响)，它还包含了时间(绝对时间，如上午、下午或晚上；相对时间，如休闲、跑步、睡眠时间)、人物(使用者基本信息，如年龄、收入、职业、喜好等；与之相关的人，如使用者周围的亲朋好友)等。基于地理位置的服务(Location Based Services，LBS)、物联网等技术为平台媒体更精准的信息适配提供了技术支持。

“同城推荐”是微博基于用户使用场景进行内容推荐最明显的例子(图 5.16)，当用户选择同城推荐一栏时，微博会根据用户的实时定位优先将本地资讯推荐给用户，而同城推荐的点击结果也会直接影响到整体微博“推荐流”的推送内容：“看同城内容比较多的用户，我们会尝试在热门推荐中也加入同城的内容做测试。如果用户点击频繁，那么他的热门推荐也会相应增加更多的同城消息。”(2020 年 10 月 28 日)

微博“推荐流”本质上是基于对用户的描摹，和对文本内容的解析，建立起用户与内容的相关性。在将算法认为适配的信息推荐给相应的用户群组的过程中，微博会高度采纳并结合用户的“使用场景”，完成“用户—环境—内容”的闭环，从而更加精确地进行信息内容的适配。

综合本章第一节与第二节的内容，笔者总结了影响微博“推荐流”内容可见性的多个要素。首先，是依托“用户的社交关系”与“用户自主行为”这两个重要维度，算法所作出的基于用户兴趣的判断，平台媒体将根据后台为用户打上的兴趣标签开展后续的内容推送。笔者认为这是主导信息内容可见性的起始点，同时也是整个微博“推荐流”得以运转的核心环节。

除此之外，微博还会参考导向正确性、用户的领域影响力、微博的内容质量、微博的互动性、平台优先级、用户的负面反馈、标准化符号格式、微博的内容类型等衡量标准，并结合用户的实际使用场景对信息进行选择性的呈现。上述这几个维度的拟合结果，共同决定了微博“推荐流”对信息内容的最终呈现样态。

第三节　从大众媒介到平台媒体：“把关人”与“新闻价值”的嬗变过程

一、“把关人”理论回顾

“把关人”理论的源头可追溯至美国社会心理学家库尔特·卢因(Kurt Lewin)。卢因将“把关”描述为食物到达家庭餐桌的过程，该过程包括把关人(gatekeeper)、门卡(gate)、渠道(channel)等要素[13]。1950 年，传播学者大卫·怀特(David White)将“把关人”理论引入新闻研究领域[14]，该理论也逐步发展成为传播学经典理论之一。在对一名从业 25 年的新闻编辑进行个案调查后，怀特提出新闻采集工作者的个人心理(价值判断)会直接影响新闻的流通。另一名学者沃特·吉伯(Walter Gieber)则将“把关人”研究从“个人控制模式”推向了“社会控制模式”[16]，他认为“‘把关人’并非孤立的个人，参与‘把关’的实际上是一个组织”[140]，这与布里德(Bread)的“新闻编辑部制约着新闻记者”[15]的看法如出一辙。在赫斯克(P. M. Hirsch)[17]、丹尼斯·麦奎尔(Denis McQuail)[18]、德弗勒[19]等后续研究者的不懈努力下，“把关人”理论的视角得以不断丰富，媒介组织及其人员活动的文化、经济、政治环境也成为影响把关结果的重要因素。至此，个人、组织、社会体制组成了三个不同的层次和环节，在“把关”链条中有自己的独特作用[140]。

传统文献中的把关过程即为取舍选择的过程，如丹尼斯·麦奎尔将“把关”

定义为“媒介工作中做出选择的过程，尤其决定某一则新闻故事是否能够通过‘媒体之门’进入新闻流通环节[18]”。乔治A·多诺霍(George A. Donohue)等学者创新性地指出，“把关”不仅是取舍选择的过程，而是信息编码过程中“所有形式的信息控制”，包括选择(selection)、塑造(shaping)、展示(display)、时间选择(timing)、隐瞒(withholding)或重复(repetition)[232]。在此基础之上，卡琳·巴尔扎里-纳汉(Karine Barzilai-Nahon)增添了渠道(channeling)、组合(addition)、本土化(localization)、操纵(manipulation)等信息控制形式[233]。帕梅拉·休梅克(Pamela J. Shoemaker)后期也强调，把关过程“不仅是一系列的进或出的决定”，而应当被描述为“新闻媒介建构社会现实的整个过程”[234]。

二、从大众媒介到网络化媒介：“把关人”的兴与衰

在大众媒介时代，以记者编辑为代表的“把关人”[235]对内严格遵循组织机构内一套章程标准，对外接受社会体制的规约，并在上述各类社会因素的合力作用下进行新闻生产，最终形成对“什么可见/不可见”“如何呈现可见性”的决定。

然而，互联网的出现很大程度消解了机构媒体“把关人”的角色。梅拉兹(Meraz)和帕帕查里西(Papacharissi)描述了大众媒介时期作为“把关人”的精英群体(the elite)决定议程的现象是如何被“网络化的守门人”(networked gatekeeping)这一新现象所取代的。身处网络化时代，人们普遍关注的事物不再由过去少数人通过“独裁”决定，而是“通过对话和社会实践将精英和公众共生地联系在一起，共同来决策信息的内容”[157]。赋予可见性的主体不再仅限于大众媒介机构，可见性的权利扩展并下沉至每一个社会个体。国内外大量关于互联网赋权(empowerment)、互联网与集体行为(collective actions)、互联网与参与式文化(participatory cultures)[236]的研究层出不穷，网络化媒介作为绕开“把关人”机制的可能性已被证实。

也有学者对互联网营造的“多元”“平等”的信息环境提出了质疑，在他们看来，互联网空间正在被商业化和政府规制所扭曲、解构，看似自由的网络化媒介技术成为了新时期“把关人”的附庸工具[237-239]。乔纳森·齐特林(Jonathan Zittrain)将以 iPhones、Xboxes、以及 TiVos 等为代表的最新的以互联网为中心的产品称为“带有枷锁的、僵死的电气用具”(tethered, sterile appliances)，这些

器具的标准化使他人能够轻易地掌握使用者的信息和身份，企业和政府将更容易对互联网使用者的行为进行规制[240]。悲观主义者认为，互联网造成了一种“零把关人”的假象，社会正在走向枷锁重重、日益封闭的状态。然而，上述批判观点是以追求完全开放、平等、民主的网络化信息环境为前提的，是乌托邦式的理想模型。网络化技术在发展过程中不可避免地会遇到各种阻碍，但与大众媒介时代相比，它所带来的改变与希望不可轻易被抹去。

三、算法：“新把关人”的崛起

正当一些学者欢呼“把关人”机制终于在互联网时代得以部分消解，来自社会个体微弱的、多元的声音相继呈现时，算法又以“新把关人”的姿态出现，重新搅动着可见性领域的格局。伴随 Web 2.0 的发展，平台媒体凭借做内容聚合成为了信息的集大成者。优厚的经济基础、庞大的用户群体、有力的技术支持，平台媒体很快夺取了市场的半壁江山，取代人工编辑掌控了选择(selection)、塑造(shaping)、展示(display)、时机挑选(timing)、抹除(withholding)、组合(addition)或重复(repetition)等信息控制权力[232,233]。然而，即便是平台媒体也不可能将所有聚合而来的内容发放给每位用户，因此同样需要“把关人”负责将海量内容与用户需求进行适配。不具备采编机制的平台媒体，无法聘请专业的新闻工作者对内容负责，却在技术方面找到了突破口。2002 年，“谷歌新闻”(Google News)的启动标志着算法判断直接入侵了人类编辑判断的领域，依托 StoryRank 算法实现新闻的自动化组织与排列。将目光转向国内，象征算法对内容进行把关的标杆案例是“今日头条”的成立。几乎同一时期，抖音、快手、哔哩哔哩、微信、一点资讯、天天快报、小红书、知乎等一大批科技公司纷纷“试水”算法技术，通过海量数据运算将内容精准分发至潜在用户手中。算法在主导人们日常各类信息的分配与接收过程中，扮演着越来越重要的角色。如今算法推荐已经成为各类搜索引擎、资讯聚合平台、社会化媒体等平台媒体的“标配”。

学者使用不同的概念来阐释基于算法对信息的控制，包括“平台把关”[243]、“算法把关”[244,245]、“算法策展”[246]、“算法判断”[247]、“算法选择”[248]，等等，尽管它们在用语上存在差异，但在研究旨趣上是相通的。鉴于“把关人”理论所具有的丰富内涵，本书采用“算法把关”这一概念来指代算法所进行的“所有形式的信息控制”，包括选择、聚合、分类、排序、过滤、组织、呈现、推荐。正如泰娜·布彻(Taina Bucher)所言，“算法的力量，尽管还不到做定论的时候，但它指向了计算和规定什么可见、什么被排除在视野之外、对谁可见”[9]这些重要的社会话题。因此，揭示“算法把关”的过程，就显得尤为重要了。

四、微博“推荐流”的把关流程

通过对大量微博算法工程师的公开演讲、PPT 与会议发言稿的汇总梳理，结合对新浪首席信息官王巍的访谈内容，笔者绘制了一张微博平台内容把关的整体流程图(图 5.17)。

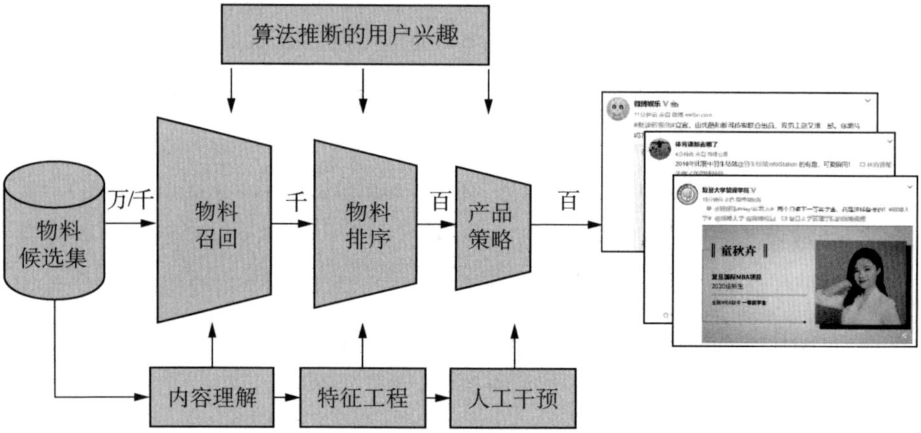

图 5.17　微博进行内容把关的全流程图

目前，微博进行内容推荐的架构实现思路大致分为召回、排序(粗排+精排)、策略三个步骤。首先，微博根据“社交兴趣图谱引擎”为每位使用者建立起一幅独一无二的用户画像。建立用户画像的过程，就是算法根据各类可挖掘、可编码、可计算和可测量的“数字痕迹”对用户偏好进行判断的过程，即本章第一节中笔者所定义的“算法推断”。其次，根据用户画像对用户可能感兴趣的内容展开召回。这一过程离不开对微博内容的理解，通过文本理解、图像识别、视频关键帧识别等技术对微博内容进行细粒度表征，形成每篇微博内容的表征向量，然后从万千量级的原始数据中挑选出符合用户画像的内容放入召回池。

再次，利用排序算法参照如算法推断的用户兴趣、互动性、平台优先级、热度、内容质量、用户的领域影响力、使用场景、内容类型、用户负反馈等多维标准的拟合模型对位于“召回池”中的内容进行“粗排”与“精排”。海量信息经过“召回”与“排序”两个步骤后，已经由算法从千万级逐步筛选为几百条与用户高度相关的内容。最后，加入人工干预步骤，根据不同时期（如“双十一”、节假日等）、舆情热点、商业资本干预等具体情况，微博的人工团队会根据相应的产品策略对相关用户做去已读、去重、打散、多样性保证、固定类型物品插入等干涉行为，以实现技术产品策略主导或改进用户体验[249]。

不难发现，除了最后一步在制订产品策略时，人工团队对其进行了干预，其他无论是物料的召回，还是排序环节都交由算法独立完成。关于这一点，笔者也得到了新浪首席信息官王巍的肯定回复：“目前微博内容推荐的所有关键步骤，都由智能算法完成。几乎不再需要人工介入，除非我们发现推荐结果出现了偏差，那么会再对算法模型进行局部修正。”（2020 年 10 月 28 日）在大众媒介时期，记者编辑仍然是内容生产的主要“把关人”，直接对各条线的线索与版面安排负责。然而伴随平台媒体的崛起，一种依托算法对内容进行取舍与匹配的新方式产生了，“把关主体”也从过去的记者编辑等专业化新闻从业者转变为了垄断型技术公司、核心算法工程师、产品运营策划师等人群，他们成为掌握内容可见性的“少数人”。但在笔者看来，虽然“把关主体”明显发生了改变，大众媒介时期的“把关过程”与“算法把关”的过程却存在许多相似之处。

第一，两种媒介都对信息进行了范围划定，在有意包含某些信息的同时故意排除了部分信息，规定了“什么可见”“什么不可见”。算法根据对用户兴趣的推断将符合其偏好的内容从海量的物料库中召回，千万量级的微博经过筛选只留下几千条内容待呈现；记者编辑则参照诸如社会价值导向、读者需求、政经结构安排等新闻操作范式[11]，将符合要求的新闻内容呈现给读者。无论是大众媒介还是平台媒体，都在有意无意之中为用户过滤掉了某些信息，只对它们各自认为重要或有意义的内容进行了展示，即便这里的“重要”或“有意义”都有待进一步的检验。

第二，两种媒介都对信息进行了等级排序，操纵用户“优先可见什么”“降序可见什么”，赋予不同信息不同的可见性权重。等级排序体现在平台媒体的“排序”环节,排序是一种位置的安排,处于末端的内容等同于“不可见”。移动端则将这种“不可见性”效应发挥到了最大,手机有限的屏幕尺寸制约了信息呈现的数量,用户不可能无限制地读取信息,每多刷“一屏”就意味着阅读几率的降低,排在后面的信息基本不会被用户所阅读。因此对平台媒体而言,信息的顺序基本就决定了阅读量,被放在“置顶”“热门推荐”位置的微博被赋予了优先可见的权利。再来看大众媒介,报纸有版面安排,可分为头版、二版、三版等,每个版面又有头条、次头条等。电视有频道顺序,本地卫视总是比其他地方卫视顺序靠前,央视频道又排在所有地方卫视之前,等等。两种媒介各自按照一套标准对信息内容进行了排序。

第三,两种媒介都对信息进行了意义判定,是具有一定意识形态的表达,包含了“倾向”和“态度”。无论是过去还是现在,很多时刻大众媒介与平台媒体之间都存在着难以调和的张力,两者本身或许就实践着“两个舆论场”的特殊现象:大众媒介更多是党报、国家电视台、国家通讯社等“主流媒体舆论场”,代表了社会主义核心价值观。平台媒体则是互联网构建的又一“民间舆论场”,它成为“思想文化信息的集散地和社会舆论的放大器”[250],对事件的呈现更多是来自民间、自媒体人、专业媒体机构“众声”杂糅的结果。类似微博这样的平台媒体,在经历过十年前鼎盛时期的辉煌后,是否仍怀念曾经那种“围观改变中国”的力量?社交媒体的社交属性、商业化基因是否也在深刻影响着微博对于内容的呈现?这些判断还需结合进一步的研究来核实验证。

综上,从大众媒介到平台媒体,“把关主体”出现了从记者编辑等专业新闻从业人员向智能算法的转移与让渡,但是从“把关流程”上来看,两者其实并无二致——作为“新把关人”的算法和原先的记者编辑一样,都是根据一套标准对信息进行了范围划定(排除/包括)、等级排序(降序/优先)和意义判定(态度/倾向)。无论它们各自依据怎样的标准,两种媒介本质上都在重新对外部世界进行表征(representation),人们透过大众媒介或平台媒体所看到的是一个介于人们与客观环境之间的“拟态环境”[10]。

五、从“新闻价值”走向“算法价值”

“新闻价值”(news value),即新闻主体用来选择和衡量价值客体的标准[33]。

"新闻价值"随着时间的推移和文化规范的变化而流动，目前学者们还没有对"新闻价值"形成完全一致的意见[251,252]。Galtung 和 Ruge 早期提出了"九要素说"（包括时间跨度、事件强度、明晰性、文化接近性、预期性、出乎意料性、连续性、组合性和社会文化价值）[253]；有学者在此基础上进行补充，提出了"十五要素说"（包括独家、坏消息、冲突、惊奇、视听、可分享性、娱乐、戏剧性、新闻后续、权力精英、相关性、量级、名人、好消息和新闻机构的议程）[254]。目前，较为受到认可的是 Lee 所概括的"新闻价值"，包括"新奇性、冲突性、趣味性、重要性、影响性、耸动性、时效性和接近性"[255]。上述这些价值标准共同构成了做新闻的一种"直觉"[109]，指导着记者编辑的日常新闻实践。

如果说"新闻价值"是记者编辑"用以决定材料的包含和排除，以及故事的哪些方面将以新闻的形式进行呈现"[252]的标准体系，那么"算法价值"（algorithm value）则是平台媒体运用算法对信息作判断的依据。相比于对"新闻价值"的熟悉程度，人们普遍缺乏对"算法价值"的认知。在本章第一节与第二节中，笔者采用问卷调查与微博用户数据分析相结合的方式，揭示了微博"推荐流"的可见性运作机制，证明其中用户的领域影响力、互动性、平台优先级、导向正确性、用户自主行为、用户的社交关系、微博的内容质量、使用场景的契合度、标准化的符号格式、用户负反馈等是构成微博"推荐流"内容可见性的核心算法价值要素。除了微博"推荐流"之外，笔者还对目前国内外平台媒体"算法价值"的相关文献进行了梳理，归纳并总结出平台媒体的主流"算法价值观"：姜红和鲁曼认为是"趣味性"[96]；陈昌凤和霍婕认为是"受众的注意力"[154]；朱鸿军和周逵则指出，"公众兴趣"和"流行话题"是算法判断新闻的标准[148]；王茜通过内容分析和对上榜词的统计，得出影响微博"热搜"的四个价值要素为：时新性、流行性、互动性和导向正确[33]；通过对 77 位用户的 8 000 多条新闻推送的分析，研究者认为今日头条内容可见性的"算法价值"判断标准包括：场景、内容、用户偏好和平台优先级[34]；迈克尔·德维托（Michael DeVito）通过对 Facebook 公开发布的专利、新闻稿、博客等进行内容分析，提炼出九大算法价值要素，分别为：朋友关系、用户公开表达的兴趣、用户先前的参与、用户含蓄表达的偏好、发布时间、平台优先级、页面关系、用户的负面表达和内容质量[153]。

综合上述学者和笔者自己的研究成果，我们大致可以对平台媒体的"算法价值”作一个整体的归纳与提炼。如果暂时撇开学术界与媒体报道中对平台媒体甚嚣尘上的批判声，我们会发现大众媒体的“把关标准”其实与平台媒体存在着诸多交集：求新求变、关注社会上大多数人之关注是两种媒介决定内容能否通过“媒体之门”的共同判断标准。当人们苛责平台媒体“猎奇耸动”“娱乐至上”“无视少数声音”的同时，也应该意识到这些问题并不是在平台媒体出现后才产生的，早在媒介创立之初，报纸（尤其是小报）、广播、电视，当然也包括互联网都存在类似的“基因”。平台媒体虽与大众媒介在“把关标准”上存在相通点，但差异性也十分明显：大众媒介作为“社会公器”，始终把“告知公众所应知之事”放在突出位置，比起受众是否喜欢，一条新闻本身的重要程度和社会价值更为重要。而反观平台媒体，它将所有优势的人力、物力、资源投入到对“用户兴趣”的探查上。平台媒体本质上是商业化技术公司，通过将用户的细分数据售卖给广告商，或是依赖用户购买粉丝、竞价扩大内容投放范围与投放数量等行为攫取利润。平台媒体在用户方面的大部分优先事项都与促进越来越多的“可货币化”（monetize）的社交联系以及向平台提供更多细分数据有关。开发者优先考虑的事项集中于如何使用社交关系来分发产品和基于个人数据来定制服务，平台媒体针对广告商的优先策略以用户数据作为销售目标，社交关系作为分发渠道[153]，所以那些能够激励用户持续内容产出、提升用户间的互动性与关联性的方式更容易受到平台媒体的青睐[256-258]。

六、思考与总结

本节主要将“把关人理论”和“新闻价值”两个核心概念作为切入口，旨在归纳总结平台媒体的“把关主体”“把关流程”与“把关标准”（表 5.12）。在将平台媒体与大众媒介进行比较后，笔者认为：第一，“把关主体”经历了“从有到无，再到有”的一系列嬗变过程。在大众媒介时代，作为传统“把关人”主体的记者编辑决定了某则新闻或故事能否通过“媒体之门”，并最终以何种形式呈现在受众面前；到了网络化媒介时代，互联网的出现很大程度上消解了机构媒体的“把关人”角色，可见性的权利扩展并下沉至每一个社会个体。如今，平台媒体依托智能算法对内容进行取舍与匹配，复苏了网络化时代曾经被解构的“把关人”机制，重新将内容的可见性掌握在了“少数人”，即技术公司的手中。

第二，“把关主体”虽然明显发生了改变，但大众媒介时期的“把关过程”与“算法把关”的过程并无二致——本质上作为“新把关人”的算法和原先的记者编辑一样，都是根据一套标准对信息进行范围划定（排除/包括）、等级排序（降序/优先）和意义判定（态度/倾向）。无论它们各自依据怎样的标准，两种媒介本质上都在重新对外部世界进行表征（representation）。

第三，以“价值观”为研究取向，通过对“新闻价值”与“算法价值”的比较，大众媒介与平台媒体既有相同之处也存在着差异。新奇性、时效性与关注度是两种媒介共同关心的价值维度，但大众媒介着眼于公共的、集体建构的“客观事实”，始终将舆论导向和社会关切视为己任，通过“新闻专业主义”标准来重新界定信息的价值。尽管新闻机构不是每次都能抵御住眼球效应和利润追逐对良好新闻实践的诱惑，现有体制也不尽完美，但却始终存在着一种道德感和公共责任意识。相比之下，平台媒体则主要着力于满足个体在社交关系、娱乐分享方面的“欲望”[35]，强调“个人主义至上”和信息的消费服务属性，商业资本的力量渗透在算法的每一次运算逻辑之中。

表 5.12　　新旧把关人平台比较分析的维度与框架

平台类型	把关主体与流程	把关标准	价值观取向
大众媒介	☆“把关人”机制 记者编辑参照一套标准对信息进行范围划定（排除/包括）、等级排序（降序/优先）、意义判定（态度/倾向）	重要性、影响性、新奇性、时效性、冲突性、趣味性、耸动性、接近性	☆新闻价值 公共性 导向型 社会关切 重新界定信息价值
平台媒体	☆“新把关人”机制 算法作为把关人根据一套标准对信息进行范围划定（排除/包括）、等级排序（降序/优先）、意义判定（态度/倾向）	时新性、互动性、热度/受欢迎程度、导向正确性、用户的社交关系、算法推断的用户兴趣、用户领域影响力、使用场景、平台优先级、用户自主行为、内容类型、内容质量、标准化符号格式、用户负反馈	☆算法价值 个人主义 服务型 商业化 消费属性 信息适配性

第六章>>>

平台媒体构建的可见性带来的社会影响

平台媒体通过一套独特的可见性运作机制，“计算和规定了什么可见、什么被排除在视野之外，对谁可见、什么内容优先或降序可见等重要的社会议题”[9]。本章主要探讨平台媒体构建的可见性所带来的社会影响，分别从“信息环境的建构”和“权力结构的变迁”两个维度分析“平台媒体中介的可见性”可能带来的社会影响。在此基础上，通过与大众媒介和网络化媒介的比较，力图以一种媒介技术演进的视角展现不同历史阶段“媒介中介的可见性”所带来社会影响。

笔者首先选取了目前学术界讨论最激烈的、争议性最大的“过滤气泡”现象作为研究切入点。平台媒体的算法推荐是否会导致“过滤气泡”现象的发生，是目前学者争论较多的话题。本章第一节以微博“推荐流”为研究对象，分别考察用户的“显性兴趣”与“隐性兴趣”、“长期兴趣”与“短期兴趣”对用户信息结构的影响，以检验“过滤气泡”效应在微博中是否存在。

在对平台媒体的“过滤气泡”现象进行个案式分析的基础上，笔者回顾并总结了从大众媒介到网络化媒介，再到现如今平台媒体在“信息环境的建构”方面所经历的变迁：①大众媒介为受众建立起一个权威且结构均衡的可见性空间，拥有专业化新闻生产资质的机构或从媒体业者，凭借较为完善的新闻价值判断、媒介素养以及来自社会各方的监督与批判，共同确保了受众日常“媒介食谱”(media diet)的均衡性——在兼顾不同类型的社会重大事件的同时，对主流观点进行呈现。②网络化媒介所建构的可见性则是一个多元异质的空间，它并非只对重大社会事件或主流观点进行呈现，互联网最大限度地包容了不同观点之间的博弈，并且各类处于发酵过程中的事件也有可能随时被放大与扩散，最终演变为倒逼大众媒介竞相追逐的社会热点事件。③尽管对于是否真正存在“过滤气泡”,学界没有作出统一的结论,但平台媒体的确可能会为用户塑造相对“单声道”的传播场域,这从根本上改变了人们接触观念和信息的方式。长期处于信息结构失衡环境下的用户,由于对矛盾方信息缺乏必要的认知,容易对自己的思维框架过于自信,单一化的信息最终塑造出了偏执的受众。更为糟糕的是,处于同质化信息“舒适圈”中的用户,逐渐丧失了创新的能力与尝试其他可能性的自主性。封闭在相同文化背景与意识形态中的人们,愈发故步自封,民意的共识也将更难实现。

其次,本书从“权力结构的变迁”视角切入,剖析了大众媒介、网络化媒介和平台媒体时代握有可见性权力的主体,以及通过这种对于可见性的展演可能对权力体系造成的影响。经梳理,笔者认为,在权力结构层面:①大众媒介凭借与统治者的“合谋”(conspiracy)有效控制了人们“观看”的内容及“观看”的方式和感受,尽管并非每次都会按照统治者的意愿对事物进行呈现,但“大众媒介中介的可见性”本质上是对政经力量主导的传统结构性因素的表征,通过图像、文字、声音构筑起的信息环境不过是对现有权力结构的维护与强化。公民普遍缺乏“言说”的权利,只有符合大众媒介的宣传效果和媒介逻辑时,他们才有可能被赋予“被言说”的权利。②互联网的弹性与开放造就了网络化媒介空间独有的“新的可见性”,不同位置上所看、所听的“意见”在同一个舞台上得以全部展现,通过交流和分享的行为,每个人在不断“赋予他人可见性的权利”的同时又在践行着更加多元化的表达,各种针锋相对的观点都得到了展演的机会,丰富了舆论的要素[259]。网络空间赋予个体从“不可见”转变为“可见”的技术支撑,具有可见性是个体争取自身利益的第一步,自我导向的信息扩散增加了个体的自主性,并使个体拥有对抗甚至挑战现有社会权力结构的能力与机会。③平台媒体复苏了“把关人”机制,重新将内容的可见性掌握在“少数人”,即技术公司的手中。通过对事物的“优先化”和“边缘化”处理,获得更大可见性空间的将是明星、政治家、公共知识分子、商业领袖、流量网红等拥有更多社会资本和话语权的群体。平台媒体在“谁将被看到”这一问题上,几乎与大众媒介的选择过程无异,只是依托智能算法进行可见性运作的平台媒体,习惯性地借由客观、中立、高效等“技术理性”作为护盾,以一种更加精巧和隐蔽的方式与政经力量主导的传统结构性因素结盟,重新将可见性的大门指向了位于权力结构金字塔尖的“少数人”。

事实证明，谁掌握了可见性，谁就牢牢掌握住了权力。三种媒介技术赋予了“被可见”主体优先言说、占据有利地形、巩固维护/对抗挑战既有权力结构的机会和可能。然而，被赋予可见性的程度与广度，却视不同的媒介技术而异，且差距甚远。从大众媒介到网络化媒介，再到平台媒体，权力结构经历了“中心化”“去中心化”到现如今“再中心化”的嬗变过程。

第一节　平台媒体信息环境的建构：打破还是塑造“过滤气泡”

一、研究缘起与问题聚焦

移动互联网时代，算法构成了平台重要的基础设施和技术架构[260]。通过不同的算法组合，平台得以自动化地向用户推荐个性化的内容，实现“千人千面”的分发与推送效果。在算法降低信息生产者的传送成本和信息消费者的决策成本的同时[261]，有关算法技术引发的“过滤气泡”现象成为学界乃至全社会的热点议题。2016 年 7 月，《人民日报》点评个性化推荐《当心“过滤泡泡”主宰了你》[262]；2017 年 9 月，《人民日报》发表《不能让算法决定内容》[151]等“三评算法推荐”系列评论；2022 年 1 月，《人民日报》要求加强监管，从根本上“促进算法推荐技术规范健康发展”[263]。中央媒体屡次发声，其矛头都指向个性化推荐所引发的用户信息视野狭窄以及观点、立场的固化。

“过滤气泡”这一概念由美国学者帕里泽（Pariser）提出，他认为平台会根据用户偏好定制个性化的信息环境，从而“为每个人打造一个独特的信息世界”[139]，犹如置身于坚固的气泡之内。此概念一经提出，国内学者纷纷将过滤气泡当作全然负面的存在，并以此为出发点对算法过滤引发的社会后果进行全面批判[264]。相比之下，国外学者更多地把过滤气泡视为一种“假说”——是否真正存在，需要进行检验。整体来看，既有针对过滤气泡的研究主要集中于谷歌、Facebook、推特等西方平台媒体，国内对过滤气泡这一概念采取全盘接受的态度，实证性研究相对匮乏[46]。前期的实证研究虽然回应了过滤气泡的存在与否，但总体缺乏对过滤气泡概念有效且系统化的判断标准。

本研究将用户信息结构均衡性作为检验过滤气泡的标准，以微博“推荐流”

为研究对象，探讨中国语境下超级平台的过滤气泡现象以及发生程度。微博是中国社交媒体的超级平台之一。2021 年，微博月活跃用户达 5.73 亿，网民通过微博获取资讯的比例达到 35.6%，高于通过新闻客户端获取资讯的比例[265]。作为内容推荐的核心模件，微博推荐成为许多网民获取信息的第一手平台。在研究方法上，本书采用实验法考察用户兴趣对用户信息结构的影响，并试图回答下列具体问题：第一，微博用户的兴趣偏好（“显性兴趣”和“隐性兴趣”）是否会导致用户信息结构失衡？第二，微博的算法推荐是否会明显地响应用户的“短期兴趣”，从而迅速为他们构筑起新的信息“围墙”？对过滤气泡效应的研究，有助于加深人们对算法技术主导下公民信息的获取和群体意见的形成等方面的认知，也可以帮助人们深入理解新媒体时代公共交流、社会整合面临的新挑战，并从多个角度探寻解决问题的思路[266]。

二、研究述评与核心概念

1. “过滤气泡”：假说还是理论？

让我们回到“过滤气泡”这一概念提出的背景。帕里泽认为以 PageRank 为代表的搜索算法已经成为过去，谷歌、Facebook、亚马逊、网飞等一些互联网巨头通过实时捕捉用户的偏好，最终形成对网络环境中“什么可见或不可见”“如何可见”的决定。帕里泽对过滤气泡的关注很大程度上源于知识分子对信息和观点的“自由市场”这一理念的推崇。出于对过滤技术可能产生的信息操纵行为的考量，他批判性地提出了过滤气泡的概念。由此可见，过滤气泡更像是一种隐喻，提出者的初衷在于警示人们理性客观地看待个性化算法可能造成的消极后果，而不在于论证技术与信息窄化之间的必然因果。因此，从原作者的角度来看，过滤气泡更像是一种假说，而非理论。

“过滤气泡”这一概念提出后，不少学者将其视作理论展开研究，默认技术对信息窄化存在必然影响。既有研究分别探讨了过滤气泡的概念、成因及影响，并在此基础上提出一系列解决方案。但事实上，过滤气泡并非一个不言自明的结论。国内已经有越来越多的学者意识到了这一点。陈昌凤与仇筠茜认为，目前学界缺少实证过滤气泡存在的有力研究，过滤气泡仍然是一个似是而非、缺乏科学证据的概念[264]。彭兰提出，尽管社交关系、平台、算法等因素会导致个人信息接收路径固化,但人们对既有社会关系的跳出、多渠道的信息接触、多样化的算法类型同样会为用户突破固有“屏障”提供契机[266]。笔者赞同以上观点,就目前而言,过滤气泡尚处在“假说”阶段而非“理论”阶段[267,268],其效应是否存在,有待检验。

2. 检验“过滤气泡”的三种方式

针对过滤气泡是否存在,西方学者从不同视角展开了实证研究。尽管还没有形成比较系统的测量过滤气泡的量表,但前期研究为我们提供了三种可借鉴的检验方式。

一是对信息差异化的检验。通过比较不同用户之间信息接收的相似度来判断用户遭遇信息区隔的可能性。如果用户接收的内容与他人接收的内容重合较少,用户就可能受困于自己独有的信息世界,产生过滤气泡。Nechushtai[269]等人在2016年美国总统大选期间分别以“希拉里”和“特朗普”作为关键词进行搜索,结果显示不同地理位置和政治倾向的用户返还结果十分相似,从而证明谷歌不存在过滤气泡。Haim 等人[270]发现无论是用户的搜索内容(促进或抑制自杀的信息)还是对搜索结果的反馈行为(点击或不点击)都不会对用户最终就关键词“自杀”的返还结果构成差异。与上述研究结论不同,Hannak 等人[271]通过人工账号模拟实验证明不同用户的谷歌搜索结果存在12%的差异。在分析1 000名Facebook用户的个人推送后,Bechmann[272]也证实确实存在部分用户被完全孤立于其他用户之外的情况。

二是对信息多样化的检验。其验证思路是当用户接收的算法推荐多元且异质时,人们的信息视野和意见观点都将得到极大的丰富,由此也将打破禁锢自身的过滤气泡。现有研究主要分析信息来源的多样化、内容的多样化、观点的多样化以及风格类型的多样化[273-275]。Fletcher 和 Nielsen[276]发现使用搜索引擎的用户比不使用者的新闻来源更为丰富,且接收的观点也更加多元,搜索引擎不仅不存在观点偏倚,相反还会推动跨意识形态的信息消费。Parisi 和 Comunello[277]在对约会软件使用者进行访谈后发现,基于网络社交关系推荐的伴侣可能与用户自身特质完全不同,算法增加了用户与异质人群的接触概率。

三是对信息结构的检验。这一研究路径认为,过滤气泡的形成与平台提供给用户的信息结构密切相关。当算法推荐中的某些信息极大地占据了用户整体的媒介食谱(media diet)时,用户陷入信息“偏食”状态,过滤气泡产生。换言之,如果用户的信息结构出现偏倚或比例失衡,他们就可能置身于算法编制的专属气泡之中。研究者通过问卷、访谈和自我报告等用户主观反馈方式,对用户网络使用的总体情况进行考察,发现多数用户会通过不同平台获取信息,从而形成相对均衡的用户信息结构[278-280]。Vaccari 等人[281]通过询问用户在推特遭遇不同政治观点的频率,将用户的政治态度分为支持、对立、中立和混合派,并根据四种类型的比例测量过滤气泡的作用程度。

以上检验方式分别从不同视角对过滤气泡进行解构和测量,这也为研究的开展提供了思路。当人们将过滤气泡理解为个体之间的信息差异时,有部分学者指出这种研究取向忽略了一个事实:当个体所接触的信息都是片面且单调的时,即便所有用户的信息完全保持一致,他们仍可能受困于过滤气泡之中[282,283]。因此,采用信息的差异化作为衡量过滤气泡的标准可能导致研究结果的偏差。此外,以信息的多样化作为检验过滤气泡的方式也存在可商榷之处。过滤气泡反映的是用户被个性化内容“包裹”的一种状态,仅从其定义出发,过滤气泡并没有对信息是否多元作出要求。假如用户接收的信息种类十分庞杂(具备了多样化特征),但其中某类内容占据了“半壁江山”,其他内容均类似于长尾部分,那么理论上该用户还是陷入了过滤气泡之中。但按照信息多样化的检验标准,此时过滤气泡却不存在。笔者认为,信息多样化的取向更适合于检验公共空间中的个体意见强化和群体极化现象,即“回音室效应”。综合以上三种检验方式,本书认为过滤气泡关注的是单个用户的信息结构是否存在偏倚或者失衡,而不是用户的信息接收是否具有“多样性”,也不完全是多个用户之间信息“相似性”的比较。以用户信息结构的均衡性作为衡量过滤气泡的指标,更加符合对这一概念的定义要求。

3. 用户兴趣与用户信息结构

本研究以用户信息结构的均衡性作为检验过滤气泡的标准。就平台媒体而言,如果基于用户兴趣所作的个性化推送与其他内容相比呈现压倒性优势,进而导致用户整体信息结构失衡,那么判定该平台存在过滤气泡效应。

笔者对“用户兴趣”和“信息结构的失衡”作了进一步细分和定义。首先,按照用户兴趣的显著性,将用户兴趣分为“显性兴趣”和“隐性兴趣”。显性兴趣是用户对自身感兴趣事物的主动披露，如用户注册账号时为自己标注的兴趣标签、主动添加相关兴趣领域的关注等；隐性兴趣则是平台基于用户在线行为和历史数据（如转评赞、搜索和浏览内容）对用户兴趣的揣测，它是算法间接推断的结果。其次，按照用户兴趣的持续时间将用户兴趣分为“长期兴趣”和“短期兴趣”。长期兴趣是用户日积月累形成的相对稳定的兴趣；短期兴趣是用户新近出现的、临时性的兴趣。

信息结构的失衡说明算法推荐中不同类型的内容推荐数量差异悬殊。在操作化层面，本研究定义，个性化内容的推送数量超过用户自身整体信息结构的50%，意味着用户的信息结构存在失衡现象。但有一种特殊情况需要注意，作为商业化媒介的微博、抖音、快手等平台媒体，为了留住用户和吸引更多流量，在作算法推荐时可能会对某些特定类型的内容存在“天然”偏好，导致部分内容的投放基数较大。在这种情况下，这些内容推荐的数量即使只有小幅增加，也可能导致用户信息结构的失衡。因此，只有在排除平台既有推荐基数的基础上，考察相关个性化内容推荐的增量才有意义。综合上述两点，本研究根据平台的推送结果，计算用户整体信息结构中个性化内容的占比，观察个性化内容的占比是否满足以下条件：第一，个性化内容的推送数量超过用户整体信息结构的50%；第二，在既有推送基数水平上，个性化内容推荐的增量显著。当同时满足以上两个条件时，判定平台存在过滤气泡效应。

综上所述，本研究对微博“推荐流”中的过滤气泡现象进行分析。区别于既往研究中用户信息的差异化和用户信息的多样化这两种考察方式，本研究采用信息的均衡性作为检验过滤气泡的标准。在研究方法上，通过三组实验分别考察用户兴趣（显性/隐性兴趣、短期/长期兴趣）对用户信息结构的影响，以验证过滤气泡在微博“推荐流”中是否存在。

三、研究方法与研究结果

1. 实验一

微博用户在注册时须填写性别、出生年月，同时选择自己“感兴趣的分类”，并从“为你推荐以下博主”列表中勾选感兴趣的账号（图 6.1）。由前文定义可知，那些用户主动公开的兴趣为显性兴趣，显性兴趣作为平台识别用户兴趣最直接的方式，通常会成为算法推荐的重要参照。实验一探究用户的显性兴趣在多大程度上影响用户整体的信息结构，从而判断微博是否存在过滤气泡效应。

图 6.1　新注册微博号的必填信息

实验一分别创建时事、体育和科教三类微博账号。在保持性别与出生年月相同的情况下，笔者在微博自动弹出的“感兴趣的分类”和“为你推荐以下博主”列表中为三个账号分别勾选涉及时事、体育和科教的所有兴趣类目及博主账号，并主动对三个账号所属领域的 20 位相关博主添加关注。同时，将微博的自我简介分别编辑为“看时事，观天下”“运动腹肌小达人”和“新手奶爸”，以此凸显账号所属的兴趣领域。此外，设立一个中立账号作为对照组。将一部 iPhone 手机恢复出厂设置，在未插入 SIM 卡且关闭定位的情况下，以访客身份选择“随便看看”浏览微博。笔者没有对该账号进行任何操作以及信息填写，以避免中立账号中含有用户的显性兴趣信息。为排除某一时段内微博集中推荐某些特定类别的内容，选择无重大新闻事件发生的时段抓取数据。笔者于 2020 年 9 月 14 日至 20 日和 10 月 23 日至 29 日每天下午 14:00 点登录四个微博账号，利用八爪鱼软件抓取前 40 条微博，按照编码表(表 6.1)对内容进行分类。

根据过滤气泡的假设，如果个性化推送占比超过用户整体信息结构的 50%，则判定微博“推荐流”存在过滤气泡。同时，为排除微博既有的信息推荐结构对结果造成的影响，笔者将未经任何训练的中立账号作为微博的初始模型，该模型反映了微博对信息内容的原始偏好。分别计算个性化内容在代理账号和中立账号中的占比，两者之差为个性化内容的增量。如果增量显著，证明过滤气泡存在。

表 6.1　　微博内容编码表

编码	类型
1	时事：硬新闻（如政治、军事、法治、国际、人事、三农、评论、港澳台等）、软新闻（如社会、人物故事等）
2	财经：股票、彩票、黄金期货、汇率、企业、房地产、GDP、投资等
3	科教：科学、科技、产品研发、科普、知识、教育、亲子、哺乳、讲座培训、升学、考试、校园、医疗卫生等
4	文娱：文艺（如歌剧、话剧、戏剧、舞蹈、电影、音乐、美术等）、文化（历史、地理、哲学、文学、宗教等）、明星、搞笑幽默、综艺、星座、宠物、动漫、游戏、情感等
5	生活：衣食住行（如穿搭、美妆、时尚、美食、家装居家、交通、汽车、旅游、摄影等）、运动健身、养生、收藏、园艺等
6	体育：体育明星、体育赛事等

2. 实验一的结果

四个账号共抓取有效微博 2 222 条，其中时事类账号 546 条、体育类账号 556 条、科教类账号 560 条、中立账号 560 条。结果显示，时事类账号中有 15.6%的推送内容为时事类，高于科教类账号（2.3%）、体育类账号（4.1%）和中立账号（10.2%）中时事内容的占比。科教类账号中有 33%的推送内容为科教类，高于时事类账号（10.8%）、体育类账号（7.9%）和中立账号（7.9%）中科教内容的占比。体育账号中有 20.7%的推送内容为体育类，高于时事类账号（4.8%）、科教类账号（7.5%）和中立账号（4.8%）中体育内容的占比（图 6.2、表 6.2）。

单独来看，三个体现用户显性兴趣的账号均表现出对个性化内容的明显偏向，且偏向程度超过了中立账号的情况，说明用户的显性兴趣的确会对微博的个性化推送构成影响。此外，与中立账号相比，三个账号个性化内容的增量分别为 5.4%（时事类账号）、25.1%（科教类账号）和 15.9%（体育类账号），科教类账号和体育类账号的个性化内容增幅较大，似乎存在构建过滤气泡的风险。但如果我们从用户的整体信息结构来看，三个账号的个性化内容占比分别为 15.6%（时事账号）、33%（科教账号）和 20.7%（体育账号），个性化推送并没有形成绝对的占比优势（小于 50%）。除了个性化内容之外，用户的信息食谱中还包括生活类、娱乐类等各种其他信息。因此，本研究认为用户的显性兴趣的确减小了微博“推荐流”中其他类型内容的推送比例，但远没有达到对用户信息结构造成威胁的地步，过滤气泡效应不成立。

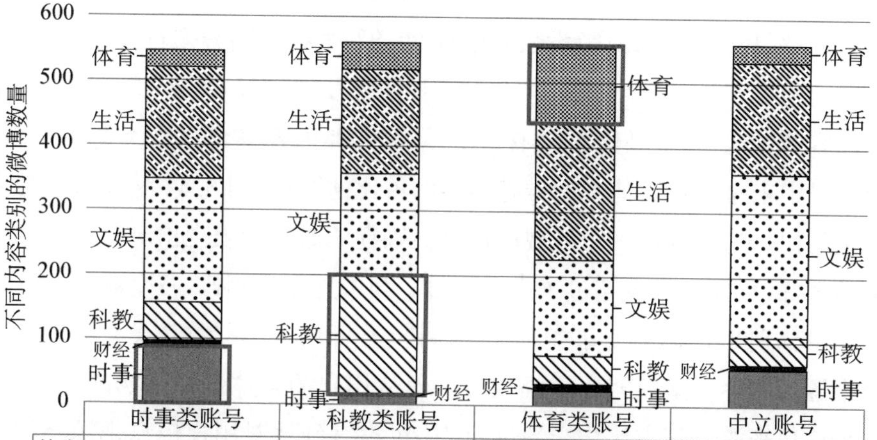

	时事类账号	科教类账号	体育类账号	中立账号
体育	26	42	115	27
生活	172	161	213	173
文娱	192	157	149	252
科教	59	185	44	44
财经	12	2	10	7
时事	85	13	23	57

■时事 ■财经 ▨科教 ⊡文娱 ▨生活 ▩体育

图 6.2　时事/科教/体育类与中立账号的微博推荐内容分类统计图

表 6.2　时事/科教/体育类账号与中立账号推荐内容百分比及百分比增量统计表

	时事类	财经类	科教类	文娱类	生活类	体育类
时事账号	15.6%	2.2%	10.8%	35.2%	31.5%	4.8%
科教账号	2.3%	0.4%	33.0%	28.0%	28.8%	7.5%
体育账号	4.1%	1.8%	7.9%	26.8%	38.3%	20.7%
中立账号	10.2%	1.3%	7.9%	45.0%	30.9%	4.8%
时事账号－中立账号	5.4%	0.9%	2.9%	－9.8%	0.6%	0%
科教账号－中立账号	－7.9%	－0.9%	25.1%	－17%	－2.1%	2.7%
体育账号－中立账号	－6.1%	0.5%	0%	－18.2%	7.4%	15.9%

接下来,考察用户的显性兴趣对用户信息来源结构的影响。微博会为每位博主标注“领域标签”(图 6.3)。笔者将微博的标注结果作为信息来源的分类标准,对所抓取内容的发布渠道进行分类。结果显示,时事类账号中有 13.4%的推荐内容来自时事类博主,时事类博主在其余账号信息来源的占比分别为 5.2%、6.1%和 10.5%;科教类账号中有 29.8%的推荐内容来自科教类博主,远高于其他两类账号(14.1%和 8.1%)和中立账号(6.8%)中来自科教类博主的推荐内容的占比;体育类账号中有 20.5%的推荐内容来自体育类博主,至少是其他账号中来自体育类博主的推荐内容的占比的 2 倍(图 6.4、表 6.3)。与之前的结论类似,单独来看,三个体现用户显性兴趣的账号均表现出对所属信息来源较强的偏好,且偏向程度超过了中立账号。与中立账号相比,三个账号个性化内容的增量分别为 2.9%(时事类)、23%(科教类)和 16.4%(体育类),科教类和体育类来源的内容与基数相比增幅较大。但从用户的整体信息结构来看,三个账号的个性化来源内容占比均未超过 50%,也没有到达对用户信息来源结构造成“偏食”的地步。因此,微博“推荐流”的过滤气泡效应并不成立。

图 6.3　博主的“领域标签”

表 6.3　时事/科教/体育类账号与中立账号推荐来源百分比及百分比增量统计表

	时事类	财经类	科教类	文娱类	生活类	体育类
时事账号	13.4%	4.0%	14.1%	34.1%	31.5%	5.1%
科教账号	6.1%	0.4%	29.8%	30.2%	26.3%	7.3%
体育账号	5.2%	2.5%	8.1%	31.8%	31.8%	20.5%
中立账号	10.5%	1.6%	6.8%	45.2%	31.8%	4.1%
时事账号－中立账号	2.9%	2.4%	7.3%	－11.1%	－0.3%	1%
科教账号－中立账号	－4.4%	－1.2%	23%	－15%	－5.5%	3.2%
体育账号－中立账号	－5.3%	0.9%	1.3%	－13.4%	0%	16.4%

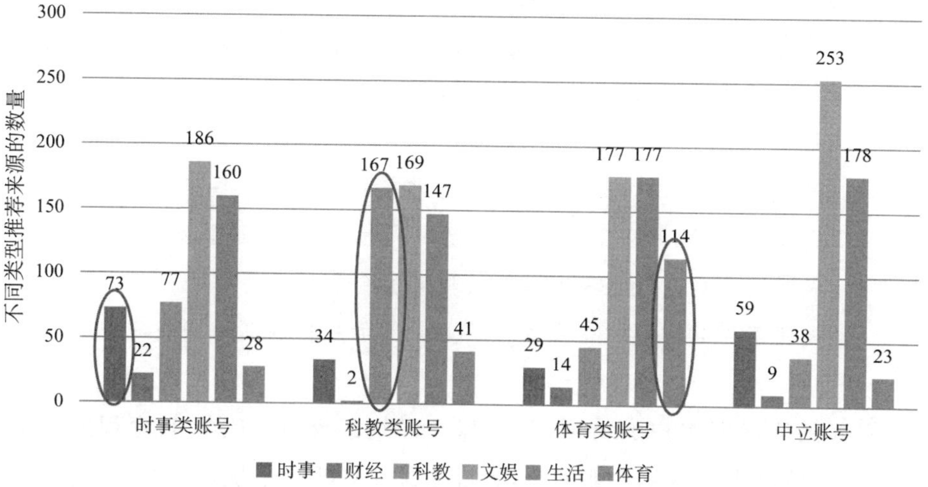

图 6.4　时事/科教/体育类账号与中立账号的微博推荐来源分类统计图

3. 实验二

隐性兴趣是平台根据用户行为及其历史数据所作的推断。为获取用户的隐性兴趣对用户信息结构的影响，本研究引入“探索性代理人测试模型”[271,284]的研究方法。这一研究方法在西方已有不少尝试，但在国内应用得较少。“探索性代理人测试模型”选取几类典型用户并拟合其行为，从而获取与真实用户在算法情景下相似的推荐结果。笔者以《2018 微博用户发展报告》中的真实用户为蓝本[285]，结合微博用户独特的肖像特征以及使用习惯，建立了四种典型的微博用户模型。每一种用户模型都代表了规模庞大的用户群体，基本能够涵盖大部分微博用户的兴趣偏好和媒介使用行为。此外，模拟用户的细节也参考了报告中不同用户群体对内容的具体偏好进行操作，以最大程度地还原用户在实际微博使用语境下的行为。四种用户模型分别为：第一类，美妆类博主的粉丝用户。微博现有时尚美妆类兴趣用户 4.2 亿，该领域的人群画像中 75%为女性，73%的用户情感状态显示单身，“90 后”人数突出，且多数为生活在一、二线城市的高知人群。第二类，剧综类（电视剧和综艺）博主的粉丝用户。微博泛剧综用户总量超过 3 亿，其中“95 后”占比最高。第三类，财经类博主的粉丝用户。用户画像特征集中体现为高学历、高收入的成熟年龄人群，其中 23—39 岁用户占 75%，90%拥有大学及以上学历。第四类，母婴育儿类博主的粉丝用户。自“二孩”“三孩”政策实施以来，该群体增势显著，其中年轻“奶爸”占 45%、“85 后”占 24%，大学本科学历群体占比 83%。上述四种类型均代表了微博中较为主流的用户群体，笔者据此创建了符合上述“人设”的四位代理用户：

代理用户 A：一位 28 岁硕士单身爱美的北京女青年；
代理用户 B：一位 22 岁中专学历的女性剧综迷、追星女粉丝；
代理用户 C：一位 38 岁高收入陆家嘴金融行业男博士；
代理用户 D：一位 34 岁本科毕业后参加工作的新手爸爸。

根据每位代理用户的特征，分别建立详细的性别、年龄、教育程度等信息（表 6.4）。在注册代理用户账号时，为排除显性兴趣的干扰，单独考察隐性兴趣对用户信息结构的影响，四位代理用户均对“感兴趣的分类”和“为你推荐以下博主”列表进行了全选（注：微博不允许用户跳过此步骤），并在自我简介一栏保持空白，从而使四位代理用户账号的显性兴趣保持一致。参照以往“探索性代理人测试模型”的操作方式，此类研究分为“训练”与“测试”两个阶段。第一阶段，对四个代理用户账号进行为期一周的训练。笔者在 2020 年 10 月 12 日至 18 日期间，每天重复如下操作：①在“微博搜索”栏中搜索与代理用户兴趣相关的 5 个关键词，根据推荐结果点击页面中的前 5 条内容；②点击微博推荐中 5 条与代理用户兴趣相关的内容进行阅读，并在博文位置停留一段时间，使之计为有效阅读；③转发或发布 5 条与代理用户兴趣相关的微博；④为符合代理用户兴趣的 5 条微博点赞和评论；⑤使用代理用户的微博账号登录澎湃、抖音、豆瓣、小红书中的任意一款应用，并在该应用软件上点击或转评赞与代理用户兴趣相关的内容。此外，继续设立一个中立账号作为对照组，笔者在对“感兴趣的分类”和“为你推荐以下博主”列表进行全选后未进行任何操作，以保证中立账号的显性兴趣与其他代理用户账号相同，并且不含任何隐性兴趣的行为。训练结束后，进入测试阶段。笔者于 2020 年 10 月 19 日至 22 日，连续 4 天记录代理用户 A、B、C、D 和中立账号的前 40 条内容并进行分类[①]。

① 2020 年 10 月 19 日至 22 日，除了记录微博的推荐内容外，笔者继续保持对账号的隐性化操作。每日优先记录推荐结果，随后再进行隐性兴趣的操作。

表 6.4　　代理用户账号的基本信息

	代理用户 A	代理用户 B	代理用户 C	代理用户 D	中立账号
账号名称	微博用户 7511574026	微博用户 7511571949	微博用户 7507686634	微博用户 3802364838	微博用户 7614894763
人设	28 岁硕士单身爱美的北京女青年	22 岁中专学历的女性剧综迷、追星女粉丝	38 岁高收入陆家嘴金融行业男博士	34 岁本科毕业后参加工作的新手爸爸	无
出生年月	1992.9.24	1998.9.24	1982.9.26	1986.9.26	1990.8.19
性别	女	女	男	男	男
教育程度	硕士	中专	博士	本科	无
显性兴趣部分					
感兴趣的分类	全选				
为你推荐以下博主	全选				

（注：上述代理用户账号的注册时间均为 2020 年）

4. 实验二的结果

在对所抓取的四个代理账号中的 681 条微博和对照组中的 160 条微博进行分类后，结果显示，代理用户 A（美妆穿搭人设）中 45.8%的推荐内容属于生活类，生活类推荐内容在其余代理用户 B、C、D 和中立账号中的占比仅为 26%～38%。代理用户 B（剧综人设）中 53.5%的推荐内容属于文娱类，均高于文娱类推荐内容在其余账号中的占比；代理用户 C（财经人设）中 31%的推荐内容属于财经类，至少是其余账户中财经类推荐内容的 12 倍；代理用户 D（科教人设）中 34.4%的推荐内容属于科教类，至少是其余账号中科教类推荐内容的 4 倍（图 6.5、表 6.5）。代理用户 A、B、C、D 均表现出对个性化内容较强的偏向，且偏向程度均超过了中立账号的情况，说明用户的隐性兴趣会对微博的个性化推送构成影响。从用户的整体信息结构来看，代理用户 A、C、D 仍然保持了相对均衡的信息结构，并未出现比例上的偏倚（个性化内容占比均小于 50%）。再来看代理用户 B，其个性化内容占比为 53.5%，看似信息结构失衡，但考虑到微博本身对于文娱类内容的推送基数较大（占 47.5%），在排除既有信息结构的影响后，个性化推荐的增量仅为 6%。增量并不显著，因此尚不能证明过滤气泡的存在。

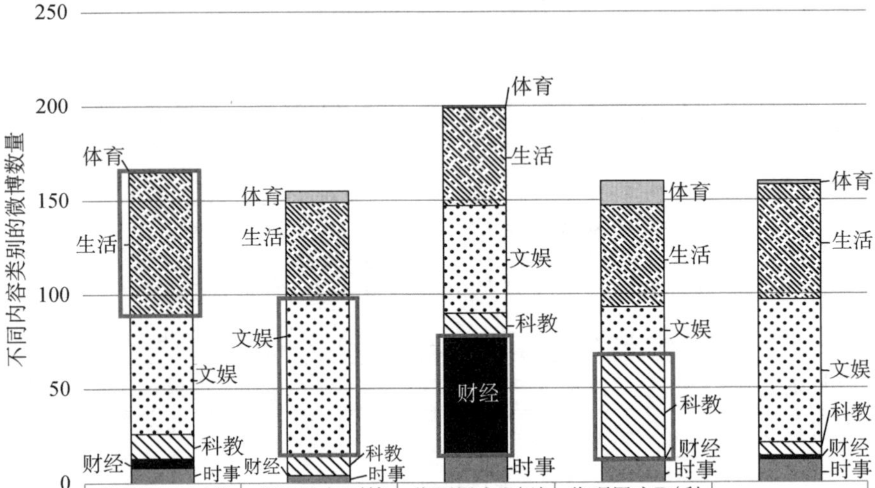

	代理用户A(美妆穿搭人设)	代理用户B(综艺人设)	代理用户C(财经人设)	代理用户D(科教人设)	中立账号
体育	1	6	1	13	2
生活	76	51	52	54	61
文娱	63	83	57	25	76
科教	13	11	12	55	7
财经	5	0	62	1	2
时事	8	4	16	12	12

■时事 ■财经 ▧科教 ⊡文娱 ▩生活 □体育

图 6.5　代理用户账号与中立账号的微博推荐内容分类统计图

表 6.5　四位代理用户与中立账号推荐内容百分比及百分比增量统计表

	时事类	财经类	科教类	文娱类	生活类	体育类
代理用户 A	4.8%	3%	7.8%	38%	45.8%	0.6%
代理用户 B	2.6%	0%	7.1%	53.5%	32.9%	3.9%
代理用户 C	8%	31%	6%	28.5%	26%	0.5%
代理用户 D	7.5%	0.6%	34.4%	15.6%	33.8%	8.1%
中立账号	7.5%	1.3%	4.4%	47.5%	38%	1.3%
代理用户 A—中立账号	−2.7%	1.7%	3.4%	−9.5%	7.8%	−0.7%
代理用户 B—中立账号	−4.9%	−1.3%	2.7%	6%	−5.1%	2.6%
代理用户 C—中立账号	0.5%	29.7%	1.6%	−19%	−12%	−0.8%
代理用户 D—中立账号	0%	−0.7%	30%	−31.9%	−4.2%	6.8%

图 6.6 展示了四个代理用户和中立账号中信息来源结构的情况。结果显示，在代理用户 A(美妆穿搭人设)中，有 42.2%是来自生活类博主所发布的内容，超过其他三个代理用户及中立账号中来源生活类博主的内容占比；在代理用户 B(剧综人设)中，有 51%是来自文娱类博主所发布的内容，占比超过了其他三个代理用户及中立账号中来源文娱类博主的内容占比；在代理用户 C(财经人设)中，有 25.5%是来自财经类博主所发布的内容，至少是其他账号来源财经类博主的内容占比的 10 倍；在代理用户 D(科教人设)中，有 31.3%是来自科教类博主所发布的内容，至少是其他账号来源科教类博主的内容占比的 3 倍(表 6.6)。代理用户 A、B、C、D 都对其偏好的信息来源展现出较强的倾向，且倾向程度均超过了中立账号，说明用户的隐性兴趣会对微博个性化推送的来源构成影响。从用户的整体信息来源结构来看，代理用户 A、C、D 均保持了相对均衡的信息来源结构。对代理用户 B 来说，其个性化信息来源占比为 51%，看似信息来源结构失衡，但结合微博对文娱类博主内容的天然偏好(占 45.6%)，实际个性化推荐的增量仅为 5.4%。增量并不显著，同样不能证明过滤气泡的存在。

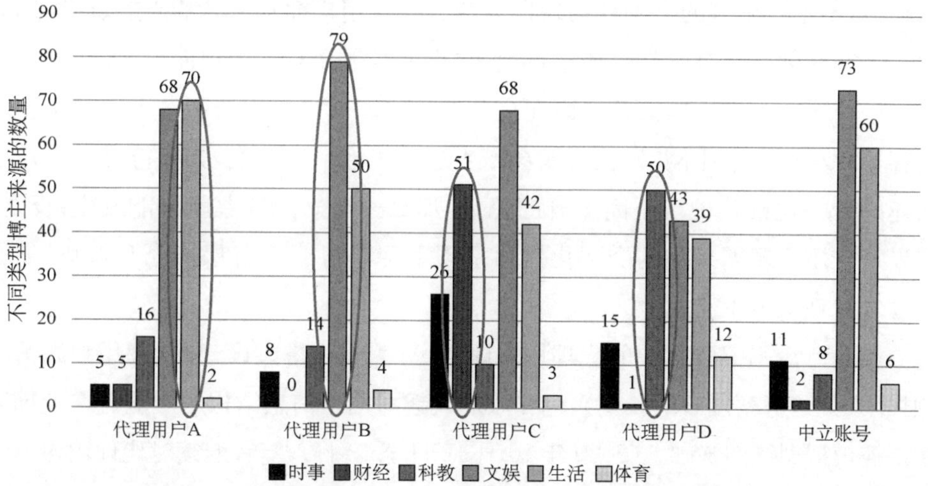

图 6.6　代理用户 A、B、C、D 与中立账号推荐来源分类统计图

表 6.6　四位代理用户与中立账号推荐来源百分比及百分比增量统计表

	时事类	财经类	科教类	文娱类	生活类	体育类
代理用户 A	3%	3%	9.6%	41%	42.2%	1.2%
代理用户 B	5.2%	0%	9%	51%	32.3%	2.6%
代理用户 C	13%	25.5%	5%	34%	21%	1.5%
代理用户 D	9.4%	0.6%	31.3%	26.9%	24.4%	7.5%
中立账号	6.9%	1.3%	5%	45.6%	37.5%	3.8%
代理用户 A—中立账号	−3.9%	1.7%	4.6%	−4.6%	4.7%	−2.6%
代理用户 B—中立账号	−1.7%	−1.3%	4%	5.4%	−5.2%	−1.2%
代理用户 C—中立账号	6.1%	24.2%	0%	−11.6%	−16.5%	−2.3%
代理用户 D—中立账号	2.5%	−0.7%	26.3%	−18.7%	−13.1%	3.7%

5. 实验三

实验三观察用户兴趣突然发生改变时，微博“推荐流”会有怎样的变化。由前文定义可知，用户相对稳定的兴趣被称为长期兴趣，用户新近出现的兴趣则被称为短期兴趣。在具体操作中，本研究将保持 1 个月以上的兴趣视为用户的长期兴趣，不足 1 个月的兴趣视为短期兴趣。一旦用户拥有了新的兴趣点（短期兴趣），微博立刻就会对此类兴趣进行内容“投喂”，那么对于用户而言，微博就是在以最快的速度为用户构筑起一面面全新的“围墙”。当与用户新的兴趣点相关的内容推荐高达一定比例时，就可能会产生过滤气泡。换言之，如果符合用户短期兴趣的个性化推荐呈现不断上升的趋势，那么过滤气泡现象就可能发生；反之，如果符合用户短期兴趣的个性化推荐呈现下降趋势或没有保持上升趋势，那么过滤气泡现象就不会发生。

实验三沿用实验二中的代理用户账号 A（美妆穿搭人设）和代理用户账号 C（财经人设），考察用户的长期兴趣和短期兴趣对用户信息结构的影响。在前期隐性兴趣模拟训练的基础上（2020 年 10 月 12 日至 18 日），笔者继续对代理用户 A、C 进行训练，直至满 1 个月。训练结束后，笔者将代理用户 A 与代理用户 C 的兴趣互置——美妆穿搭人设转向财经人设，财经人设转向美妆穿搭人设，两个代理用户分别根据对方的兴趣领域进行隐性兴趣的训练操作（2020 年 11 月 13 日至19日)。自双方互置兴趣的第一天起,对微博的内容推荐进行记录,观察两个代理用户账号的变化趋势。

6. 实验三的结果

代理用户A与代理用户C互置兴趣后,笔者重点就"生活类"与"财经类"内容每天的增益情况进行统计。就财经类内容的情况来看,当美妆穿搭人设转向财经人设后,代理用户A的财经类内容推荐陡增(图6.7黑色折线);与之相对应,当财经人设转向美妆穿搭人设时,代理用户C的财经类内容推荐锐减(图6.7灰色折线)。由此可判断,在互置兴趣后,微博能够在第一时间洞悉用户的兴趣变化,并立刻通过投放更多符合用户短期兴趣的内容,对用户新的兴趣点予以积极回应。生活类内容的推荐情况也验证了上述观点,当财经人设转向美妆穿搭人设后,代理用户C的生活类内容推荐陡增(图6.8灰色折线);与之相对应,当美妆穿搭人设转向财经人设时,代理用户A的生活类内容推荐锐减(图6.8黑色折线)。

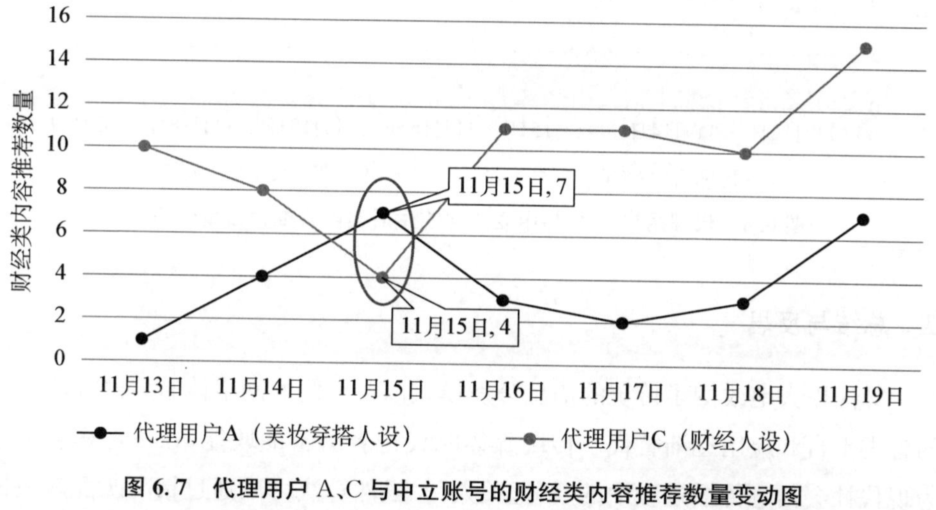

图6.7　代理用户A、C与中立账号的财经类内容推荐数量变动图

有趣的是,在经历了短期兴趣内容"投喂"占据上风后,这种攀升的趋势并未持续下去,两个代理用户账号的推荐情况在互置兴趣后的第3、4天出现转折。2020年11月15日,代理用户A的财经类内容推荐开始逐步减少(图6.7黑色折线),而代理用户A的生活类内容推荐在同一天呈现缓慢上升的趋势

(图 6.8 黑色折线)。与之相似,代理用户 C 的生活类内容推荐自 2020 年 11 月 16 日起也经历了下降(图 6.8 灰色折线),而代理用户 C 的财经类内容推荐在 2020 年 11 月 15 日后陡然上升,并在波动中呈现攀升态势(图 6.7 灰色折线)。这说明微博并不因为用户短期兴趣的出现,而罔顾其日积月累所形成的长期兴趣。基于用户短期兴趣的内容推荐在经历短暂的上升后逐步下降,微博并不会根据用户的短期兴趣制造过滤气泡,用户的长期兴趣会在后续推荐中继续发挥作用。

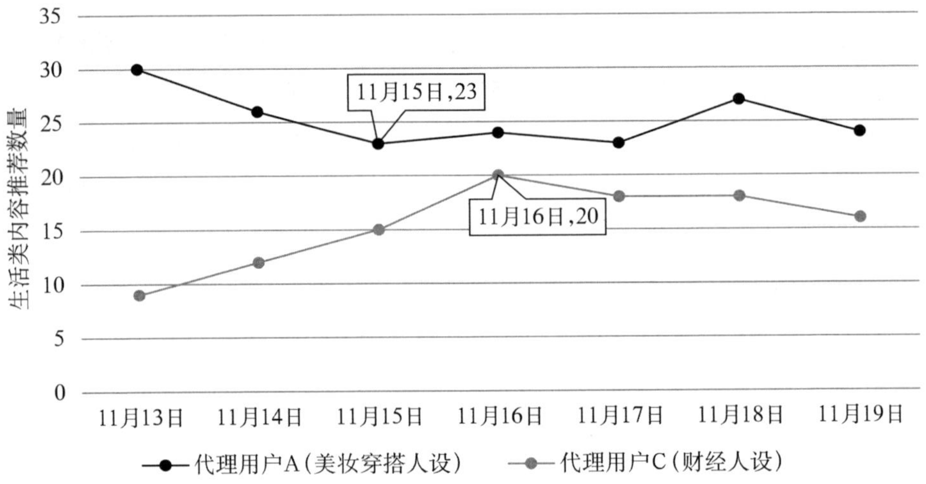

图 6.8　代理用户 A、C 与中立账号的生活类内容推荐数量变动图

四、总结与反思

算法极大地改变了传统的信息分发模式以及人们的网络体验。由算法主导的各类平台和应用逐渐替代了传统媒体时代记者编辑的职能,在一定程度上成为现代社会信息传播过程中的"新把关人"。虽然算法可以通过精准匹配解决网络化时代"数据过载"的问题,但随着匹配程度的不断提升,新闻业界与学界普遍开始担忧这种个性化信息的推荐方式可能会放大、强化用户的某些兴趣趋势,引发所谓的过滤气泡现象。本书的研究结果或对这些疑惑提供一些回应和澄清。具体而言,本研究将用户信息结构的均衡性作为检验过滤气泡的标准,考察过滤气泡效应在微博"推荐流"中的发生程度。

本研究首先论证了用户信息结构的均衡性这一研究取向的合理性。长期以来，经典研究中存在三种截然不同的检验过滤气泡的方法。在对三者进行比较后，本研究认为，采用信息的差异化和信息的多样化作为衡量过滤气泡的标准可能导致研究结果的偏差。过滤气泡所关注的是单个用户的信息结构是否存在偏倚或者失衡，而不是用户的信息接收是否具有"多样性"，也不是多个用户之间信息"相似性"的比较。因此，本研究采用信息结构的均衡性来检验过滤气泡效应，通过计算个性化内容的占比来判定过滤气泡的发生程度。这一研究取向和具体操作方式也为后续实证研究的开展提供了路径遵循。

研究结果表明，微博用户的确会接收更多基于自身兴趣所推荐的个性化信息，但尚未达到产生过滤气泡的地步。人们对于微博算法操纵下信息窄化的担忧可能是多余的。实验一表明，用户的显性兴趣并不会造成用户信息内容结构和用户信息来源结构的失衡。用户的自我披露行为是平台媒体"认识"用户的第一步，这些信息会作为个性化推荐的部分依据。微博"推荐流"除了满足用户的个性化需求，还推送了用户显性兴趣之外的其他各类信息，从而维护了微博用户信息食谱的相对均衡。与用户主动的兴趣披露不同，用户的隐性兴趣则是由算法根据用户的使用行为和历史数据推断而来，它是一种相对间接的用户兴趣的体现。用户的隐性兴趣是微博观察并了解用户非常重要的窗口。从用户的整体信息结构来看，实验二中的绝大部分代理人账号都保持了相对均衡的信息食谱，尽管有一个代理人账号中的个性化内容推送占比超过了50%，但结合微博"推荐流"自身的基础推送比例来看，个性化内容推送的增量并不显著。因此，目前也没有足够的证据证明用户的隐性兴趣会造成用户信息结构的失衡，进而产生过滤气泡。

有趣的是，当面对用户新出现的兴趣点时，微博并没有简单地根据用户的短期兴趣进行个性化推送，从而为用户构建起一个个全新的过滤气泡。实验三表明，微博对用户兴趣的改变保持高度敏感，基于用户短期兴趣的个性化内容推送会在刚开始时经历一阵明显的上升，但这种增长态势并没有一直持续，用户的长期兴趣会在后续内容推荐中逐步"发力"，影响甚至主导了算法推荐。换言之，通过对用户兴趣变化实时且精准的探测，微博理论上已经具备了快速构筑过滤气泡的能力，但在实际操作过程中，通过维持一定比例的与用户固定兴趣相关的内容,微博阻止了伴随用户短期兴趣的个性化内容推送的增长而可能产生的过滤气泡的出现。微博用户最终处于一个相对均衡多样的信息环境之中。值得注意的是,在“2020 全球人工智能技术大会”上,新浪微博机器学习团队 AI Lab 负责人张俊林提出,当前平台媒体竞争日益激烈的环境下,面对快速变动的用户兴趣,微博需要“更快地捕捉到用户的行为、兴趣的变化,把兴趣点体现到模型中,并实时更新。再做下一刷的时候,新兴趣可能就体现出来”[224]。根据这位微博算法团队中的核心成员所言,不难预测下一阶段微博算法的改进重点将放在对新兴趣点的高密度挖掘,这是否意味着用户的长期兴趣会被算法淡化甚至遗忘目前仍是未知数,有关长期兴趣与短期兴趣对内容推荐的影响有待持续验证。

本研究还存在以下不足:第一,人们在对平台媒体的实际使用过程中,类似实验账号那样重复对某一类固定兴趣进行操作的可能性较低。个体往往有着多元且复合的兴趣偏好,用户的实际行为要比实验测试中的更加复杂和多变。第二,本研究只是基于多个实验案例的探索,确定性的结论需要进一步增加实验账号以及代理人账号的样本数量和样本类型进行检验和比较。第三,平台本身价值标准的嬗变、社会政策导向等内在和外在因素决定了算法规则始终处于更迭之中,一个微小的调整可能导致整个推荐结果的巨大差异。因此,本研究的结论也需要与时俱进,不断修正和调试以适应新的算法规则。

第二节　从大众媒介到平台媒体:提防“媒介食谱”走向结构性失衡

在大众媒介时代,以记者编辑为代表的“把关人”对内严格遵循组织机构内的一套章程标准,对外接受社会体制的规约,并在上述各类社会因素的合力作用下进行新闻生产,最终形成对“什么可见/不可见”“如何呈现可见性”的决定。尽管对于新闻的选择标准说法不一,但目前较为受到认可的是 Lee 所概括的:“新奇性、冲突性、趣味性、重要性、影响性、耸动性、时效性和接近性[255]。”上述这些价值标准共同构成了做新闻的一种“直觉”,指导着记者、编辑的日常新闻实践。拥有专业化新闻生产资质的机构或从媒体业者,凭借较为完善的新闻价值判断、媒介素养以及来自社会各方的监督与批判,共同确保了受众日常“媒介食谱”(media diet)的均衡性——在兼顾不同类型的社会重大事件的同时，对主流观点进行呈现。

网络化媒介所建构的可见性，在大众媒介的基础上为用户营造了一个更为复杂多元的信息环境。第一，网络并非只会对已经进入公众视野的重大社会事件进行报道，那些初露端倪、处于萌芽状态的事件经过网络的放大与扩散最终演变为真正的新闻事件，互联网作为忠实的记录者，将事态的过程完整保留。用户可以随时随地查看，通过关联其他相关事件、贴吧论坛置顶、评论留言赋予已经“尘封”的事件新的意义。第二，互联网最大限度地包容了不同观点之间的博弈。主流观点吸纳了庞大的民意在网络空间中迅速发酵，但网络化媒介最具魅力的地方还在于用户能够在其中看到形形色色非大众化，甚至是少数派的观点呈现，各种针锋相对的观点都得到了“展演”的机会，在丰富了舆论的要素的同时，也诠释了“在互联网中你并不孤单”的意义。然而，这种多元话语的并置带来的一个后果便是网络空间中意见的碎片化呈现，民意的共识很难达成。用户看到的观点不一定符合他的意志理念，你可以不喜欢甚至是反对，但这并不阻止他人言说的自由。

在本章的第一节中，我们通过实验法验证了微博的确会基于用户兴趣推送相关个性化的内容，但目前尚没有明确的证据证明“过滤气泡”效应会在微博“推荐流”中发生。尽管这一研究发现与传统认知中算法过滤会导致信息窄化的结论不同，但这并不意味着我们可以放松对类似“过滤气泡”“信息茧房”和“回音室”等效应的警惕。信息窄化的过程总是悄然无声的，被禁锢在“气泡”中的用户往往会在应接不暇的个性化内容中迷失自我而不自知。谷歌、推特、微博、微信、今日头条、抖音等新一代的网络“过滤器”通过观察你可能喜欢的事物——你实际做过什么或者和你相似的人喜欢什么——试图推断你的喜好[139]，这已成为公开的秘密。平台媒体通过“算法推断”这一过程，不断创造和完善一整套关于“你”的理论：你是谁，你下一步会做什么，你想要什么。这一推断的后果便是，平台媒体为用户精心打造了一个独特的信息世界，这从根本上改变了人们接触观念和信息的方式。

一个可能发生的后果是，人们的“媒介食谱”正在迅速走向贫瘠化。在网络空间中，用户可以得到不规则且碎片化的多样性，在任何层面上，甚至在一个非常狭窄的信息范围内，都可以发现很多不同的声音和观点。然而，平台媒体却并没有继承互联网的这一特性，以算法为基础的信息过滤机制会主动过滤掉那些被认为用户不感兴趣的信息,使用户逐渐局限于同质化的信息与意见“茧房”之中。一个“单声道”传播的场域只会导致用户信息结构的失衡[286]。我们无法想象,在大众媒介时代尤其是网络化媒介时代,自己会与他人完全共享一套框架和体系,但在“过滤气泡”中,只有与你相同的人。“过滤气泡”犹如一种离心力,将人们分拆拉开。在这个时代,共享信息才是共享经验的基石,然而在平台媒体精心打造的“过滤气泡”中,没有对话、没有思辨,唯有不断走向孤独的用户。

代码通过用户画像构建起用户的信息环境,而这种信息环境又会进一步塑造用户未来的偏好。这意味着用户对平台媒体的依赖程度越高,他们主动寻求新信息的能力也就越弱。从这个角度来说,算法推荐可能改变用户的思维与认知方式,它正在抹杀人们的创新性和事物的其他可能性。消费符合人们世界观的信息总是轻松和愉悦的,而消费能够促使人们以新方式进行思考或质疑人们现存假设的信息则往往令人感到沮丧和困难。平台媒体利用了人性的弱点,使人们欣然沉浸在我们已经熟悉(并且已经认可)的环境周围,个体如井底之蛙一般,助长他们一叶障目般的短见。由于对矛盾方信息缺乏必要的认知,人们容易对自己的思维框架过于自信,单一化的信息最终塑造出偏执的受众[287]。

然而,这还不是算法推荐最糟糕之处,很多时候算法是“不可见”的,它对事物的遮蔽往往悄无声息。当人们翻阅一份报纸,浏览并跳过大部分其他文章时,至少知道哪些报道或报道中的章节是自己跳过的。即便没有阅读,仍会注意到文章的标题是关于什么的,或者被提醒今天还有什么新闻是值得注意的。又比如大多数观众在看新闻时,心中大概知道哪个频道持有怎样的立场,用户清楚自己正在使用什么样的“滤镜”来了解这个世界。但是平台媒体不一样,它的过滤机制使得用户根本意识不到自己错过了什么——从用户的信息环境中自动移除一些内容,导致用户难以看见事物的全貌。平台媒体将“空白点”删除,把“已知的未知”变成“未知的未知”[139]。平台媒体不会告诉你它认为你是谁,不会告诉你你的可见性结果的依据为何。我们永远无法同时体验整个世界,但最好的信息工具能让我们了解自己所处的位置,以及看待事物的态度与立场。然而个性化的“过滤器”通常没有“拉远镜头”的功能,所以用户很容易迷失方向,认为世界是一个狭窄的岛屿,而实际上它是一个巨大的、多变的大陆[139]。

综上,笔者回顾并总结了从大众媒介到网络化媒介,再到现如今平台媒体在

“信息环境的建构”方面所经历的变迁，主要观点提炼如表 6.7 所示。

表 6.7　不同媒介中介的可见性所带来的社会影响对比表（在信息环境的建构方面）

<table>
<tr><th>社会影响</th><th>人际传播
的可见性</th><th>大众媒介
中介的可见性</th><th>网络化媒介
中介的可见性</th><th>平台媒体
中介的可见性</th></tr>
<tr><td rowspan="3">信息环境</td><td>异质化的媒介食谱</td><td>同质化
但均衡的媒介食谱</td><td>异质化
且均衡的媒介食谱</td><td>同质化
且偏颇的媒介食谱</td></tr>
<tr><td rowspan="2">信息是否均衡取决于人与人之间交往的深度与广度</td><td>对各类主流观点的呈现</td><td>对各类主流观点进行呈现，同时容纳非大众化，甚至是少数派的观点</td><td rowspan="2">对用户感兴趣的信息进行呈现，可能使人逐步局限于同质化的信息与意见之中。人与人之间形成相互隔绝的“信息孤岛”</td></tr>
<tr><td>对不同类型社会重大事件的呈现</td><td>不分事件大小，对各类已形成的、正在形成或还未形成的事件进行呈现</td></tr>
</table>

第三节　大众媒介的权力结构：论精英的兴与衰

一、打造权威与光环的神话

在古代及中世纪社会，当权者很少在公共场合露面，大部分的公开露面都发生在政治中心——宫廷议事大厅或首都的街道和广场，住在乡村或边陲地区的人们鲜有机会亲眼目睹君王的风采[288]。然而，随着大众媒介的发展与普及，举国上下共同观看由掌权者或政治精英参与的公共事件成为可能。此后越来越多的公开场面，如加冕仪式、皇室葬礼、奥运会等体育赛事，在经过精心策划和编辑修饰后得以呈现给远距离的大众，成为“媒体事件”。通过出席仪式和对公共事件进行展演，统治者在拓展自身可见性的同时也在公众面前树立起威信。

为了更好地控制人们何时、在何种场合，以及如何“看见”自己，寻找合适的信道和对原材料加工处理的“把关”（gatekeeping）过程就变得尤为重要。统治者很快意识到了这一点，他们不仅将这种新的传播手段当作宣传国家法令的工具（vehicle），更是将大众媒介作为一种自我形象（self-image）建构的“武器”。早期的现代欧洲君主，如法国的路易十四（Louis ⅩⅣ）、西班牙的菲利普四世（Philip Ⅳ），就将自己的君主形象印刻于油漆、青铜、石头和挂毯上，当时流行的印刷媒体（如小册子和期刊）也开辟专门的版面营造君主形象[289]。在路易十四统治期间，每周出版两期的《法国公报》（*Gazette de France*）更是预留版面定期报道国王出访等消息，以供那些居住于遥远地域的人们共同庆贺他们伟大的国君。通过精心设计的自我表征，巧妙安排个体在现代政治的中介化领域的可见性，政治精英们获取了民众的信任与支持[291]。

电子媒介丰富的符号语言，同时还赋予了人物更加立体的形象。广播、电视等大众媒介建构出一种遥远的"非互惠型的亲密关系"（non-reciprocal intimacy at a distance），通过电视或广播人们可以亲密接触原本遥不可及的公众人物，尽管这种接触方式是一种"非对称的可见性"——只有受众能够看到公众人物，反之则不然。例如广播增进了传者与听者间的亲密程度，"个性化的说话声……绕开理性分析，激发情感纽带"[292]，曾经习惯与公众保持社交距离的政治演说家运用类似"炉边谈话"（fireside chats）的说话技巧，有效拉近了他们与听者之间距离，赋予谈话双方一种只有在"面对面"互动时才会产生的人格魅力与亲和力。借助大众媒介技术，政治精英甚至可以像对待家人或朋友那样对待他的公民[293]。过去，政治领袖的光环依靠他与公民之间保持距离而维持，而如今的大众媒介在消弭人与人之间距离感的同时，也赋予政治领袖作为"自然人"（human beings）的饱满人格，使他们拥有展示"我是你们中的一员"的能力。

综上所述，一方面政治精英开始学会技巧性地借助大众媒介建构自我形象，大众媒介通过"把关人"（gatekeeper）机制对内容进行过滤和筛选；另一方面，大众媒介极具感染力的符号语言增强了公众人物的亲和力，这也进一步巩固了统治者的权力地位。看上去，统治者与大众媒介的"合谋"（conspiracy）有效控制了人们"观看"的内容及"观看"的方式和感受，但也有越来越多的研究同时指出，大众媒介这把"双刃剑"并非每次都会按照统治者的意愿对事物进行呈现，稍不留意，事态就可能向不利于统治者的一面发展。

二、"后台前置"：神话的解构

戈夫曼借鉴舞台表演语言，提出"后台"与"前台"的概念区分[294]。在"拟剧理论"（dramaturgical theory）中，戈夫曼将日常生活中的人类行为解释为特定场景中的“角色表演”(performance)，其中“前台”(front region)是面向观众公开的表演舞台，是对他人可见的区域，人们在此按照既定的社会规范进行表演、实现自身的印象管理；而“后台”(back region)则是道具和剧目的藏身之所，是对他人不可见的设计与排练空间，是印象的制造之地[295]。戈夫曼的“前台”与“后台”，本质上是在探讨可见性的边界及其带来的影响。当身处“前台”时，明确的可见性使人们更倾向于“以一种对他自己有利的方式来表现自己”[294]，至于那些复杂艰辛的生产过程、被掩盖的事实、失误与半成品则藏于幕后(或“后台”)秘不示人。尽管“前后台”各自遵循一套展演的规则运转，并不意味着二者间的界限就泾渭分明。他提到诸如“无意动作、不合时宜的闯入、失礼、以及闹剧”等意外的发生[294]，会迫使表演崩溃。在这些情景中，通常“不可见”的“后台”被迫“前置”，成为公开可见的“前台”，也证明了“前后台”相互转化的可能性。

真正将“前后台”概念与媒介联系起来的，是传播学者梅洛维茨。作为媒介环境学派的代表人物之一，梅洛维茨在戈夫曼的理论基础上，综合麦克卢汉等媒介技术学者的观点，极其富有洞见地指出媒介技术(尤其是电子媒介)通过改变场景或情境进而改变了人的行为[296]。在论述电视可能造成的对公众人物藏匿于“后台”的行为的曝光时，梅洛维茨索性将此章节命名为《后台的可见性与权威的衰落》，可见梅氏已经察觉大众媒介带来的这种“后台前置”现象可能对权力造成的影响。在这一点上，汤普森与梅罗维茨达成了高度的默契，他将大众媒介形容为一种“不可控的可见性”(uncontrolled visibility)，并指出“鉴于大众媒介有能力将之前公众不可知晓的内容变为可见的内容，媒介也具有破坏政治精英精心设计的自我呈现的可能性”[72]。如果区分“前台”“后台”的关键在于可见性与否，那么电子媒介的出现不仅空前扩大了“可见”的范围，更是一定程度上混淆了“前后台”的边界：第一，广播和电视提供了大量传播者个人的表情、语气等信息，犹如在被观看者面前放置了一面“放大镜”，即便经过再精心的剪辑与修饰，部分原本藏匿于“后台”的行为仍然会暴露到“前台”。第二，电视和广播留给表演者的修正空间较小(特别是现场直播)，时间的压缩严重挤压了原本的从容准备，本该被“后台”隐藏的失误有更大的几率被直接曝光于“前台”[295,296]。众媒介使过去那些隐藏在“后台”的秘密有机会被置于“前台”展演，图片和文字制造的信息流(information flows)变得愈发难以控制。当“某人的物理位置和领地控制不再能确保控制有重要社会意义的信息”时[296]，过去依赖于专业“后台”有意识控制而形成的权威丧失了特权，政治领袖的名誉和威望也更加容易受到打击，公众人物神秘的光环也可能就此消解。

大众媒介到底是巩固了统治者的地位还是消解了他们的光环，是一个具有争议的话题。但无论上述哪种观点，都毋庸置疑地指向大众媒介掌握着指引公众注意力的特权这一事实，换言之，大众媒介决定了在公共空间里什么是“可见”的，什么是隐形的——大众媒介对可见性具有绝对的主导权。

第四节　网络化媒介的权力结构：自主个体与多元化声音的出现

在大众媒介时代，“把关人”成为可见性的一道“控制阀”：记者编辑首先按照一套新闻价值判断对信息源进行筛选、采访，并对原材料进行加工处理，在经过组织内部流程审核和后产品发布前，还需权衡来自外部政经力量的压力，最终形成对“什么可见/不可见”“如何呈现可见性”的决定。然而，互联网的出现在很大程度上消解了机构媒体“把关人”的角色，梅拉兹（Meraz）和帕帕查里西（Papacharissi）描述了大众媒介时期作为“守门人”的精英群体决定议程的现象是如何被“网络化的守门人”（networked gatekeeping）这一新现象所取代，并认为网络化时代人们普遍关注的事物不再像过去一样由“少数人”以独裁的方式决定，而是“通过对话和社会实践将精英和公众共生地联系在一起，共同来决策信息的内容[12]”。赋予可见性的主体不再仅限于大众媒介机构，公民和网络意见领袖作为“网络化的守门人”绕过机构媒体直接分享信息，可见性的权利扩展并下沉至每一个社会个体。

一、创造公共领域中的个体性主体

互联网创造了一种“新的可见性”，它的弹性与开放（open-ended）构筑了一个去中心化的、流动的、对话式的、相对平等的可见性空间，使个体作为主体重返网络化的公共领域成为可能。

过去，作为传统“把关人”主体的记者编辑决定了某则新闻故事能否通过“媒体之门”进入新闻流通环节[18]，并最终以何种形式呈现在受众面前。网络化媒介绕开大众媒介的“把关人”机制，赋予每一位网民“言说”的空间与权利。微博、微信、抖音、哔哩哔哩等社会化媒介成为用户与其他用户沟通互动的渠道，使用者按照自己特有的方式在上述平台媒体上尽情自我展示。在这一过程中，用户主导了自身的可见性，并且以自己设定的方式被人们所“看见”。透过方寸之屏，人们每天都能看到形形色色的用户生成的内容。在内容扩散的过程中，或许仍会有大众媒介的“推波助澜”，然而媒体机构只是扩大了可见性的范围，用户的可见性不再由大众媒介所决定。给予可见性的主体在网络化媒介时代已经发生了根本性的变化，率先发声者不再是媒介机构，而是作为一个个互联网“节点”的用户本身。

二、多元化声音的并置与赋权

国内外关于互联网赋权（empowerment）、互联网与集体行为（collective actions）、互联网与参与式文化（participatory cultres）[236]的研究层出不穷，网络化媒介成为集纳多元观点、意见的“社会容器”已是不争的事实，网络化媒介更是凭借高度的组织性、互动性成为不同群体为自身争夺权利的新式“武器”。国内有学者认为，随着以聚合、交友、互动为特征的 SNS（Social Networking Sites）和以手机为终端的移动网络的出现及其在各阶层的迅速扩散，一个生成、联结、组合、创造新的社会网络的实践已经开始，并在广大‘信息中下层’推广普及[297]。陈韵博分别以新生代农民工[26]和劳工 NGO[25]为研究对象，指出网络化媒体增加了这些群体的曝光度，为他们获取主流媒体的注意力以及来自体制外的支持增加筹码。新媒体的实践使弱势群体在话语、经济、文化、社会资本等领域有可能得到更多的可见性机会和权力的提升；喻国明、马慧将互联网视作一种新的权力来源，它促进个体与自组织群体的激活，使权力和垄断资源从国家行为体向非国家行为体转移[24]。从全球范围来看，互联网带来的变化呈现出与国内研究结果相同的趋势：通过邮件组的群发表达其“特殊”身份并建立社群的 LGBT 群体（即性少数群体）[20]、利用互联网参与“反全球化”（anti-globalization）和“萨帕塔主义运动”（Zapatistas movements）的声势浩大的“反对公民”（counter publics）群体的出现[298]；各类“媒介行动主义”（media activism），如黑客（hacktivism）[299]、“网络空间行动主义”(cyberactivism)[300,301],通过技术操作入侵网络空间,用激烈的方式展示愤怒与反抗。还有一些被外国学者称为“另类媒介”[21,22](alternative media)的媒介载体,成为真相披露与舆情表达的重要空间。又如类似“Indymedia”[302](Independent Media Center)这样不代表任何组织、依靠平民记者供稿的独立媒体组织蓬勃兴起[294]。上述来自民间草根、社会团体和独立的媒介组织都积极参与到互联网可见性资源的争夺战中。

尽管有不少学者对互联网营造的“去中心式”“多元”“平等”的可见性领域提出了质疑,例如有学者指出,互联网空间中“数字鸿沟”(digital divide)正得到重生与蔓延——这种技术接入与使用的结构性差距与政经力量主导的传统结构性因素结盟,成为城乡和区域、社会阶层和族群分裂症候的最主要因素[237-239]。互联网空间正在被商业化和政府规制所扭曲、解构,看似自由的网络化媒介技术成为了新时期“把关人”的附庸工具。乔纳森・齐特林将以 iPhone、Xbox 以及 TiVo 等为代表的最新的以互联网为中心的产品称为“带有枷锁的、僵死的电气用具”(tethered, sterile appliances),这些器具的标准化使他人能够轻易地掌握使用者的信息和身份,企业和政府将更容易对互联网使用者的行为进行规制[240]。还有的悲观主义者认为,互联网正在走向枷锁重重、日益封闭的状态……然而,上述这些批判性观点是以追求完全开放、平等、民主的“网络化媒介中介的可见性”为目标的,是一种带有乌托邦式的理想模型。在网络赋权可见性的过程中不可避免地会遇到各种阻碍,但笔者始终认为,与大众媒介时代相比,“网络化媒介中介的可见性”带来的改变与希望不可轻易被抹去。

三、公共领域的得与失

阿伦特指出,“在公共领域中展现的任何东西都可为人所见、所闻,具有可能最广泛的公共性。对于我们来说,展现——即可为我们,亦可为他人所见所闻之物——构成了存在”[303]。存在并被人们所共同“看见”,是事物具备公共性的基础。作为“社会容器”的互联网正是提供了这样一个让多元话语“共在”的基础,使得不同位置上所看、所听的“意见”在同一个舞台上得以全部展现。通过交流和分享的行为,每个人在不断“赋予他人可见性的权利”的同时又在践行着更加多元化的表达,各种针锋相对的观点都得到了展演的机会,丰富了舆论的要素。

这或许也回到了阿伦特对公共生活的愿景，“被他人所见所闻，其意义只来自这一事实：每个人都是在不同的位置上去看去听的。这就是公共生活的意义[303]”。

网络化媒介的出现让多元共在的话语协商变得愈发普遍与透明，却也让观点的碰撞交锋呈现得更加淋漓尽致。而这与哈贝马斯最初设想的那个凭借交往理性，以达成“共识”为最终要旨的“公共领域”[304]相距甚远。网络化媒介的可见性在让信息日趋“可见”的同时也让意见日趋“可辩”，在众声喧哗的广场之中，人们也许越来越难以寻找到一种共同的声音。各种叙事并置在公共空间中，无法被整合到一个完整的框架里，彼此的差异、冲突展露无遗。在多元个体性主体并存的新媒体环境中，公共叙事具有了多重性，对某个事件的理解经历冲突、断裂、反转与再反转似乎已经成为常态，而这些多重叙事又不可能通过有效机制加以整合、收编，归拢到一个相对完整的叙事框架中，这和大众媒介时期那种统一、同质化的主流话语体系截然不同。我们可以认为，哈贝马斯笔下的“公共领域”在网络化时代实现了多元观点的并置与协商，但在互联网空间中碎片化、情绪先行的言论交锋却使之失去了达成有效共识的可能性。从这个意义上来说，18 世纪以降始于文学、咖啡馆、沙龙、宴会的那个“公共领域”似乎无法重返了。

第五节　从大众媒介到平台媒体：“中心化—去中心化—再中心化”的嬗变

谁控制了信息的可见性，谁就掌握了权力。李普曼曾针对大众报刊一针见血地指出，“新闻报道是接触看不见的环境的主要手段”[10]，从而揭示了大众媒介在传递外部世界信息过程中的“中介者”身份。大众媒介通过“把关人”机制对内容进行过滤和筛选，将对谁进行报道、如何报道、何时报道等信息权力牢牢把握在媒介机构手中。在大众媒介主导的信息环境中，表达通道被媒介机构所垄断，公民普遍缺乏“言说”的权利，只有符合大众媒介的宣传效果和媒介逻辑时，他们才有可能被赋予“被言说”的权利。在这样的情况下，尽管大众媒介并非每次都会按照当权阶级的意愿对事物进行呈现，且“后台前置”——公民“放大镜”式的观看也对被观看者的言行举止提出了更为苛刻的要求，但毋庸置疑的是,政治精英们逐步开始学习并娴熟地掌握了和大众媒介“合谋”(conspiracy)的技巧与方式,从而有效控制了人们“观看”的内容及其“观看”的方式和感受。“大众媒介中介的可见性”本质上是对政经力量主导的传统结构性因素的表征,透过图像、文字、声音构筑起的信息环境不过是对现有权力结构的维护与强化。

互联网在约翰·厄里的隐喻中,曾经是一种理想模型,它是“高雅的、无等级之分的根茎状全球结构模型[123]”。所有接入网络的用户第一次以一种相对平等的、去中心化的、流动的、双向互动式的方式与其他用户交流沟通。原本不具备可见性的个体,拥有了作为主体重返网络化的公共领域的机会,为争夺自身的可见性“发声”。互联网的弹性与开放造就了网络化媒介空间独有的“新的可见性”,不同位置上所看、所听的“意见”在同一个舞台上得以全部展现,通过交流和分享的行为,每个人在不断“赋予他人可见性的权利”的同时又践行着更加多元化的表达,各种针锋相对的观点都得到了“展演”的机会,丰富了舆论的要素。作为“社会容器”的互联网正是提供了这样一个让多元话语“共在”的基础,使原本攥握在“少数人”手中的信息权力得以部分释放,并且有了下沉至每一个鲜活的社会个体的可能性。伴随媒介“议程设置”转移而来的,是更多民间与官方进行权力博弈的筹码。网络化媒介的出现使网民得以通过各种渠道发布信息,并借助转发、评论等技术手段实现社群化传播,将个人议程转化为社群议程、公共议程,常常以群体性事件的方式倒逼政府重视其利益诉求[305]。网络空间赋予个体从“不可见”转变为“可见”的技术支撑,具有可见性是个体争取自身利益诉求的第一步,自我导向的信息扩散增强了个体的自主性,并使个体拥有对抗甚至挑战现有社会结构权力的能力与机会。尽管在网络赋权个体可见性的过程中不可避免地会遭遇各种阻碍,但与大众媒介时代相比,“网络化媒介中介的可见性”带来的改变与希望是每时每刻正在发生的。

当学术界为 Web 2.0 正在将人类引向一个“参与式”(participatory)[306]、“协作式”(collaborative)[307,308]和“民主化”(democratization)[309]版本的互联网空间而庆幸时,大卫·比尔(David Beer)却指出,互联网正在经历重大转型,人们对互联网空间中这种“新的权力形式”(new forms of power)知之甚少[310],人们需要给予其高度重视。他所指的“新的权力形式”是由不断下沉并渗透至人们日常生活，对生活的方方面面进行分类(sorting)和匹配的平台媒体。在大数据时代，庞大的数据带给算法巨大的权力，英国文化研究专家斯科特·拉什(Scott Lash)强调，“在一个媒体和代码无处不在的社会，权力越来越存在于算法之中[311]”。受此启发，比尔提出了“算法的权力”(power through the algorithm)这一概念，认为它具体体现在两个方面：第一，在于算法发挥的功能，包括分类、过滤、搜索、优先、推荐、判定；第二，算法这一概念本身具有文化内涵，即基于算法的决策常常被认为是理性、中立、高效、值得信赖的[182]。

现在的关键问题并不是网络本身“变坏”了，互联网用户仍然有权参与话题的讨论、发布不同的声音，然而用户能够看到哪些话题、他们的声音可以在多大的范围内传播，却是未知数。平台媒体复苏了“把关人”机制，重新将内容的可见性掌握在“少数人”，即技术公司的手中。格雷厄姆(Graham)认为算法通过对可见性的操纵，正在创造一种新的“数字鸿沟”(digital divide)。他指出，以往对“数字鸿沟”的讨论集中在不平等的“互联网接入权”(access to the Internet)层面，而同样值得关注的是接入互联网之后，“当软件和代码被用来判断人的价值、资格和对一系列基本城市空间和公共服务的获得程度时，那种强大而无形的优先化(prioritization)和边缘化(marginalization)的过程[312]”。这种对事物的“优先化”和“边缘化”处理，正是算法操纵下平台媒体对内容进行呈现的重要机制之一。试想一下，当“热度”“流量”“广告”成为信息过滤的首要标准时，获得更大可见性空间的将是明星、政治家、公共知识分子、商业领袖、流量网红等拥有更多社会资本和话语权的群体。平台媒体在“谁将被看到”这一问题上，几乎与大众媒介的选择过程无异，只是依托智能算法进行可见性运作的平台媒体，习惯性地借由客观、中立、高效等“技术理性”作为护盾，以一种更加精巧和隐蔽的方式，重新将可见性的大门指向了位于权力结构金字塔尖的“少数人”。平台媒体建构的可见性表现出一种“再中心化”的趋势，它打破了互联网时期个体相对“平权”“机会共享”的权力格局，正如拉什所预言，拥有庞大权力的平台媒体开始成为一种权威，引导和塑造着人和人类社会，但是它们的核心却是资本权力运作的途径[311]。

综上，笔者回顾并总结了从大众媒介到网络化媒介，再到现如今平台媒体在“权力结构”方面所经历的变迁，主要观点提炼如表 6.8 所示。

表 6.8　不同媒介中介的可见性所带来的社会影响对比表（在权力结构的变迁方面）

社会影响	人际传播的可见性	大众媒介中介的可见性	网络化媒介中介的可见性	平台媒体中介的可见性
权力结构	去中心化	中心化	去中心化	再中心化
	平等	维护并巩固少数人的利益	权力下沉至个体	掩藏在“技术理性”之下，更为精巧地与政经力量主导的传统结构性因素的结盟
		存在一定的暴露“后台”行为/消解权威的风险	同时伴随部分政经力量的回归	

第七章>>>

平台媒体应当构建怎样的可见性

媒介伦理以两个问题作为对责任制(accountablity)的回应:对什么负责?对谁负责?[313]但这些问题通常针对成熟的媒介系统——那些技术、机构和专业性相对稳定,在赢得大众认可的基础上充分了解自身应当如何规范操作并且如何被监管的媒介组织[314]。尽管在具体实践层面上,报纸、电视、广播或有线电视对于如何承担行业责任并没有达成共识性意见,但这些媒介机构的形式、权力、意义和风格类型本身就已足够明确,可以清晰地判断哪些标准、部门和人应当承担起监督的责任。而作为一个新生物种,平台媒体兼具企业、社会、市场的特点和功能,与其相应的企业商业伦理、平台社会责任、政府监管更为复杂和棘手。

笔者并不认为通过只言片语的论述就能解决平台媒体治理过程中所遭遇的困境,毕竟这是一个庞大而复杂的议题,涉及政府、公众、平台媒体、相关政策法规的制定、专业监督委员会及机构的设立等多方主体在中国特色语境下的一场信息生态的权力博弈。因此,本章试图从平台媒体设计者的视角出发,探讨一个负责任的平台媒体应该构建怎样的可见性,从而激发丰富多元的内容曝光形态和舆论生态场,以避免"过滤气泡"现象的产生。

平台媒体通过用户出于无奈而授权的"知情同意",公开捕获用户所有隐秘的"数字痕迹"和一切社交关系,不断窥探和推断一整套关于"你"的理论:你是谁,你下一步会做什么,你想要什么。这一推断的后果便是,平台媒体为每位用户精心打造了一个独特的信息世界,而这个信息世界正在从根本上改变人们接触观念和内容的方式。

信息窄化带来的社会后果不言而喻,如何避免人们迷失在信息的海洋中"作茧自缚",成为目前学术界和政策制定者尤为关心的议题。"平台媒体中介的可见性”并非不能改变,因为可见性的结果就嵌入在每一次算法编码的程序之中。但遗憾的是,大部分科技公司在编写代码之时从未将完善用户的“媒介食谱”(media diet)以让用户看到相反的观点纳入考量范围。提供给用户他们所希望看到的、认为与他们相关的,或是最有可能阅读的信息内容成为平台媒体唯一的价值衡量标准[315,316]。本章在借鉴与修正赫尔伯格(Helberger)[317]等提出的三种平台媒体的可见性模式的基础上,结合本土化语境下平台媒体的具体情况,分别探讨三种模型对应的实际应用场景。同时,针对不同模型的理念和愿景,制定一套可供实施的操作方案与公共政策,以克服目前对于信息窄化导致不良后果的担忧。

第一节　三种可见性模型及特征

一、自由主义模型

“自由主义”模型十分注重个人的自主权利与消费选择。这一框架中的行动主体被理解为一个明确自身利益诉求、不断自我追求、将效用最大化的个体[318]。按照这一逻辑,如果平台媒体能够提供给用户广阔的信息选择自由,针对用户的个性化需求打造及时的信息服务,那么就能基本满足“自由主义”对信息的诉求。

“自由主义”所倡导的更多信息选择权和具有针对性的信息服务理念已经成为不少平台媒体可见性机制的实践宗旨[319-321]。事实证明,支持用户的个人自主权是目前算法平台最常见的分配逻辑,这种被称为“混合推荐”(hybrid recommender)的“平台媒体中介的可见性”机制作为推荐系统的标配设计已被应用于Facebook、谷歌和其他各类平台媒体之中[322,323]。这种对信息内容“千人千面”式的呈现并非出于“自由主义”所倡导的个体对自主性以及自由权利的追求,它只是科技公司为了留住客户、提升利润而不得不采取的一种技术策略,其初衷与增进信息多样化和构建民主新闻环境相去甚远。“混合推荐”主要包含以下三种推荐逻辑:第一,推荐与用户过去消费的内容相似的内容;第二,协同过滤机制(collaborative filtering),即推荐与目标用户相似的用户所浏览的内容;第三,对最新内容的推荐。当用户访问平台界面时,平台媒体将按照以上三种机制中的一种或是几种向用户进行内容推荐,并根据用户下一步的行为作出选择,生成新的内容列表。也就是说,用户的主动选择行为给予推荐系统明确的指令:“他/她下一步希望获取什么样的内容”。这种将用户的自主选择权作为决定信息内容可见性的关键要素的方式,基本符合“自由主义”的内涵。

然而,一个潜在的隐患在于,平台媒体推荐给用户的内容与用户的兴趣并不总是保持一致——“平台媒体中介的可见性”容易被包括广告商在内的其他利益集团所影响,所以平台媒体的信息提供者并不总是忠实于用户“真正的兴趣”。市场竞争压力下的平台媒体,表面上呈现出“千人千面”的信息个性化推送——你对什么内容感兴趣,就能自由获取相关的信息——似乎是充分满足了用户信息获取的自主权利,但实际上相当大比例的内容与政经力量主导的传统结构性因素悄然结盟,可见性的呈现正是平台媒体与社会中各种力量“合谋”的结果,而这恰恰背离了用户“追求自身所需而不受限制”的信息自由权。对平台媒体而言,其自我定位首先是“商业的”而非“媒体的”,这一属性从根本上决定了平台媒体所谓的“个性化推荐”其实并不纯粹。如此看来,平台媒体只可能部分满足“自由主义”所追求的信息环境,完全不阻碍个体的自主性以及自由追求用户想要获取相关信息的权利确实难以实现。

在无法避免政经力量对平台媒体产生影响的情况下,怎样更好地实现“自由主义”的理想愿景?笔者认为,这就需要让用户充分意识到外在干扰因素的存在,同时帮助用户获取除去算法推荐的一套“信息食谱”之外更为自由的选择权。如何实现这一目标?第一,尽管平台媒体会受到种种外界因素的制约,无法向用户提供完全基于其真实兴趣与需求的信息列表,但平台媒体至少可以采取明确告知的方式,对推广或强制显示的信息进行标注,用户在辨别信息的基础上就可以选择性地跳过或是迅速浏览这些内容。从某种程度上来说,这也恢复了用户的部分信息自主权。第二,平台媒体应当向用户提供可能产生不同推荐列表的其他选项。目前大部分平台媒体的信息获取方式完全按照页面内容呈现,即页面如何排布信息的顺序、包含了哪些信息内容,用户就按部就班地接收这些信息。在笔者看来,用户消费平台媒体提供的唯一推荐列表正是对“自由主义”的抹杀,平台媒体应当为个人创造更多的机会来实现其意愿与诉求。例如让用户有机会通过互动的方式,获取不同点击行为所生成的不同的算法推荐列表,在此过程中用户将对其自主行为所导致的推荐结果有所了解,同时在充分浏览各种可见性结果的基础上,选择最适合自己、最符合当下需求的信息列表。此外,还可以在界面设计层面赋予用户充分的选择权,使用户通过更改推荐系统中的部分设置选项,在算法推荐的基础上结合自身对信息的偏好设计“自我定制”信息内容。

二、多元主义模型

虽然“自由主义”的理念已经嵌入不少平台媒体的设计之中,但在许多学者看来,仅仅满足用户对信息的偏好与选择并不足以达成平台媒体最终的服务目标[324]。平台媒体为用户提供推荐内容,不仅是为了满足个体的信息选择权利,更重要的是通过信息的传递促进公民理性的探讨和公共舆论的形成。由此,产生了第二种平台媒体中介的可见性模型,即“多元主义”模型。支持该模型的学者普遍认为,“接触不同的观点被认为是有价值的,因为它能够帮助公民形成建立在信息知情基础上的意见、减少意见的两极分化,对与自己产生分歧的人采取更加宽容的态度[325]”。而这也成为决定不同文化背景、不同政治取向的公民是否能够进一步建立相互理解和作出妥协的先决条件。换句话说,满足用户需求只是平台媒体的基础功能,帮助用户接触不同的观点,从而在公共讨论中形成一种更加互惠和包容的思想交流与对话是才更深层次的目标。

与“自由主义”模型相比,致力于展现社会中不同观点的“多元主义”模型的价值理念在实践过程中很少被平台媒体所采纳。不过这种平衡各种意见、旨在促进理性交流与对话的“理想模式”(ideal model)在一些学者的尝试下初具雏形。有外国学者设计了一套能够有效分辨用户所持有的特定态度,并为他们推荐“中立”信息的算法软件[326]。例如当一位政治立场鲜明的用户在平台搜索有关“特朗普”的新闻时,系统会对该用户是否是共和党的强烈支持者作出判断,并将兼顾民主党与共和党两个党派的信息同时推送给该用户。有学者建议,平台媒体在进行内容推荐时,可以根据人口统计学对用户进行划分,确定在不同的社会群体(如不同年龄范围内的人群、不同地理位置的人群、来自不同兴趣小组的组员等)中最受欢迎的内容,将各个社会群体中流行的内容分别交叉推送[327]。通过这样的机制,用户将有机会接触到与他们自身所属社会群体截然不同的观点。此外，值得注意的是，来自密歇根大学信息学院主办的“平衡项目”（www.balancestudy.org），通过在用户的浏览界面中添加插件来实时监测和报告用户新闻消费的观点平衡状况，通过介入和纠正对某方面信息的过度倾向来鼓励用户消费更加多样化的内容。

以上皆是研究者为了完善平台媒体建构的可见性所作出的有益尝试。平台媒体有责任将某个话题的意见范围总体性地呈现给用户，同时在算法设计中嵌入能够使平台媒体并置不同观点的代码，以供用户在比较中更加全面地解读信息。笔者认为，无论是对用户观点倾向性进行实时监测，还是对用户所属的不同社会群体进行划分，就目前科技公司所掌握的海量用户数据而言，都具有充分的可操作性。平台媒体只需要在内容推送之前，添加一至两个“识别”和“归类”的步骤，就能极大地修正和完善用户现有的“信息食谱”。尽管如此，目前还没有平台媒体在设计环节真正实践上述操作，其中最重要的原因在于采纳“多元主义”模型对平台媒体而言并不会产生任何额外的好处，用户甚至可能因为推荐的内容不符合其需求而放弃对平台的使用。笔者认为，要改变这一现状最终需要依托政府部门与监督委员会方面的努力，通过采取适当的激励措施，如对可能流失用户的平台媒体进行资金补贴，或是对采纳“多元主义”模型的平台媒体予以部分信息内容发布审核的豁免权、颁发企业公信力证书等，鼓励平台媒体逐步接受并采纳这一可见性模型。

三、长尾主义模型

“多元主义”作为一种理想模型，长期以来因过分强调“理性共识”（rational consensus）而被后世学者不断诟病。在抱持“长尾主义”观点的学者看来，人们不是为了达成某种理性的社会共识而形成“普遍主义”的公共舆论，相反应当充分尊重并承认世界的复杂和多样性——每一种声音都是独特的、不可化约的[328]。

从设计层面来看，“长尾主义”模型突破了“多元主义”模型所主张的理性、中立、妥协、平衡的价值观，即一种全盘性的立场、观点或原则。基于“长尾主义”模型取向的算法设计不但要包含主流舆论场的各类观点，还需要兼顾那些大量处于“拖尾”状态的弱势群体和较少掌握话语权者的声音。

然而，一个不争的事实是，“多元主义”模型在实际应用中尚且面临困境，要将旨在提升弱势群体话语权的“长尾主义”模型的价值理念嵌入代码之中也就愈发困难了。不过也有学者认为，可以尝试将开发营销“长尾内容”作为激励平台媒体实施“长尾主义”模型的一个契机。研究证明，小众化的内容同样可以打造良好的用户体验[329]。亚马逊、网飞、iTunes 的商业运营模式就是很好的案例，比如 iTunes 通过建立庞大的服务器存储容量，依托这一服务器连接起世界各地的几百万首歌曲，这种面向特定小群体的产品和服务也可以和主流热点具有同样的经济吸引力。打造小众化内容不失为对“长尾主义”模型的一种实践方式，但是凭借“长尾内容”盈利的风险本就高于迎合用户偏好所进行的内容推荐，更何况小众化内容的经营首先必须建立在一个规模庞大的后台数据库的基础之上，就像淘宝平台能够网罗无奇不有的商品是因为阿里巴巴公司雄厚的资本力量和无数金牌卖家创立的口碑，在同质化竞争到达饱和时，非主流卖家才会有机会。没有一定的原始积累，就无从吸引小众化内容入驻，也无法养活这些内容生产者。再者，即便有足够的实力吸纳“长尾内容”生产者入驻平台，平台也难以预测该内容生产者是否会受到用户欢迎、是否值得包装和推广。鉴于以上原因，“长尾主义”模型要想真正在平台媒体付诸实践，还有相当长的一段路要走。

第二节　可见性模型及其悖论

上述可见性模型还面临诸多来自伦理方面的质疑。一项针对 Facebook 的研究表明，平台媒体对信息内容可见性的干涉——即便这种干涉是出于向善目的或是经过了合法程序——也与个体自治、隐私权、免于操纵等概念存在对立和矛盾之处[330]。“多元主义”模型和“长尾主义”模型天然具有改变用户原有信息可见性列表的倾向，平台媒体如何在引入这两种可见性模型的同时避免“信息操纵”行为，成为不可避免的技术伦理问题。尤其在处理那些影响范围更为广泛的事物，如社会目标的实现、提升公民的话语实践，而不仅仅是为个人利益和需求服务时，情况只会变得更加复杂[331-333]。

笔者借助以赛亚·伯林（Isaiah Berlin）的“两个自由”观点对个体的自主权利进行分析。伯林将“自由”划分为“消极自由”和“积极自由”，“消极自由”是个体“可以免于……”的自由，即个人都应该保有一块绝对不可侵犯的权利领域；而“积极自由”是指“去做……”的自由，即一个人按照其理性所决定的意愿行动，可以“领会自己的目标和策略并且实现他们”[334]。根据“消极自由”的定义，平台媒体不能以违背用户意愿的方式引入多样化的信息内容以期干涉和私自制定用户的“信息食谱”(information diet)，因为这会侵犯用户信息获取的自由和自主性，即使平台媒体的初衷是寻求信息的多样化、提供更为丰富的信息来源。不过，就如德沃金(Dworkin)所指出的那样，获取“自主”的方式并不只有“消极自由”[335]。为了追求自由和自主，公众还需要更多、更好的可供选择的选项来实践自身的自由[336]。因此，根据“积极自由”的内涵，如果平台媒体能够帮助那些对各类信息感兴趣的用户进行线索梳理，为他们提供更多接触不同信息的机会，那么实际上用户自我选择的范围将不断扩大，并且有能力全面而理性地作出真正的判断。

接下来，笔者以三种模型为例，分别探讨在什么情况下，该模型可能违反了个体的自主权。第一种“自由主义”模型完全根据用户的偏好来决定内容的呈现，用户不仅免于受到平台媒体信息多样化引入的干扰，而且可以自由地搜寻并获取内容。“自由主义”模型同时满足了“消极自由”和“积极自由”的要求。然而，第二种“多元主义”模型和第三种“长尾主义”模型的情况就较为复杂了。从“积极自由”这一层面来看，两种模型都为用户提供了更加全面的视角，拓展了用户对信息的选择权利，最终帮助用户充分领会自己的意愿和目标，并且按照理性采取行动，反而为个体实践“积极自由”提供了更广阔的机会。

主要的问题集中在这两种模型是否会违背“消极自由”这一点上。笔者认为，在这当中最关键的衡量标准在于：是否保持有一块绝对不可侵犯的权利领域。换而言之，将平台媒体是否违背了用户的主观偏好和意愿，作为评估一个平台操纵与否的底线。一旦平台媒体故意采取一些措施(如无理由置顶部分内容、主观偏倚某些用户或某些内容)导致用户阅读了他们本不感兴趣，但恰恰是平台媒体希望被消费的内容，或擅自将部分内容推送给与该内容标签特征不相匹配的用户人群，这些行为使得用户有可能改变其原本对信息所作出的选择，这时我们就可以判定平台媒体对用户进行了“算法操纵”。相反，如果平台媒体能够积极公开算法的可见性运作机制，让用户了解其推荐原理，同时避免违背用户的主观偏好和意愿，那么平台媒体无论如何将这三种模型嵌入自身的代码设计，都不应被简单粗鲁地判定为“算法操纵”。

在面对来自各方对于“算法操纵”的指责时，“消极自由”和“积极自由”给出了两种完全不同的解释。在笔者看来，像“多元主义”和“长尾主义”这样的多样化推荐模型与个体的自主性选择之间并不必然存在冲突，如何在追求“积极自由”的同时守住“消极自由”的底线，是平台媒体管理者和算法工程师在设计代码时须仔细考量的问题。当平台媒体已经不可避免地成为人们获取信息的“新把关人”时，学术界更应该关注的不是如何“拒算法于千里”，将自己封闭起来免于受到算法推荐的干涉，而是更多地考虑如何完善“平台媒体中介的可见性”模型，为用户提供均衡且自由的“信息食谱”。

第三节　三种可见性模型的应用设想

在这三种模型之中，“自由主义”模型目前已被大部分的平台媒体所采纳，而“多元主义”模型和“长尾主义”模型虽然对促进用户信息环境的多样化具有深远的指导意义，但考虑到回报率、激励因素和风险程度等现实问题，几乎还没有平台媒体采纳这两种模型。如何改变这一现状？有什么切实可行的实施方案？笔者认为，三种模型应该根据不同平台媒体的类型属性有针对性地实施与推行。

首先来看搜索引擎类平台媒体。作为互联网入口的搜索引擎，导引着用户的信息访问目标，人们通过搜索引擎关注实时动态、解答疑难困惑、了解产品资讯、进行社交互动。用户通常为寻找一个问题的答案而使用搜索引擎，因此它需要给出用户较为明确的索引指导。但这里就存在一个悖论：当搜索引擎为用户呈现丰富多元的解答时，用户反而会无所适从——“准确性”与“多样性”之间存在天然的对立关系——观点越多越复杂，就越容易偏离用户的需求与初衷。因此，对于搜索引擎类平台媒体而言，“自由主义”模型显得较为合适。在此基础上如果能够结合“多元主义”模型，兼顾来自不同方面的声音，显然将更有利于公众更为客观理性地看待问题。相比之下，“长尾主义”模型对于搜索引擎类平台媒体而言适用性不强，因为它有可能会损害搜索引擎结果的精准度。

与搜索引擎类的平台媒体相比，新闻网站和社交媒体平台采纳后两种可见性模型的可行性更强，因为此类平台媒体的用户通常并非针对某一问题寻找唯一解答，他们使用媒介时对呈现的内容也没有固定的期待与想象。因此，这类平台媒体更容易将“多元主义”模型和“长尾主义”模型背后的价值观嵌入可见性的算法设计中去。最近在荷兰展开的一项研究①也支持这一观点，在对 1 400 名荷兰人进行问卷调查后发现，尽管一部分被调查者认为新闻媒体应当提供个性化的内容，但大多数被调查者同时表示自己十分重视信息的广泛性，并认为这是衡量一个平台媒体质量的标准。值得关注的是，被调查者还将这种期待延伸至公共服务类新闻平台（非政党或商业宣传平台）和新闻网站。张弥（Mi Zhang）和尼尔·赫尔利（Neil Hurley）[337]以及莱西亚（Lathia）[319]等学者的研究表明，平台媒体提供的内容如果缺乏变化性，也会导致用户产生沮丧的情绪。舍恩巴赫（Schönbach）也得出了类似的结论，认为人们实际上关注并愿意继续浏览平台媒体的内容是因为他们期待那种“可靠的惊喜”（reliable surprises），即所提供的信息既在一定的框架之中，又有部分内容超出了用户的设想[338]。

基于上述考量，笔者认为社交类平台媒体可以尝试从“自由主义”模型逐步过渡到“多元主义”模型。Facebook、推特、微博、微信等社交媒体凭借更加符合用户阅读习惯和阅读偏好的优势，不断形塑用户对于社会的理解和认知，愈发深刻地影响着人类生活，它们也应当承担起更大的媒介责任。社交媒体不能止步于满足用户兴趣偏好这一短期目标，更重要的是帮助用户接触不同的观点，弥合来自不同文化背景、不同态度取向的公民之间的矛盾，赋予他们建立相互理解、相互倾听的沟通机制。

第三种“长尾主义”模型在商业化驱动的激烈角逐中，被应用于平台媒体的可能性较为渺茫。让用户注意到更多“他者”的存在，尤其是赋予那些被边缘化的“声音”更多的可见性，通常被认为是以公共服务为目标的媒体，或非盈利媒介机构的任务[339]。例如欧洲委员会（Council of Europe）就明确呼吁公共服务类媒体（非政党或商业宣传工具）要“发挥积极作用，促进社会融合和不同社区之间的整合，尊重少数群体、年轻一代、老年人、社会弱势群体、残疾人等不同社会群

① 该项调查是在 1 400 名荷兰人口样本中进行的，并且作为“个性化传播项目”的一部分成果予以展示（http://personalisedcommunication.net）。

体的不同身份和需求”[331]。“长尾主义”模型对于专业化媒体来说尚且难以做到,这一要求对于平台媒体来说也就更加苛刻了。但笔者仍然希望,资讯类平台媒体如今日头条、一点资讯、趣头条等可以在采纳“多元主义”模型的基础上,逐渐向“长尾主义”模型靠拢,学会摈弃对商业目标的一味追求,为用户提供全面且真正富有价值和洞见的内容,这是一个负责任的媒介和以信息告知为己任的媒介所应扮演的角色。

本章在对信息的三种可见性模型——“自由主义”模型、“多元主义”模型和“长尾主义”模型进行论述的基础上,重点探讨了三种模型背后的价值观,以及它们各自应该如何被纳入算法推荐系统的具体操作方式。最后,本章还就这三种可见性模型的应用场景进行了分类探讨。

笔者认为,政府或信息管理者需要根据不同平台媒体的属性(商业化媒介/公共服务类媒介),有针对性地制定平台媒体的应用方案。总体而言,市场化平台媒体(如搜索引擎类平台媒体、社交类平台媒体)更加适合“自由主义”模型和“多元主义”模型,而公共服务类平台媒体(如资讯类平台媒体)则应当采纳“多元主义”模型,甚至是“长尾主义”模型,以便更好地履行启迪民智、增加社会的多元声音、增强公民对信息的解读能力的责任与使命。

对于市场化平台媒体而言,由于采纳“多元主义”模型并不会对平台媒体产生任何好处,用户甚至可能因为推荐的内容不符合需求而放弃对平台的使用。因此,笔者认为,要改变这一现状最终还是需要依托政府部门与监督委员会方面的努力。一方面可以采取激励和扶持措施,推动商业化平台主动增加多元化信息的曝光机会;另一方面,也要恩威并施,加大惩罚力度。首先从明确界定平台媒体的信息操纵行为开始,出台相关法律法规对这类行为进行惩处。

第八章 >>>

结　语

第一节　迈入媒介可见性的第三次转向

综合前七章的内容，笔者首先想为目前我们身处的这个可见性时代作一个大胆的定调：本书认为，人们正在迈入媒介可见性的“第三次转向”。媒介技术发明以前，人们的交流活动是以“面对面”的传播形式展开的，古老的人际传播模式带来了一种相对“纯粹”的可见性——人们面前呈现为何物即构成怎样的可见性。它是不经过刻意筛选、突出、弱化或扭曲等行为而对事物进行的“镜面式”呈现。然而，到了大众媒介时期，曾经这种客观、自然的可见性似乎一去不复返。李普曼在《公共舆论》中一针见血地指出“新闻报道是接触看不见的环境的主要手段”[10]，明确了大众媒介（主要是报刊）在传递外部世界信息过程中的“中介者”身份，从而揭示新闻机构如何按照某种操作范式在人们与客观环境之间插入一个“拟态环境”，最终呈现给读者经过筛选的、标准化、带有从业者偏见并且服从政经结构安排的新闻内容[11]。由此可见，原初意义上的那个可见性，它的特征、内涵以及可能带来的社会影响都因大众媒介的出现而发生了翻天覆地的变化。继大众媒介之后，互联网尤其是社交媒体的勃兴，为原本僵化的可见性领域汇入了一股清流。网络化媒介在赋权普通人可见性的机会的同时，也为用户创造了相对自由而包容的可见性环境。当一些学者为互联网所创造的富有生机与活力的可见性图景感到欢呼雀跃时，平台媒体凭借智能算法实现与用户所需信息的精准匹配，支配着用户与新闻（资讯）相遇和参与公共事务的可能性，重新搅动了可见性领域的格局。

考虑到“面对面”传播不具备任何媒介技术载体在其中发挥中介作用，如果我们将其作为可见性的一个“元模型”（meta model），那么从“面对面”传播的可见性到“大众媒介中介的可见性”则是可见性领域从“不含中介”到大众媒介作为中介的第一次转向；而从“大众媒介中介的可见性”到“网络化媒介中介的可见性”则是“中介物”发生改变后可见性经历的第二次转向；如今伴随谷歌、Facebook、推特、油管、微博、今日头条、抖音等由技术公司转型而来的“平台媒体”，作为一种全新的“中介物”引发了可见性领域的第三次转向。

面对大众媒介和网络化媒介所带来的前两次转向，学界已经积累了丰富的研究成果，但目前针对平台媒体的相关研究国内尚处于起步阶段，且理论阐释居多，实证研究匮乏。近年来，我国一些依托算法起家的平台媒体逐步坐拥大批拥趸，开始挤压甚至是威胁传统媒体的生存空间，并且未来还将占据更大的信息消费市场份额。与之形成鲜明对比的是，作为公众的我们对于这一新生媒介物种却知之甚少，平台媒体将其运作原理视作核心商业机密而讳莫如深，虽然号称中立、自动、无偏，实际却是无法探查的“黑箱”。鉴于上述现状，笔者深感已经到了应该对新现象、新生态作一个承前继后的总结和描述的阶段，平台媒体构建的可见性时代已经到来，考察“平台媒体中介的可见性”的特征、运作机制及社会后果显得必要且紧迫。在具体阐释的过程中，本书力图将“平台媒体中介的可见性”放置于整个媒介技术发展史的“洪流”之中，在与古老的“面对面”传播、大众媒介、网络化媒介所构建的可见性的对比过程中，以技术变迁的视角更为全面地展示“平台媒体中介的可见性”的独特之处。

第二节　延续与断裂：重新认识“平台媒体中介的可见性”

在梳理和归纳社会学家布里吉蒂[73]的研究成果的基础上，笔者确立了本书对“平台媒体中介的可见性”的研究框架，具体将可见性划分为五个维度：物质基础、架构模型、交互特点、运作机制和社会影响，并分别进行阐释。在具体分析的过程中，笔者不断将“平台媒体中介的可见性”与可见性的前几个阶段勾连比较，在与“面对面”传播、大众媒介、网络化媒介所构建的可见性进行充分对话的基础上，更为全面地展示“平台媒体中介的可见性”的独特之处。本书认为，“平台媒体中介的可见性”是对前两次媒介所中介的可见性的延续与断裂，它在许多方面继承了大众媒介尤其是网络化媒介的特点，但同时又与两者有着明显的不同。笔者分别从以下五个维度展开了论述（结论概要参见本节末尾的可见性在四个历史阶段的嬗变汇总表）。

1. 物质基础层面

可见性的最终形成，除了一套被生产机构娴熟掌握的操作标准之外，物质要素、基础设施同样也对构建可见性发挥着重要作用。物质基础是可见性这部“巨型机器”得以运作的前提。①从技术维度来看，大众媒介以声光画面、纸张文字的多媒体形式将现实世界中正在行动的人、物或正在发生的事呈现在了受众面前，它是构建可见性最为基础的技术设施。大众媒介体量的稀缺性（版面/频道/调频数目有限）和版面的可排布性（新闻的版位安排、标题大小、字体粗细、篇幅长短、是否带有图片等空间布局），决定了能够进入公共视野的信息只占据总量的“冰山一角”，且这种排布的方式与顺序决定了新闻被读者“看到”的几率；从个人与组织维度来看，新闻从业人员和新闻机构作为信息内容的“把关人”分别从价值标准、体制机制上影响着事物可见性的运作规律。②大众媒介时代稀缺的可见性，伴随互联网技术无所不包的信息体量得到很大程度的缓解。从个人维度来看，网络的自由与开放造就了用户内容生产的新模态，兼具了信息接收者和信息发布者“双重身份”的用户成为网络空间中书写“自我可见性”的新群体。但同时，网络化媒介所构建的可见性也受到来自传统媒体“把关人”、专业化网络编辑、政府及网络信息管理部门的共同规约。③作为网络化媒介的延伸，平台媒体所构建的可见性是一个集体生产的过程，专业化新闻机构、自媒体、用户自身，以及隐藏在算法规则背后的算法工程师、平台媒体的运营管理者等各个异质要素之间的互动共同形塑了平台媒体的可见性结果。

2. 架构模型层面

①大众媒介建构的可见性模型表现为一种“多数看少数”的“锥形”图式结构。在这里“少数”指的是“被可见”的人或事物，仅占总体数量的一小部分，他们往往代表了政治精英或拥有社会资本等足以吸引媒体注意力的人群；而“多数”则代表了接收大众媒介所传递的信息的数量庞大、无远弗届的潜在受众群体。②按照互联网本身演进的阶段性特征，网络化媒介构建的可见性模型可划分为 Web 1.0 时代与 Web 2.0 时代。在以 Web 1.0 时代为背景的网络化媒介建构的

可见性模型中，最早由电子邮件主导的“一对一”的“矢量”模型开始转变为由门户网站主导的“多数看少数”的“锥形”图示结构——有条件接入互联网的庞大网民群体可以有限地浏览少数几家网站所提供的信息。进入 Web 2.0 时代，弹性开放的互联网为用户构筑了一个去中心化的、流动的、对话式的、相对平等的可见性空间，它构成了“多数看多数”，且观看方向任意（可以观看世界任何一个角落的用户发布的内容）、距离大小任意（可以观看近在咫尺或远在天边的任何用户发布的内容）的“矢量”图式结构。③基于大众媒介与网络化媒介可见性架构，笔者提出“平台媒体中介的可见性”架构是由两个“锥形”共同构成的“钻石”型图式结构：一半是平台媒体与用户之间形成的“数据监视”锥形图示。它表现为一个典型的“少数看多数”模型——少数几家具有垄断地位的平台媒体全面掌握了用户的大规模数据，这是一种隐秘的“监视”，只有当算法“出错”时（如错误地判断用户的个人信息，导致推荐了不合时宜的产品或内容），人们才会明显地感受到平台对个人数据及隐私的窥探；另一半则是平台媒体所主导的内容与用户之间的“把关人”锥形图示。它与大众媒介的“锥形”图式结构十分类似——平台媒体依托算法作为可见性的“把关人”，选择性地将茫茫信息世界中与用户高度相关的一小部分内容推送给大量具有相同属性的用户群体“集体观看”。与大众媒介和网络化媒介相比，平台媒体呈现出一种更为复杂的模型架构，它与大众媒介共享部分的架构，但又表现出与大众媒介明显的差异。

3. 交互特点层面

早在媒介技术发明之前，人们的交流活动是通过“面对面”的传播形式展开的，可见性与视力的物理能力以及人们所处环境的“时空特性”有关——由于人们无法在没有光线的情况下看到事物（除非有某种技术的帮助），也无法超越一定的距离或超越时间的界限看到过去和未来（除非再次借助某种技术），人们看到的是“存在于视野之中”的东西，因而可见性的边界是由“此时此地”的视域范围所划定的。换而言之，那些与我们共享相同的“时空坐标”的人和事即为“可见”。此外，这种可见性还体现为一种“对话式”的双向互动形式，即我能看见你的同时，你也能看见我。①大众媒介的出现，彻底改变了可见性必须限定在“此时此地”的时空框架之中的情况。遥远的人或事物可以面向无远弗届的潜在受众传播，这些人、物和事件既可以是行动中的或是正在发生的（如电视或广播的新闻直播），表现为一种“同步的可见性”（simultaneity visibility），也可以是曾经处于行动状态中的或是过去发生的（如报纸上的一则消息或者几年前的影像资料），它是一种“非同步的可见性”（desynchronization visibility）。借助大众媒介技术，人们的视域范围分别在“时间”和“空间”两个维度得到极大的延伸。然而，大众媒介塑造的可见性却是一种“单向”的传播——处于屏幕前的观众能够看到遥远的传播主体，但传播主体却无法看到此刻注视着他的人。②互联网则进一步剥离了“时间”和“空间”两个要素，网络化媒介（主要是手机、可穿戴设备等）具有高度的移动性和“具身性”，人们“看见”的是一个不断更迭的由物理场景、大众媒介场景、网络虚拟空间等多重场景并置、交叉、融合的状态。原来发生在某一时刻、某个地点的瞬间，都可以被单独“抽取”出来，事物彻底剥离了原来所在的时空语境，甚至犹如时空错位一般呈现在人们面前。互联网创造出了一种“时空重组”的可见性，并且这种可见性打破了大众媒介时期的单向互动模式，网络空间中的任何一个节点都可以与其他节点产生互动，互联网技术带来了一种“对话式”的“双向”互动模式。③作为 Web 2.0 产物的平台媒体几乎继承了网络化媒介可见性的所有交互特征。尽管在对外部世界进行呈现时，它同样摆脱了来自“时空”的桎梏，但与互联网有所不同的是，平台媒体的“时空重组”存在一定偏好，即那些与用户具有高度“相关性”和“时效性”的信息将更有可能被呈送至用户面前。因此，平台媒体带来的是一种具有“偏向性”的“时空重组”的可见性交互模式。

4. 运作机制层面

受制于计算机知识的匮乏、非内部人员所面临的“进场景困难”，技术公司对于商业机密的保护等现实困境，要打开平台媒体的算法“黑箱”实属不易。笔者采用问卷调查与抓取来自 98 名微博用户的近 10 万条数据相结合的方式，揭示了微博“推荐流”的可见性运作机制，研究发现：①微博打破了“用户兴趣决定内容可见性”这一传统认知，最终决定“内容可见性”的不是用户的真实兴趣，而是算法所推断的用户兴趣。②“用户的自主行为”与“算法推断”之间存在显著相关性。在用户的“社交关系”维度中，一个令人较为意外的发现是：与用户呈现“强关系”的微博好友的兴趣方向并不能主导算法对该用户的兴趣推断，相反，微博更倾向于根据那些与用户呈现“弱社交”关系的“大 V”类博主的兴趣方向来推断用户的兴趣偏好。在现有统计数据的基础上，笔者结合微博的公开资料和对新浪首席信息官王巍的访谈，补充和总结了影响微博“推荐流”可见性运作的几大核心要素，包括基于算法推断的用户兴趣、用户的社交关系、用户自主行为、导向正确性、互动性、用户的领域影响力、使用场景、平台优先级、用户负反馈、内容类型、内容质量、标准化符号格式等，正是上述这些维度的拟合结果共同决定了微博“推荐流”的最终呈现样态。

在“开箱”微博“推荐流”的可见性运作机制后，笔者又对大众媒介和平台媒体可见性的运作机制进行了比较，认为二者本质上都是在对内容作“把关”，但“把关主体”和“把关标准”不同，最终导致两者之间可见性的巨大差异。①“把关主体”经历了“从有到无，再到有”的嬗变过程。在大众媒介时代，作为传统“把关人”主体的新闻工作者决定了某则新闻故事能否通过“媒体之门”，并最终以何种形式呈现在受众面前。互联网的出现则很大程度消解了机构媒体的“把关人”角色，可见性的权利下沉至每一个社会个体。如今，平台媒体依托算法对内容作匹配，复苏了网络化时代曾经被解构的“把关人”机制，可见性权力掌握在了技术公司的手中。②尽管“把关主体”发生了变化，大众媒介时期的“把关流程”与“算法把关”的过程并无二致——作为“新把关人”的算法和原先的记者编辑一样，都采用一套标准对信息进行“范围划定”(排除/包括)、“等级排序”(优先/边缘)和“意义判定”(态度/倾向)。无论它们各自依据怎样的标准，两种媒介本质上都是在对外部世界进行重新表征(representation)。③在对“把关标准”进行分析后，不难发现大众媒介着眼于公共的、集体建构的“客观事实”，始终以舆论导向和社会关切视为己任，通过一套内化于心的“新闻专业主义”价值准则来判断一条信息的重要性。相比之下，平台媒体则延续了互联网时代的喧嚣与狂欢，着力于满足个体在社交关系、娱乐分享方面的“欲望”，强调“个人主义至上”和信息的消费服务属性，商业资本的力量渗透在算法的每一次运算逻辑之中。如果说被大众媒介奉为圭臬的“新闻价值”有助于建立起一个良性的可见性秩序，那么以用户兴趣为首、商业逻辑优先、缺乏约束力的“算法价值”所构筑的可见性环境，很难不引人担忧与深思。

5. 社会影响层面

笔者分别从“信息环境的建构”和“权力结构的变迁”两个角度分析“平台媒体中介的可见性”带来的社会影响。首先，在信息环境的构建方面，基于“探索性代理人测试模型”等实验法的研究范式，笔者以微博“推荐流”作为研究对象，就平台媒体是否会引发“过滤气泡”现象这一热门议题展开了个案式分析，结果表明：①用户的显性兴趣和隐性兴趣均不会导致用户信息结构失衡；②微博“推荐流”没有根据用户的短期兴趣制造新的过滤气泡，用户的长期兴趣影响了后续的算法推荐。综合以上两点，本研究认为，微博用户的确会接收更多基于兴趣所推荐的个性化信息，但尚未达到产生过滤气泡的地步。尽管这一研究发现与传统认知中算法过滤会导致信息窄化的结论不同，但它并不意味着人们可以放松对算法推荐的警惕。因为过滤气泡的形成总是悄然无声的，被禁锢在气泡中的用户往往在应接不暇的个性化内容中迷失自我而不自知。那些长期处于信息结构失衡环境下的用户，愈发故步自封，创新性与其他可能性逐步丧失。而这与具备较为完善的新闻价值判断、媒介素养以及来自社会各方的监督与批判的大众媒介所建立起的权威且均衡的“媒介食谱”，以及网络化媒介时代最大限度包容不同观点甚至非主流观点的异质化信息环境相去甚远。

其次，在权力结构层面：①在大众媒介时代，公民普遍缺乏“言说”的权利，只有符合大众媒介的宣传效果和媒介逻辑时，他们才有可能被赋予“被言说”的权利。尽管“后台前置”的观看方式对“被观看者”的言行举止提出了更为苛刻的要求，但拥有媒介注意力资源的精英们逐渐掌握了与大众媒介“合谋”的技巧与方式。从这个意义上来说，“大众媒介中介的可见性”本质上是对政治经济力量主导的传统结构性因素的表征，通过图像、文字、声音构筑起的信息环境不过是对现有权力结构的维护与强化。②互联网的弹性与开放造就了网络化媒介空间独有的“新的可见性”。约翰·厄里的“全球结构模型”[123]提示了人与人之间一种相对平等的、去中心化的、流动的、双向互动式的交流方式，所有接入网络的用户拥有了作为主体重返网络化的公共领域的机会，为争夺自身的可见性而发声。互联网正是提供了这样一个让多元话语“共在”的基础，使原本攥握在“少数人”手中的信息权力得以部分释放，且有了下沉至每一个鲜活的社会个体的可能性。③当学术界为网络化媒介带来的这种“参与式”、“民主化”的互联网空间而欢呼时，平台媒体复苏了“把关人”机制，重新将内容的可见性掌握在“少数人”，即技术公司的手中。无独有偶，在2021年的“3·15”晚会上，“大数据杀熟”首次成为热门话题，引发舆论一片哗然。部分网约车平台、订餐订房平台和买菜业务被曝出根据用户个人信息匹配产品和广告，甚至根据不同用户的消费能力、所在地位置、购买记录、手机型号等数据就同一款产品推出“千人千面”的价格组合。这种基于算法生成的所谓“交易自然”，其实并没有公平性可言：用户缺乏免受算法决策支配的“退出”权利，从某种程度上被剥夺了依法享有的选择权[340]。而平台媒体因牢牢掌握了对事物可见性的展演权力，无论信息或是商品都要服从平台媒体的调度与分配，平台媒体正在重新书写社会的秩序与规则，权力以一种更加露骨的资本运作形式集中在了少数科技公司的手中。

平台媒体是网络化媒介的延伸，用户仍然可以在上面参与话题的讨论、发布不同的声音，但用户能够看到哪些话题、他们的声音可以在多大的范围内传播，却是未知数。平台媒体通过算法对用户的可见性进行操纵，时刻“计算和规定什么可见、什么被排除在视野之外、对谁可见”等重要的社会议题。当商业化烙印深刻的平台媒体每每将“热度”“流量”和“广告”作为信息过滤的首要标准时，获得更大可见性空间的将是明星、政治家、公共知识分子、商业领袖、流量网红等拥有更多社会资本和话语权的群体。平台媒体在“谁将被看到”这一问题上，几乎与大众媒介的选择无异，只是依托智能算法进行可见性运作的平台媒体，习惯性地借由客观、中立、高效等“技术理性”作为掩护，以一种更加精巧和隐蔽的方式，重新将可见性的大门指向了位于权力结构金字塔尖的“少数人”。

从大众媒介到网络化媒介，再到如今平台媒体的强势崛起，权力结构经历了从“中心化”到“去中心化”，再到“再中心化”的变迁历程。平台媒体所带来的这种“再中心化”的权力格局，是否会愈发固化，甚至是极化？这种权力结构能否迎来转变的一天？这些话题关乎人类社会的未来与发展，也有待进一步研究。

第六，从构建优良的可见性环境入手，笔者对未来国内平台媒体的发展提出了一些建议。本研究认为，①搜索引擎类平台媒体应当在“自由主义”模型的基础上进行优化，如对推广或强制显示信息进行标注、向用户提供可能产生不同推荐列表的其他备选推荐方案、尽可能地兼顾观点的多样化呈现。②作为帮助人们了解外部世界的主流“入口”，社交类平台媒体应当承担起更大的媒介责任，可尝试从“自由主义”模型逐步过渡至“多元主义”模型，帮助用户接触不同的观点，以平衡各种意见，促进公民之间的理性交流与对话。③今日头条、一点资讯等以公共服务为目标的资讯定制类平台媒体，在适应“多元主义”模型的基础上，可以逐渐向“长尾主义”模型靠拢，赋予那些弱势群体更多的可见性，为用户提供全面且真正富有价值和洞见的内容。无论是“多元主义”模型或“长尾主义”模型的实施对于平台媒体而言都不会产生额外收益，用户甚至可能因为推荐内容不符合其需求而放弃对平台的使用。因此,要改变这一现状,笔者更倾向于建议政府部门与监督委员会介入,例如对可能流失用户的平台媒体进行资金补贴,或是对采纳“多元主义”模型或“长尾主义”模型的平台媒体予以部分信息发布的内容审核豁免权,同时也可以通过颁发公信力证书等方式激励平台媒体采纳优化的可见性模型。

美国社会学家、史学家蒂利(Tilly)曾经写道:“没有历史的社会学就像是好莱坞道具,有着壮观的布景,甚至可能有出色的景象,但在这些景象背后空空如也,没有人物、没有内容[341]。”他的观点提示我们,现实与历史有着连续性关系,欲认识现实,需要把握其历史上的来龙去脉[342]。这也是本书选择从媒介技术发展史的角度审视“平台媒体中介的可见性”的原因,笔者希望通过勾勒可见性在四个历史阶段,即人际传播、大众媒介、网络化媒介和平台媒体时代的嬗变,在纵横比较的过程中获得更为宽广的视野,同时也能够对平台媒体这一媒介新生物种作出更为准确的判断与定位。通过对物质基础、架构模型、交互特点、运作机制和社会影响五个层面的逐一分析,我们可以清晰地看到,“平台媒体中介的可见性” 在许多方面继承了大众媒介尤其是网络化媒介的特点。如果对前两者的属性没有全面的认知,就无法彻底了解平台媒体之所以如是的原因。但同时,平台媒体又与两者存在显著的不同:专业化新闻机构、自媒体、用户自身、算法工程师等对内容可见性的集体生产与共同形塑;兼具“数据监视”与“把关人”的可见性架构模型;基于算法推断的用户兴趣、用户自主行为、社交关系、导向正确性、互动性、用户的领域影响力、使用场景、平台优先级等标准而建立起的一套可见性运作机制……上述平台媒体所具有的独特性,造就出一种全新的可见性奇观,它不仅引发了人类社会一系列权力结构的变迁,也导致用户史无前例地身处与过往截然不同的信息环境之中。

“平台媒体中介的可见性”可视为对前两次媒介可见性的一种延续与断裂。如今平台媒体成为人们获取信息和新闻的主流“入口”已是不争的事实,未来平台媒体在信息分发领域的角色还将愈发重要,对于它的科学探究远没有终点。不过,正如550年前古登堡印刷术带来第一场媒介革命,平台媒体也不过是媒介历史长河中的一环,它的出现必然带来一种新生态、新现象,我们完全可以像当初面对报刊、广播、电视、互联网的崛起时那样,及时回应、大胆假设、严格求证,继而从容前行。

表 8.1　可见性在四个历史阶段的嬗变

可见性的分析框架 Visibility framework	人际传播的可见性 Face-to-face visibility	大众媒介中介的可见性 Mass media-mediated visibility	网络化媒介中介的可见性 Networked-mediated visibility		平台媒体中介的可见性 Platisher-mediated visibility
阶段	元可见性 传播模型	第一次转向	第二次转向		第三次转向
			Web1.0 时代	Web2.0 时代以来	
主要媒介形式	面对面/ 口口相传	报纸、广播、电视	门户网站(新浪、搜狐、腾讯等)	社交媒体、论坛、自媒体	搜索引擎类平台：谷歌、百度等 网络社交类平台：Facebook、微博、微信、抖音、哔哩哔哩等 资讯定制类平台：今日头条、一点资讯、趣头条等
物质基础	传播者 与接收者	·技术层面——大众媒介及其特性：有限的体量、版面的可排布性 ·个人层面——记者编辑等新闻从业人员对于信息的甄别与筛选 ·组织层面——新闻机构的再"把关"	·技术层面——互联网及其特性：体量的可折叠性、版面的可排布性 ·个人及组织层面——三类"把关人"组成的网络化媒介"把关人"体系：传统媒体及网站、专业化网络编辑、政府及网络信息管理部门	·技术层面——互联网及其特性：体量的可折叠性、版面的可排布性 ·个人及组织层面——四类"把关人"组成的网络化媒介把关人体系：普通网民(频繁介入新闻内容生产过程中的用户,UGC 成为网络化媒介新闻内容生产的主流模态)、传统媒体及网站、专业化网络编辑、政府及网络信息管理部门	·技术层面——互联网及其特性：体量的可折叠性、版面的可排布性 ·用户层面——专业类新闻机构、自媒体、作为用户自身的主体 ·个人层面——算法程序员、平台媒体的运营者 ·组织层面——企业的方针政策、企业的文化 ·外部因素——广告主的诉求、政府及网络信息管理部门等

续表

可见性的分析框架 Visibility framework		人际传播的可见性 Face-to-face visibility	大众媒介中介的可见性 Mass media-mediated visibility	网络化媒介中介的可见性 Networked-mediated visibility		平台媒体中介的可见性 Platisher-mediated visibility
架构模型		“面对面”的矢量或锥形	“多数看少数”的锥形	从以电子邮件为主的矢量到门户网站时期“多数看少数”的锥形	矢量	钻石形 “少数看多数”的“数据监视”板块和“多数看少数”的可见性“把关人”板块
交互特点	交流对象	有特定交流对象	面向所有人/无特定接收对象	面向所有人/无特定接收对象	面向所有人/无特定接收对象	面向潜在感兴趣的用户群体/有特定接收对象
	时空因素	时空同构	跨越时空/半去语境化	跨越时空/半去语境化	时空重组/去语境化	偏向性的时空重组/去语境化
	互动模式	对话式/双向/对称	非互惠亲密型/单向互动/非对称	单向互动/非对称	双向互动/对称	双向互动/对称
		积极型	消极型	消极型	积极型	消极型

续表

可见性的分析框架 Visibility framework		人际传播的可见性 Face-to-face visibility	大众媒介中介的可见性 Mass media-mediated visibility	网络化媒介中介的可见性 Networked-mediated visibility		平台媒体中介的可见性 Platisher-mediated visibility
运作机制	把关主体与流程	无把关人	·“把关人”机制 记者编辑根据一套标准对信息进行范围划定(排除/包括)、等级排序(降序/优先)、意义判定(态度/倾向)	·把关人机制 不具有采编权的门户网站对主流媒体已发布信息进行“复制粘贴”,记者编辑的判断标准仍是门户网站主要的内容来源。在此基础上,专业化网络编辑根据一套标准对信息进行筛选,同时接受政府及网络信息管理部门的规约	·消解把关人机制 UGC 首次介入新闻生产,享有信息发布的权利,与专业化媒体机构共同来决策信息的内容	·“新把关人”机制 算法作为把关人根据一套标准对信息进行范围划定(排除/包括)、等级排序(降序/优先)、意义判定(态度/倾向)
	把关标准	无把关标准	重要性、时效性、影响性、接近性、新奇性、冲突性、趣味性、耸动性	新奇性、娱乐性、冲突性、耸动性、趣味性、时效性、重要性、影响性、接近性	新奇性、娱乐性、耸动性、时效性、冲突性、趣味性、重要性、影响性、接近性	时新性、互动性、热度、用户自主行为、社交关系、算法推断的用户兴趣、导向正确性、用户的领域影响力、使用场景、平台优先级、内容类型、内容质量、标准化的符号格式、用户负反馈
	价值取向	崇尚自由 顺其自然的交流模式	·新闻价值 公共性、导向型、社会关切 重新界定信息的价值	·新闻价值与商业价值并存 商业化、服务型、公共性、回应社会关切、娱乐化	·新闻价值与商业价值并存 个人主义、服务型、商业化、公共性、娱乐化、社会关切	·算法价值 个人主义至上、消费服务型、商业化、娱乐化、需求的适配性

续表

可见性的分析框架 Visibility framework		人际传播的可见性 Face-to-face visibility	大众媒介中介的可见性 Mass media-mediated visibility	网络化媒介中介的可见性 Networked-mediated visibility		平台媒体中介的可见性 Platisher-mediated visibility
社会影响	信息环境	·异质化的媒介食谱 信息是否均衡取决于人与人之间的交往深度与广度	·同质化但均衡的媒介食谱 对各类主流观点予以呈现；对不同类型的社会重大事件予以呈现	·异质化且均衡的媒介食谱 在对各类主流观点和不同类型社会重大事件进行呈现的同时，有目标性地赋予社会上其他多元“声音”呈现的机会	·异质化且均衡的媒介食谱 对各类已经形成，正在/尚未形成的事件予以呈现；对各类主流/非大众化，甚至少数派的观点进行呈现	·同质化且偏颇的媒介食谱 对用户感兴趣的信息进行呈现，使人逐步局限于同质化的信息与意见之中。人与人之间形成相互隔绝的“信息孤岛”
	权力结构	·去中心化 平等	·中心化 维护并巩固少数人的利益；存在一定的暴露“后台”行为/消解权威的风险	·从中心化走向去中心化 作为主流话语的传声筒，维护并巩固少数人的利益；同时作为商业化网站致力服务于用户利益，不断突破边界，做用户喜欢的新闻	·去中心化 权力下沉至个体；同时伴随部分政经力量的回归	·再中心化 掩藏在“技术理性”之下，更为精巧地与政经力量主导的传统结构性因素结盟

第三节 研究的不足与展望

本书参照“可见性分析框架”，以国内超级社交平台微博“推荐流”为研究对象，考察“平台媒体中介的可见性”的特征、运作机制和社会影响。研究认为，可见性领域正在发生“第三次重大转向”——由平台媒体构建的可见性将超越大众媒介和网络化媒介成为未来信息环境的主流趋势，并且在物质基础、架构模型、交互特点、运作机制和社会影响五个层面与前两种媒介所中介的可见性既存在继承的关系，又有着明显的不同，从而构建起一幅平台媒体独特的可见性景观。

本研究存在一些明显的不足。第一，在检验“过滤气泡”是否在微博“推荐流”中存在时，笔者采用了“探索性代理人测试模型”这一研究方法，该方法通过选取几类典型用户并拟合其行为，从而获取与真实用户在算法情景下相似的推荐结果，这一研究方法本身存在局限之处：①行为与“人设”的匹配性。由于用户行为的不可预知性，实验人员无法完全预测并模拟某一用户的行为，因此对账号的训练往往缺乏操作依据。②代理人是否具有代表性，即选取的小样本代理人是否能代表大部分用户在平台媒体上的使用情况。即使某几个代理用户的推荐结果被证明确实存在“气泡”效应，仍不足以说明主流用户群体或除代理用户之外的其他类型用户也一定存在“过滤气泡”。③“探索性代理人测试模型”的前提假设为用户的兴趣是相对稳定的，唯有这样才能产生一套可供实践的模拟用户兴趣的行为训练标准。但在现实生活中，用户兴趣往往是多变的，采用这一研究方法的结果是忽视了用户兴趣的可变性。为弥合上述种种不足，笔者参考《2018微博用户发展报告》[285]的统计数据，完全基于真实用户画像创建了四位代理用户账号，其中每个账号都代表了规模庞大的用户群体，基本能够涵盖大部分微博用户的情况，且模拟用户的细节也按照报告中提及的用户喜爱的内容进行转评赞等隐性兴趣的操作，以最大程度模拟真实用户的行为。由于微博推荐呈现“千人千面”的效果，因此无论如何都难以对所有用户一一进行研究，在这一前提下选取最具代表性且高度还原真实用户“人设”的代理用户，是目前进行此类研究的较好方案。此外，笔者还补充了用户的“长期兴趣”与“短期兴趣”两个维度，希望能够更为全面地反映用户兴趣的全貌，同时也加深对“过滤气泡”现象的理解。

第二，对于“过滤气泡”效应的检验，笔者是以个案分析的方式展开的，分别创建了时事、体育和科教三种不同类型的微博账号，同时又以“探索性代理人测试模型”的研究方法模拟了A、B、C、D四位代理用户的微博使用行为，以考察用户兴趣对用户信息结构的影响。目前，笔者所做的研究仅仅只是个案性的探索，得出确定性的结论需要扩大样本量，以更好地符合统计学意义上的要求。因此，本研究所得出的不存在“过滤气泡”这一论述尚需结合更多经验数据加以对比和综合。下一步，感兴趣的研究者可以尝试进行多次重复性试验，同时创建多个同一类型的微博实验账号，通过 p 值检验显著性来提高实验结果的普适性。

第三，在对微博“推荐流”的可见性运作机制进行探究时，笔者第一批获取了来自亲朋好友的65个微博账号，数据样本还不够大，可能导致最终结果的测量产生偏差。为了弥补样本量的不足，笔者通过“滚雪球”的方式发动身边朋友的朋友又进行了第二批微博账号的收集，总共获得了108名微博用户的账号信息。由于微博用户的账号信息获取难度非常大，一般用户出于个人隐私原因不愿意将微博账号授权予他人，且笔者的个人能力十分有限，目前尽最大努力所能获取的也只有108个账号信息。在对这些账号进行非活跃微博账号排除后，笔者对剩余的98个账号进行了大规模的数据抓取，累计抓取了近10万条微博数据进行分析，以尽可能弥补初期样本量小的问题。

第四，在对微博“推荐流”的可见性运作机制进行探究时，笔者考察了用户的发布/转发、点赞和收藏三种自主行为的综合情况与“算法推断”之间的联系。鉴于“用户自主行为”包括的种类众多，且每一种“用户自主行为”背后表达的兴趣程度存在差异——比如点赞或收藏比单纯点击浏览投入的情感更多，往往代表了用户更强烈的兴趣倾向。因此，笔者推测不同的“用户自主行为”之于“算法推断”的权重占比也各不相同。下一步可以继续探究这三种“用户自主行为”在影响“算法推断”的过程中权重分别如何？用户的哪一类行为产生的影响更为深远？反映出算法怎样的推荐逻辑？

第五，算法具有高度的流动性，任何有关平台媒体所作出的结论都只可被视为暂时性的、非普适性的结果。为了应对用户反馈和不断变化的市场规则而实时更新迭代的后台程序，使外界对于平台媒体的考察愈发困难。本质上，并不存在某种稳定的、封闭化的、最终形态的算法。本研究所得出的结论也会因后续算法的更新迭代而发生改变，因此对微博“推荐流”可见性的研究没有终点，必须不断根据实际情况作出周期性修订。此外，微博作为国内超级社交类平台媒体，其特征、运作机制可能会与搜索引擎类平台媒体和资讯定制类平台媒体有所差异，尽管有关微博"推荐流"的研究有助于人们研究"平台媒体中介的可见性"时举一反三、触类旁通，但是照本宣科式地采纳并不可取，微博"推荐流"的相关结论更不能代替其他平台媒体的具体情况。

第六，理论的拓展与延伸。笔者提出"平台媒体中介的可见性"的初衷是借此概念对可见性理论作进一步延伸，以弥补目前该理论尚停留在互联网阶段裹足不前的现状。面对大众媒介和网络化媒介所带来的前两次转向，学界积累了相对丰富的研究成果，而目前针对平台媒体的相关研究国内仍处于起步阶段。可见性的内涵与释义，因为媒介技术的发展得到了拓展，可见性也反过来成为解释媒介演进逻辑、媒介技术特性、媒介与社会变化的一个独特切口。可以预见，未来的媒介形式还将不断更迭，形塑可见性的主体也永远处于变动之中，这也意味着对可见性的研究需要不断跟进。

参考文献

[1] Hansen E E. I am writing this to inform you that I shall not comply with your requirement to remove this picture [EB/OL]. (2016-09-08) [2020-10-17]. https://www. aftenposten. no/meninger/kommentar/i/G892Q/dear-mark-i-am-writing-this-to-inform-you-that-i-shall-not-co mply-with-your-requirement-to-remove-this-picture.

[2] Kleinman Z. Fury over Facebook "Napalm girl" censorship [EB/OL]. (2016-09-09) [2020-10-02]. https://www. bbc. com/news/technology-37318031.

[3] 袁帆,严三九. 新闻传播领域算法伦理建构[J]. 湖北社会科学,2018(12):182-189.

[4] BBC Trending. US Election 2016: Trump's "hidden" Facebook army [EB/OL]. (2016-11-15) [2020-12-17]. https://www. bbc. com/news/blogs-trending-37945486.

[5] Glick J. Rise of the platishers [EB/OL]. (2014-02-07) [2020-12-17]. http://www. recode. net/2014/2/7/11623214/rise-of-the-platishers.

[6] Bell E, Owen T, Brown P, et al. The platform press: how Silicon Valley reengineered journalism [R/OL]. (2017-03-29) [2020-11-04]. https://www. cjr. org/tow_center_reports/platform-press-how-silicon-valley-reengineered-journalism. php.

[7] Shearer E, Grieco E. Americans are wary of the role social media sites play in delivering the news [R/OL]. (2019-10-02) [2020-11-15]. https://www. journalism. org/2019/10/02/americans-are-wary-of-the-role-social-media-sites-play-in-delivering-the-news/.

[8] 易观. 中国移动资讯信息分发市场专题研究报告 2016[EB/OL]. (2016-08-12) [2020-12-17]. https://www. analysys. cn/article/detail/1000218.

[9] Bucher T. Want to be on the top? Algorithmic power and the threat of invisibility on Facebook[J]. New Media & Society, 2012, 14(7): 1164-1180.

[10] 沃尔特·李普曼. 公共舆论[M]. 阎克文,江红,译. 上海:上海人民出版社,2017.

[11] 盖伊·塔奇曼. 做新闻[M]. 麻争旗,刘笑盈,徐扬,译. 北京:华夏出版社,2008.

[12] Meraz S, Papacharissi Z. Networked gatekeeping and networked framing on #Egypt [J]. The International Journal of Press/Politics, 2013, 18(2): 138-166.

[13] Lewin K. Frontiers in group dynamics[J]. Human Relations, 1947(1): 5-41.

[14] White D M. The "gate keeper": a case study in the selection of news[J]. Journalism Bulletin, 1950, 27(4): 383-390.

[15] Breed W. Social control in the news room[M]//Schramm W. Mass communication. Chicago: University of Illinois Press, 1960: 178-194.

[16] Gieber W. News is what newspapermen make it[M]//Lewis A, White D M. People, society and mass communication. IL: Free Press, 1964: 160-172.
[17] Hirsch P M. Occupational, organizational, and institutional model in mass media research: toward an integrated framework[M]//Hirsch P M, Miller P V, Kline F G. Strategies for communication research. London: Sage, 1977:12-37.
[18] McQuail D. Mass communication theory: an introduction[M]. London: Sage, 1987.
[19] 梅尔文・德弗勒,桑德拉・鲍尔-洛基奇. 大众传播学诸论[M]. 杜立平,译. 北京:新华出版社,1990.
[20] Mehra B, Merkel C, Bishop A P. The Internet for empowerment of minority and marginalized users[J]. New Media & Society, 2004(6): 781-802.
[21] Atton C. Alternative media[M]. London: Sage, 2002.
[22] Couldry N, Curran J. Contesting media power: alternative media in a networked world [M]. Lanham MD: Rowman & Littlefield, 2003.
[23] 丁未. 新媒体与赋权:一种实践性的社会研究[J]. 国际新闻界,2009(10):76-81.
[24] 喻国明,马慧. 互联网时代的新权力范式:"关系赋权"——"连接一切"场景下的社会关系的重组与权力格局的变迁[J]. 国际新闻界,2016,38(10):6-27.
[25] 陈韵博. 劳工 NGO 的微博赋权分析:以深圳"小小草"遭遇逼迁事件为例[J]. 国际新闻界,2014,36(11):51-64.
[26] 陈韵博. 新一代农民工使用 QQ 建立的社会网络分析[J]. 国际新闻界,2010,32(8):80-85.
[27] Tufekci Z. Algorithmic harms beyond Facebook and Google: emergent challenges of computational agency[J]. Colorado Technology Law Journal, 2015, 13(2): 203-217.
[28] Helberger N. Facebook is a new breed of editor: a social editor[EB/OL]. (2016-09-15) [2020-12-18]. http://blogs.lse.ac.uk/mediapolicyproject/2016/09/15/facebook-is-a-new-breed-of-editor-a-social-editor/.
[29] Goldman E. Search engine bias and the demise of search engine utopianism[M]//Spink A, Zimmer M. Web Search. Information Science and Knowledge Management, Berlin, Heidelberg: Springer, 2008(14): 121-133.
[30] Pasquale F. The black box society: the secret algorithms that control money and information[M]. Cambridge, MA: Harvard University Press, 2015.
[31] 杰罗姆. 平台型新媒体(Platisher)是有效的商业模式吗? [J]. 中国传媒科技,2014(Z1):71-75.
[32] 张志安,姚尧. 平台媒体的类型、演进逻辑和发展趋势[J]. 新闻与写作,2018(12):74-80.
[33] 王茜. 批判算法研究视角下微博"热搜"的把关标准考察[J]. 国际新闻界,2020,42(7):26-48.
[34] 王茜. 打开算法分发的"黑箱"——基于今日头条新闻推送的量化研究[J]. 新闻记者,2017(9):7-14.
[35] 方师师. 双强寡头平台新闻推荐算法机制研究[J]. 传播与社会学刊,2018(43):103-122.
[36] 沈逸超. 中国互联网平台媒体治理研究——以国家治理为视角[D]. 上海:复旦大学,2019.

[37] 张志安，汤敏. 论算法推荐对主流意识形态传播的影响[J]. 社会科学战线，2018(10)：174-182，2.

[38] 白红义. 重构传播的权力：平台新闻业的崛起、挑战与省思[J]. 南京社会科学，2018(2)：95-104.

[39] 方师师. 平台崛起成定论 业务创新待探索——2016 年皮有美国新闻业报告[J]. 新闻记者，2016(7)：22-31.

[40] 张志安，曾励. 媒体融合再观察：媒体平台化和平台媒体化[J]. 新闻与写作，2018(8)：86-89.

[41] 喻国明. 互联网是一种"高维"媒介——兼论"平台型媒体"是未来媒介发展的主流模式[J]. 新闻与写作，2015(2)：41-44.

[42] 喻国明. 平台型媒体的生成路径与发展战略——基于 Web 3.0 逻辑视角的分析与考察[J]. 新闻与写作，2016(4)：19-23.

[43] 喻国明. "平台型媒体"的缘起、理论与操作关键[J]. 中国人民大学学报，2015(6)：120-127.

[44] 嵇美云，支庭荣. 互联网环境下媒体融合的瓶颈及策略选择[J]. 现代传播(中国传媒大学学报)，2016，(11)：5-7.

[45] 吕尚彬，戴山山. "互联网+"时代的平台战略与平台媒体构建[J]. 山东社会科学，2016(4)：13-18.

[46] 陈昌凤，仇筠茜. "信息茧房"在中国：望文生义的概念与算法的破茧求解[J]. 新闻与写作，2020(1)：58-63.

[47] Kincaid J. EdgeRank：the secret sauce that makes Facebook's news feed tick [EB/OL]. (2010-04-22)[2020-12-20]. http://techcrunch.com/2010/04/22/facebook-edgerank/.

[48] Taylor D. Everything you need to know about Facebook's EdgeRank [EB/OL]. (2011-05-10) [2020-12-20]. http://thenextweb.com/socialmedia/2011/05/09/everything-you-need-to-know-about-facebooks-edgerank/.

[49] Karpf D. Social science research methods in Internet time [J]. Information, Communication & Society, 2012, 15(5): 639-661.

[50] McGee M. EdgeRank is dead: Facebook's news feed algorithm now has close to 100 K weight factors [EB/OL]. (2013-08-16) [2020-12-20]. http://marketingland.com/edgerank-is-deadfacebooks-news-feed-algorithm-now-has-close-to-100k-weight-factors-55908.

[51] Steiner C. Automate this: how algorithms came to rule our world[M]. New York, NY: Portfolio/Penguin, 2012.

[52] Lafferty J. Facebook announces "story bumping," and other small changes to news feed algorithm[EB/OL]. (2013-08-06) [2020-12-20]. http://www.adweek.com/socialtimes/facebook-announces-story-bumping-and-other-small-changes-to-news-feed-algorithm/426312.

[53] Brauneis R, Goodman E P. Algorithmic transparency for the smart city[J/OL]. Yale Journal of Law & Technology, 2017, (20): 103-176[2020-12-20]. https://yjolt.org/algorithmic-transparency-smart-city.

[54] Napoli P M. Automated media: an institutional theory perspective on algorithmic media

production and consumption[J]. Communication Theory，2014，24(3)：340-360.

[55] 中国互联网络信息中心. 第 46 次中国互联网络发展状况统计报告[R/OL].（2020-09-29）[2020-10-07]. http://www.cac.gov.cn/2020-09/29/c_1602939918747816.htm.

[56] 方师师. 关于搜索引擎的隐喻及对其内容呈现的反思[J]. 青年记者，2019(22)：35-37.

[57] 方惠. 知识的政治：搜索引擎中的乌坎事件研究[J]. 传播与社会学刊，2018(45)：145-169.

[58] Google Official Blog. Personalized search for everyone[EB/OL].（2009-12-04）[2020-05-19]. https://googleblog.blogspot.com/2009/12/personalized-search-for-everyone.html.

[59] 方师师. 搜索引擎中的新闻呈现：从新闻等级到千人千搜[J]. 新闻记者，2018(12)：45-57.

[60] Horling B C，Zamir O E. Systems and methods for demoting personalized search results based on personal information：US7827170B1[P/OL]. 2007-08-28[2020-12-17]. https://patents.google.com/patent/US7827170B1/en.

[61] Ramdani Z，Taylor E. Does social media impact SEO? We ran an experiment to find out[EB/OL].（2018-05-10）[2020-12-17]. https://blog.hootsuite.com/social-media-seo-experiment/.

[62] 艾媒咨询. 2019 年中国手机 App 分类排行榜[R/OL].（2020-01-17）[2020-12-17]. https://www.iimedia.cn/c900/68230.html.

[63] 徐北春. 聚合新闻客户端传播的五大变革——以“一点资讯”和“今日头条”为例[J]. 传媒，2017(5)：47-49.

[64] 喻国明，韩婷. 算法型信息分发：技术原理、机制创新与未来发展[J]. 新闻爱好者，2018(4)：8-13.

[65] 今日头条. 关于头条[EB/OL].[2020-12-10]. http://www.toutiao.com/about/.

[66] 张一鸣. 机器学习能带来更有趣的世界吗？[EB/OL].（2015-01-17）[2020-11-01]. http://www.geekpark.net/news/210607.

[67] 刘若鹏. 直击世界互联网大会|张一鸣：从报纸夹缝到头条要这样做[EB/OL].（2016-11-17）[2020-11-01]. https://www.yicai.com/news/5160745.html.

[68] 人民网. 今日头条公开算法原理本质[EB/OL].（2018-01-12）[2020-11-02]. http://it.people.com.cn/n1/2018/0112/c196085-29762253.html.

[69] Bregman A，Haythornthwaite C. Radicals of presentation：visibility，relation，and co-presence in persistent conversation[J]. New Media & Society，2003，5(1)：117-140.

[70] Treem J W，Leonardi P M. Social media use in organizations：exploring the affordances of visibility，editability，persistence，and association[J]. Annals of the International Communication Association，2013，36(1)：143-189.

[71] Hatuka T，Toch E. Being visible in public space：the normalisation of asymmetrical visibility[J]. Urban Studies，2017，54(4)：984-998.

[72] Thompson J B. The new visibility[J]. Theory，Culture & Society，2005，22(6)：31-50.

[73] Brighenti A M. Visibility in social theory and social research[M]. New York：Palgrave Macmillan，2010.

[74] Treem J W，Leonardi P M，Van Den Hooff B. Computer-mediated communication in the age of communication visibility[J]. Journal of Computer-Mediated

Communication，2020，25(1)：44-59.

[75] Thompson J B. The media and modernity：a social theory of the media[M]. California：Stanford University Press，1995. 转引自薛强，陈李君. 传媒与现代性——浅论约翰 B・汤普森的传播思想[J]. 广西大学学报(哲学社会科学版)，2011，33(6)：133-136.

[76] 罗金成. 媒介化可见性：新闻发言人制度起因新解[J]. 当代传播，2015(5)：96-97.

[77] 浦玲丽. 网络公共领域中可见性问题研究[J]. 今传媒，2018，26(8)：42-45.

[78] Hjarvard S. Mediatization[M]. Uk：John Wiley & Sons，2017.

[79] 张放. 论"computer-mediated communication"的中译定名问题——基于学术史与技术史的考察[J]. 新闻与传播研究，2016，23(9)：104-112.

[80] Hall S. Representation：cultural representations and signifying practices[M]. London：Sage，1997.

[81] Gillespie M，Toynbee J. Analyzing media texts[M]. Berkshire：Open University Press，2006.

[82] Lacey N. Image and representation：key concepts in media studies[M]. Basingstoke：Macmillan，2009.

[83] Macdonald M. Discourse and representation[M]//Macdonald M. Exploring media discourse. London：Arnold，2003：9-26.

[84] Orgad S. Media representation and the global imagination[M]. Cambridge：Polity，2012.

[85] Pietikainen S. Hujanen J. At the crossroads of ethnicity，place and identity：representations of northern people and regions in finnish news discourse[J]. Media，Culture and Society，2003，25(2)：251-268.

[86] Cottle S. Introduction：media research and ethnic minorities：mapping the field[M]//Cottle S. Ethnic minorities and the media. Buckingham：Open University Press，2000：1-30.

[87] Hartmann P，Husband C，Clark J. Race as news：a study in the handling of race in the British press from 1963 to 1970[M]. Paris：Unesco，1974.

[88] Thompson J B. The media and modernity：a social theory of the media[M]. Cambridge：Polity，1995.

[89] Thompson J B. Political scandal：power and visibility in the media age[M]. Cambridge：Polity，2000.

[90] Thompson L，Cupples J. Seen and not heard? Text messaging and digital sociality[J]. Social & Cultural Geography，2008，9(1)：95-108.

[91] 钟蔚文，陈百龄，陈顺孝. 数位时代的技艺：提出一个分析架构[J]. 中华传播学刊，2006(10)：243.

[92] 新浪财经. 视频|微博月活跃用户达 5.23 亿　同比增长 3 700 万[EB/OL].(2020-10-20)[2020-10-25]. http://finance.sina.com.cn/chanjing/cyxw/2020-10-20/doc-iiznezxr7023868.shtml.

[93] 中国互联网络信息中心. 2016 年中国互联网新闻市场研究报告[R/OL].(2017-01-12)[2020-10-7]. http://www.cac.gov.cn/2017-01/12/c_1121534556.htm.

[94] Kitchin R. Thinking critically about and researching algorithms[J]. Information, Communication & Society, 2017, 20(1): 14-29.
[95] 徐笛. 算法实践中的多义与转义：以新闻推荐算法为例[J]. 新闻大学，2019(12)：39-49，120.
[96] 姜红，鲁曼. 重塑“媒介”：行动者网络中的新闻“算法”[J]. 新闻记者，2017(4)：26-32.
[97] 黄淼，黄佩. 算法驯化：个性化推荐平台的自媒体内容生产网络及其运作[J]. 新闻大学，2020(1)：15-28，125.
[98] Russell F M. The new gatekeepers: an institutional-level view of Silicon Valley and the disruption of journalism[J]. Journalism Studies, 2019, 20(5): 631-648.
[99] 邓鸣琴. 新闻聚合平台对传统新闻媒体内容生产的启示[J]. 新媒体研究，2019，5(17)：81-82.
[100] 崔迪，吴舫. 算法推送新闻的知识效果——以今日头条为例[J]. 新闻记者，2019(2)：30-36.
[101] 周文静. 大数据时代下的新闻客户端的信息茧房效应——以今日头条为例[J]. 新闻研究导刊，2017，8(15)：99，180.
[102] Paul Lewis. An ex-YouTube insider reveals how its recommendation algorithm promotes divisive clips and conspiracy videos. Did they harm Hillary Clinton's bid for the presidency? [EB/OL]. (2018-02-02) [2020-10-25]. https://www.theguardian.com/technology/2018/feb/02/how-youtubes-algorithm-distorts-truth.
[103] Seaver N. Algorithms as culture: some tactics for the ethnography of algorithmic systems[J]. Big Data & Society, 2017, 4(2): 1-12.
[104] 丁方舟. 论传播的物质性：一种媒介理论演化的视角[J]. 新闻界，2019(1)：71-78.
[105] 章戈浩，张磊. 物是人非与睹物思人：媒体与文化分析的物质性转向[J]. 全球传媒学刊，2019，6(2)：103-115.
[106] Packer J, Wiley S. Communication matters: materialist approaches to media, mobility and networks[M]. New York: Routledge, 2013.
[107] 丹尼尔·米勒，希瑟·A. 霍斯特. 数码人类学[M]. 王心远，译. 北京：人民出版社，2014.
[108] 张进，王眉钧. 论数码媒介技术的物质性——以“数码人类学”为中心的考察[J]. 湖北大学学报(哲学社会科学版)，2020，47(4)：63-70，169.
[109] Schultz I. The journalistic gut feeling: journalistic doxa, news habitus and orthodox news values[J]. Journalism Practice, 2007, 1(2): 190-207.
[110] 赵宇翔，范哲，朱庆华. 用户生成内容(UGC)概念解析及研究进展[J]. 中国图书馆学报，2012，38(5)：68-81.
[111] 维克托·迈尔-舍恩伯格. 删除——大数据取舍之道[M]. 袁杰，译. 杭州：浙江人民出版社，2013.
[112] 崔蕴芳. 网络舆论形成机制研究[M]. 北京：中国传媒大学出版社，2012.
[113] 杨晓强，廖俊清. 论网络传播中的“把关人”角色嬗变[J]. 新闻世界，2010(12)：146-147.
[114] Rieder B. Scrutinizing an algorithmic technique: the Bayes classifier as interested reading of reality[J]. Information, Communication & Society, 2017, 20(1): 100-117.

[115] Cormen T H, Charles E L, Ronald L R, et al. Introduction to algorithms (3rd ed.) [M]. Massachusetts: MIT Press and Mc Graw-Hill, 2009.

[116] Anderson C. Towards a sociology of computational and algorithmic journalism[J]. New Media & Society, 2013,15(7): 1005-1021.

[117] 弗兰克·帕斯奎尔. 黑箱社会:掌控信息和金钱的数据法则[M]. 赵亚男,译. 北京:中信出版社,2015.

[118] 彭兰. "连接"的演进——互联网进化的基本逻辑[J]. 国际新闻界,2013,35(12):6-19.

[119] 程曼丽. 中国政府网站建设的新进程——从 Web 1.0 走向 Web 2.0[J]. 新闻与写作,2011(6): 67-68.

[120] 王薇. 国家、技术变迁与中国记者群体的分化[J]. 传播与社会学刊,2019(48):23-55.

[121] 胡翼青. 重塑传播研究范式:何以可能与何以可为[J]. 现代传播,2016(1): 51-56.

[122] 曼纽尔·卡斯特. 网络社会的崛起[M]. 夏铸九,王志弘,等,译. 北京:社会科学文献出版社,2000.

[123] 约翰·厄里. 全球复杂性[M]. 李冠福,译. 北京:北京大学出版社,2009:79-80.

[124] Jenkins H. Convergence culture: where old and new media collide[M]. New York: New York University Press, 2006.

[125] 黄旦. 重造新闻学——网络化关系的视角[J]. 国际新闻界,2015,37(1):77.

[126] Magalhães J, Yu J. Algorithmic visibility: elements of new regime of visibility[C]. Oxford:Connected Life, 2017.

[127] 澎湃新闻. 看完 315 晚会,我才知道脸被偷了[EB/OL]. (2021-03-15) [2021-03-17]. https://mp.weixin.qq.com/s/RVzwQPflXq7ugRgW0VgIsQ.

[128] Ananny M. Towards an ethics of algorithms: convening, observation, probability and timeliness[J]. Science, Technology, & Human Values, 2016, 41(1): 93-117.

[129] Vaidhyanathan S. Anti-social media: how facebook disconnects us and undermines democracy[M]. New York: Oxford University Press, 2018.

[130] Couldry N, Mejias U A. The costs of connection: how data is colonizing human life and appropriating it for capitalism[M]. Stanford University Press, 2019.

[131] 方兴东,钟祥铭. "守门人"范式转变与传播学转向——基于技术演进历程与平台治理制度创新的视角[J]. 国际新闻界,2022,44(1):97-117.

[132] Diakopoulos N. Algorithmic accountability reporting: on the investigation of black boxes[R/OL]. (2014-02-12) [2020-12-10]. https://academiccommons.columbia.edu/doi/10.7916/D8ZK5TW2.

[133] Dayan D, Katz E. Media events: the live broadcasting of history[M]. Cambridge, MA: Harvard University Press,1992.

[134] 安东尼·吉登斯. 现代性的后果[M]. 田禾,译. 南京:译林出版社,2011.

[135] 孙玮. 赛博人:后人类时代的媒介融合[J]. 新闻记者,2018(6):4-11.

[136] 孙玮. 微信:中国人的"在世存有"[J]. 学术月刊,2015,47(12):5-18.

[137] Gillespie T. The relevance of algorithms[M]//Gillespie T, Boczkowski P J, Foot K A. Media technologies: essays on communication, materality, and society. Massachusetts: MIT Press, 2013: 167-193.

[138] Ochigame R, Holston J. Filtering dissent: social media and land struggles in Brazil [J/OL]. New Left Review, 2016 (99): 85 - 108 [2021 - 12 - 07]. https://escholarship.org/uc/item/0sw0m8ww.

[139] 伊莱·帕里泽. 过滤泡：互联网对我们的隐秘操纵[M]. 方师师，杨媛，译. 北京：中国人民大学出版社，2020.

[140] 黄旦. "把关人"研究及其演变[J]. 国际新闻界，1996(4)：27-31.

[141] Lievrouw L A. The next decade in Internet time: ways ahead for new media studies [J]. Information, Communication & Society, 2012, 15(5): 616-638.

[142] Pasquale F A. Restoring transparency to automated authority [J]. Journal on Telecommunications and High Technology Law, 2011(9): 235-256.

[143] Harper T. The big data public and its problems: big data and the structural transformation of the public sphere[J]. New Media & Society, 2017, 19(9): 1424-1439.

[144] Pariser E. The filter bubble: how the new personalized web is changing what we read and how we think[M]. New York: Penguin, 2011.

[145] Baker P, Potts A. "Why do white people have thin lips?" Google and the perpetuation of stereotypes via auto-complete search forms[J]. Critical Discourse Studies, 2013, 10(2): 187-204.

[146] 仇筠茜，陈昌凤. 基于人工智能与算法新闻透明度的"黑箱"打开方式选择[J]. 郑州大学学报(哲学社会科学版)，2018(5)：84-88.

[147] Gillespie T, Seaver N. Critical algorithm studies: a reading list[EB/OL]. (2016-12-15) [2020 - 12 - 07]. https://socialmediacollective.org/reading-lists/critical-algorithm-studies/.

[148] 朱鸿军，周逵. 伪中立性：资讯聚合平台把关机制与社会责任的考察[J]. 南昌大学学报(人文社会科学版)，2017(5)：102-107.

[149] Palis C. Facebook lets you download more of your data[N/OL]. Huffington Post, 2012 - 04 - 12 [2020 - 12 - 05]. https://www.huffingtonpost.com/2012/04/12/facebook-download-your-data_n_1420764.html.

[150] 王芊润. 美媒：爱尔兰要求脸书停止将欧盟用户相关数据传输到美国[EB/OL]. (2020-09-11) [2020-10-15]. https://world.huanqiu.com/article/3zqGdfo9b2E.

[151] 人民日报. 不能让算法决定内容[EB/OL]. (2017-10-05) [2020-12-05]. http://opinion.people.com.cn/n1/2017/1005/c1003-29572906.html.

[152] 易潇. 国家广播电视总局严肃处理今日头条和快手[EB/OL]. (2018-04-04) [2020-12-05]. http://it.people.com.cn/n1/2018/0404/c1009-29908209.html.

[153] DeVito M A. From editors to algorithms: a values-based approach to understanding story selection in the Facebook news feed[J]. Digital Journalism, 2017, 5(6): 753-773.

[154] 陈昌凤,霍婕.权力迁移与人本精神:算法式新闻分发的技术伦理[J].新闻与写作,2018(1):63-66.

[155] Prior, M. Post-broadcast democracy: how media choice increases inequality in political involvement and polarizes elections [M]. New York, NY: Cambridge University Press, 2007.

[156] Van Aelst P, Strömbäck J, Aalberg T, et al. Political communication in a high-choice media environment: A challenge for democracy? [J] Annals of the International Communication Association, 2017, 41(1): 3-27.

[157] Meraz S, Papacharissi Z. Networked framing and gatekeeping[M]//Witschge T, Anderon C W, Domingo D, et al. The Sage handbook of digital journalism. London: Sage, 2016: 95-112.

[158] Bimber B. Information and American democracy: technology in the evolution of political power[M]. New York: Cambridge University Press, 2003.

[159] Lecheler S, de Vreese C H. News media, knowledge, and political interest: evidence of a dual role from a field experiment[J]. Journal of Communication, 2017, 67(4): 545-564.

[160] Strömbäck J, Djerf-Pierre M, Shehata A. The dynamics of political interest and news media consumption: a longitudinal perspective[J]. International Journal of Public Opinion Research, 2013, 25(4): 414-435.

[161] Kendall T A, Cohler M R, Zuckerberg M E, et al. Communicating information in a social networking website about adctivities from another domain: US20090182589A1 [P/OL]. 2009-07-16[2020-10-07]. https://patents.google.com/patent/US20090182589A1/en?oq=+US12193705.

[162] Kendall T, Zhou D. Leveraging information in a social network for inferential targeting of advertisements: US20100257023A1[P/OL]. 2010-10-07[2020-10-07]. https://patents.google.com/patent/US20100257023A1/en?oq=+US12419958.

[163] Rajaram G, Wu G, Yan H, et al. Providing content using inferred topics extracted from communications in a social networking system: US20140052540A1[P/OL]. 2014-02-20 [2020-10-07]. https://patents.google.com/patent/US20140052540A1/en?oq=+US13589693.

[164] Zhou D, Moreels P. Inferring user profile attributes from social information: US8856235[P/OL]. 2014-10-07[2020-10-07]. https://patents.google.com/patent/US8856235B2/en.

[165] Weibo. Annual report 2019[R/OL]. (2020-04-29)[2020-5-21]. http://ir.weibo.com/static-files/9537b1c6-da60-4bd4-8c66-9393d72ca7a3.

[166] Angwin J, Varner M, Tobin A. Facebook enabled advertisers to reach "jew haters" [EB/OL]. (2017-09-14) [2020-10-07]. https://www.propublica.org/article/facebook-enabled-advertisersto-reach-jew-haters.

[167] Thorson K, Cotter K, Medeiros M, et al. Algorithmic inference, political interest, and exposure to news and politics on Facebook[J]. Information Communication and

Society, 2019, 24(2): 1-18.
[168] Bakshy E, Messing S, Adamic L A. Exposure to ideologically diverse news and opinion on Facebook[J]. Science, 2015, 348(6239): 1130-1132.
[169] Lazarsfeld P F, Merton R K. Friendship as a social process: a substantive and methodological analysis[J]. Freedom and Control in Modern Society, 1954, 18(1): 18-66.
[170] McPherson M, Smith-Lovin L, et al. Birds of a feather: homophily in social networks[J]. Annual Review of Sociology, 2001, 27(1): 415-444.
[171] Knoke D. Networks of political action: toward theory construction[J]. Social Forces, 1990, 68(4): 1041-1063.
[172] 张俊林. 标签传播算法在微博用户兴趣图谱的应用[J/OL]. 程序员,2012(7):50-53 [2020-12-11]. https://www.doc88.com/p-3148249687611.html.
[173] Gaines B J, Mondak J J. Typing together? Clustering of ideological types in online social networks[J]. Journal of Information Technology & Politics, 2009, 6(3-4): 216-231.
[174] Granovetter MS. The strength of weak ties[J]. American Journal of Sociology, 1973, 78(6): 1360-1380.
[175] 张园美,胡余江. 一种广告动态呈现方法及装置: CN110490668A[P/OL]. 2019-08-27 [2020-10-07]. https://patents.google.com/patent/CN110490668A/zh?q=一种广告动态呈现方法及装置&oq=一种广告动态呈现方法及装置.
[176] 新浪财经. 阿里巴巴持有新浪微博30%股份 为第二大股东投票权15.8%[EB/OL]. (2020-05-01) [2020-03-14]. http://finance.sina.com.cn/roll/2020-05-01/doc-iirczymi9330765.shtml.
[177] Mager A. Algorithmic ideology: how capitalist society shapes search engines[J]. Information, Communication & Society, 2012, 15(5): 769-787.
[178] 澎湃新闻. 习近平:新闻舆论工作各个方面、各个环节都要坚持正确导向[EB/OL]. (2016-02-19) [2020-03-14]. https://www.thepaper.cn/newsDetail_forward_1433753.
[179] 21世纪经济报道[EB/OL]. (2017-06-22) [2020-10-07]. http://m.21jingji.com/article/20170622/herald/07e236da66e7e3f7c67b67cb7035e79a.html.
[180] 微博管理员. 微博社区公告[EB/OL]. (2018-01-27) [2020-10-07]. https://weibo.com/1934183965/G0nPDuIG7?from=page_100206 1934183965_profile&wvr=6&mod=weibotime&type=comment.
[181] 微博管理员. [EB/OL]. (2019-02-24) [2020-10-07]. https://weibo.com/1934183965/Hi8wOoITy.
[182] Beer D. Power through the algorithm? Participatory web cultures and the technological unconscious[J]. New Media & Society, 2009, 11(6): 985-1002. 转引自王茜. 打开算法分发的"黑箱"——基于今日头条新闻推送的量化研究[J]. 新闻记者,2017(9):7-14.
[183] 吴丽. 创始人张一鸣说:今日头条不是一家媒体公司,而是一家技术公司[EB/OL]. (2015-04-29) [2020-11-04]. http://www.qdaily.com/articles/9019.html.
[184] 微博管理员. 微博社区公告[EB/OL]. (2018-04-09) [2020-10-07]. https://weibo.

com/1934183965/Gblq31eBl.
[185] 微博管理员.微博社区公告[EB/OL].(2018-05-22)[2020-10-07].https://weibo.com/1934183965/GhOmpCuwn.
[186] 微博管理员.微博社区公告[EB/OL].(2019-02-21)[2020-10-07].https://weibo.com/1934183965/HhIQWeqXh.
[187] 微博管理员.微博社区公告[EB/OL].(2020-09-11)[2020-10-07].https://weibo.com/1934183965/Jk931xDEA.
[188] 蔚蓝计划.蔚蓝计划[EB/OL].(2020-11-08)[2020-12-07]. https://weibo.com/7214227596/JsV2O2UZs.
[189] 微博管理员.微博社区公告[EB/OL].(2020-11-13)[2020-10-07]. https://weibo.com/1934183965/JtJwT2Fwy.
[190] 微博管理员.微博社会公告[EB/OL].(2020-10-2)[2022-10-07]. https://mweibo.cn/1934183965/4820248140190516.
[191] 曹国伟.新浪董事长曹国伟:人工审核热门内容,改善新闻微博推荐算法[EB/OL].(2018-11-07)[2020-10-07]. https://www.thepaper.cn/newsDetail_forward_2612242.
[192] 曹国伟.以微博精神,再创辉煌[EB/OL].(2019-08-28)[2020-10-07].https://weibo.com/ttarticle/p/show? id=2309404410266954629200.
[193] 杨国斌.中国互联网的深度研究[J].新闻与传播评论,2017(1):22-40.
[194] 宿华.接受批评,重整前行[EB/OL].(2018-04-03)[2020-10-07]. https://mp.weixin.qq.com/s/blhnOYRiuPZMf DO4HhhBAg.
[195] 张一鸣.道歉和反思[EB/OL].(2018-04-11)[2020-10-07].https://mp.weixin.qq.com/s/4r6rCwNE7BgTLD37cPJOo A?
[196] 微博.微博金V特权说明[EB/OL].[2020-10-07].https://verified.weibo.com/verify/pc/goldverify.
[197] 微博内容创作中心.新增“兴趣话题”创作模块[EB/OL].(2019-09-03)[2020-10-07].https://weibo.com/5183309747/I5eXj6GOV.
[198] 微博内容创作中心.#V光计划#热点讨论阅读量破100亿[EB/OL].(2020-11-03)[2020-12-15]. https://weibo.com/5183309747/Jsdu17NsA.
[199] 微博新星.中小V挑战赛[EB/OL].(2020-07-13)[2020-10-07]. https://weibo.com/6463297870/JaYZzjtUQ.
[200] 微博管理员.关于优化信息流展现机制的说明[EB/OL].(2014-05-16)[2020-10-15]. https://weibo.com/p/1001603706536458329764.
[201] 微博管理员.关于信息流展现体验的优化效果[EB/OL].(2014-06-06)[2020-10-15]. https://weibo.com/p/1001603718493471168579.
[202] 微博管理员.微博启动信息流优化计划 低质信息将被限制展示[EB/OL].(2014-07-16)[2020-10-15]. http://tech.sina.com.cn/i/2014-07-16/10029497354.shtml.
[203] 微博管理员.解读微博新政——“信息流优化计划”[EB/OL].(2014-12-18)[2020-10-15]. https://www.weibo.com/p/1001603789082034631003.
[204] 微博管理员.信息流优化计划解读(二)[EB/OL].(2015-12-04)[2020-10-15].

https://weibo.com/p/1001603916370411693682.
[205] 微博垂直博主. 兴趣话题投稿激励计划[EB/OL]. (2019-11-12) [2020-10-15]. https://me.verified.weibo.com/interesttopic/rule.
[206] 微博新知. 话题新类型——议题重磅上线[EB/OL]. (2019-09-19) [2020-10-15]. https://weibo.com/5183309747/I7FbvbFGe?type=comment#_rnd15978%2013346294.
[207] 微博垂直博主. 寻找宝藏博主[EB/OL]. (2020-06-17) [2020-10-15]. https://weibo.com/7276483577/J75BW6OhI?type=comment#_rnd1597 808859783.
[208] 微博小秘书. 微博快转功能升级公告[EB/OL]. (2020-07-18) [2020-10-15]. https://weibo.com/ttarticle/p/show?id=2309404527980528664850.
[209] 微博热点. IP 微粒秋日加成计划[EB/OL]. (2022-09-29)[2022-10-07]. https://weibo.com/2431328567/MTZvGkALJ.
[210] 微博 MCN. 黄远文:热搜和新话题的原理与技巧[EB/OL]. (2018-08-29) [2020-10-15]. https://weibo.com/6159353180/GwTCnmgyC.
[211] 头条文章. 头条文章正式上线 微博信息流权重全站最高[EB/OL]. (2016-01-26) [2020-10-15]. https://weibo.com/ttarticle/p/show?id=2309403935546580851719.
[212] Bozdag E. Bias in algorithmic filtering and personalization[J]. Ethics and Information Technology, 2013, 15(3): 209-227.
[213] Somaiya R, Isaac M, Goel V. Facebook may host news sites' content[EB/OL]. (2015-03-25) [2020-12-07]. https://cn.nytimes.com/business/20150325/c25facebook/en-us/.
[214] Fong, J. Facebook's bias against 3rd party apps[EB/OL]. (2011-07-18)[2020-10-07]. http://www.jenfongspeaks.com/facebook's-bias-against-3rd-party-apps/.
[215] Foundem. Foundem's Google story[EB/OL]. (2009-08-18) [2020-10-07]. http://www.searchneutrality.org/eu-launches-formal-investigation/foundem-googlestory.
[216] Efrati A. Rivals say Google plays favourites[EB/OL]. (2010-12-12) [2020-10-07]. http://online.wsj.com/article/SB10001424052748704058704576015630188568972.html.
[217] Albanesius C. Schmidt, yelp clash over google's search tactics[EB/OL]. (2011-09-21) [2020-10-07]. http://www.pcmag.com/article2/0,2817,2393369,00.asp.
[218] Edelman B. Bias in search results: diagnosis and response[J]. Indian Journal of Law and Technology, 2011(7): 16-32.
[219] Search Engine Watch. Twitter: Google search plus your world bad for web users[EB/OL]. (2012-01-11) [2020-12-20]. https://www.searchenginewatch.com/2012/01/11/twitter-google-search-plus-your-world-bad-for-web-users/.
[220] Wright J D. Defining and measuring search bias: some preliminary evidence[J]. International center for law & economics, 2011(9): 1-53.
[221] 微博管理员. 微博平台实施外链白名单机制的公告[EB/OL]. (2020-07-08) [2020-12-15]. https://weibo.com/1934183965/JaeVFpZpt?type=comment.
[222] Bucher T. The friendship assemblage[J]. Television & New Media, 2013, 14(6): 479-493.
[223] 邓建国,张琦. 移动短视频的创新、扩散与挑战[J]. 新闻与写作,2018(5):10-15.

[224] 张俊林. GAITC 专题论坛|张俊林：AI 时代下大规模机器学习的应用[EB/OL].(2020-07-27)[2020-10-07]. https://news.sina.com.cn/c/2020-07-27/doc-iivhvpwx7773308.shtml.

[225] 王雨馨. 微博将扩大视频号内测 广告分成模式看齐 Youtube[EB/OL].(2020-06-24)[2020-10-07]. https://weibo.com/ttarticle/p/sh ow? id=2309404519405705888184.

[226] 微博生活. 微博视频社区投稿指南[EB/OL].(2019-12-05)[2020-10-07]. https://weibo.com/6462996636/IjlnBAFIX? type=comment#_rnd1 607066372270.

[227] 微博视频社区. 视频星计划[EB/OL].(2020-03-11)[2020-10-07]. https://weibo.com/5515286073/Iy6PjtyPx? type=comment#_rnd16070658 58048.

[228] 微博视频.《微博视频号计划》开启，打造万个百万粉视频号[EB/OL].(2020-07-10)[2020-10-07]. https://weibo.com/ttarticle/p/show? id=2309404525094138413088.

[229] 微博新星. 宝藏视频创造营[EB/OL].(2020-07-28)[2020-10-07]. https://s.weibo.com/weibo? q=%23%E5%AE%9D%E8%97%8F%E8%A 7%86%E9%A2%91%E5%88%9B%E9% 80%A0%E8%90%A5%23.

[230] 微博新星. 视频潜力新星[EB/OL].(2020-07-31)[2020-10-07]. https://s.weibo.com/weibo? q=%23%E8%A 7%86%E9%A2%91%E6%BD%9C%E5%8A%9B%E6%96%B0%E6%98%9F%23&from=default.

[231] 彭兰. 场景：移动时代媒体的新要素[J]. 新闻记者，2015(3)：20-27.

[232] Donohue G A, Tichenor P J, Olien C N. Gatekeeping: mass media systems and information control[M]//Kline F G, Tichenor P J. Current perspectives in mass communication research. Beverly Hills, CA: Sage, 1972: 41-70.

[233] Barzilai-Nahon K. Toward a Theory of network gatekeeping: a framework for exploring information control[J]. Journal of the American Society for Information Science and Technology, 2008, 59(9): 1493-1512.

[234] Shoemaker P J, Eichholz M, Kim E, et al. Individual and routine forces in gatekeeping[J]. Journalism & Mass Communication Quarterly, 2001, 78(2): 233-246. 转引自王茜. 批判算法研究视角下微博"热搜"的把关标准考察[J]. 国际新闻界，2020，42(7)：26-48.

[235] Shoemaker P J, Eichholz M, Kim E, et al . Individual and routine forces in gatekeeping[J]. Journalism & Mass Communication Quarterly, 2001, 78(2): 233-246.

[236] Jenkins H, Clinton K, Purushotma R, et al. Confronting the challenges of participatory culture: media education for the 21st century[M/OL]. Chicago: The John D. and Catherine T. MacArthur Foundation MacArthur Foundation, (2006-10-19)[2021-01-03]. https://www.macfound.org/media/article_pdfs/jenkins_white_paper.pdf.

[237] 曹晋，梅文宇. 城乡起跑线上的落差：转型中国的数字鸿沟分析[J]. 当代传播，2017(2)：17-21，78.

[238] 韦路，张明新. 第三道数字鸿沟：互联网上的知识沟[J]. 新闻与传播研究，2006(4)：43-53，95.

[239] 卢国松，熊国荣. 手机媒体与数字鸿沟[J]. 当代传播，2006(3)：52-54.

[240] Zittrain J. The future of the Internet and how to stop it[M]. New Haven: Yale University Press, 2008.

[241] 喻国明,耿晓梦.智能算法推荐:工具理性与价值适切——从技术逻辑的人文反思到价值适切的优化之道[J].全球传媒学刊,2018,5(4):13-23.

[242] 白红义,李拓.算法的“迷思”:基于新闻分发平台“今日头条”的元新闻话语研究[J].新闻大学,2019(1):30-44,117.

[243] Bruns A. Gatekeeping, gatewatching, real-time feedback: new challenges for journalism[J]. Brazilian Journalism Research Journal, 2011, 7(2): 117-136.

[244] Napoli P M. Social media and the public interest: governance of news platforms in the realm of individual and algorithmic gatekeepers[J]. Telecommunications Policy, 2015, 39(9): 751-760.

[245] Wallace J. Modelling contemporary gatekeeping[J]. Digital Journalism, 2018, 6(3): 274-293.

[246] Thorson K, Wells C. Curated flows: a framework for mapping media exposure in the digital age[J]. Communication Theory, 2016, 26(3): 309-328.

[247] Carlson M. Automating judgment? Algorithmic judgment, news knowledge, and journalistic professionalism[J]. New Media & Society, 2018, 20(5): 1755-1772.

[248] Just N, Latzer M. Governance by algorithms: reality construction by algorithmic selection on the Internet[J]. Media, Culture & Society, 2017, 39(2): 238-258.

[249] 张俊林.推荐系统技术演进趋势:从召回到排序再到重排[EB/OL].(2019-12-29)[2020-10-07]. https://zhuanlan.zhihu.com/p/100019681.

[250] 南振中.把密切联系群众作为改进新闻报道的着力点[J].中国记者,2003(3):10-14.

[251] O' Neill D, Harcup T. News values and selectivity[M]//Jorgensen K W, Hanitzsch T. The Handbook of Journalism Studies. London: Routledge, 2009: 161-174.

[252] Palmer J. Spinning into control: news values and source strategies[M]. New York: Leicester University Press, 2000.

[253] Galtung J, Ruge M H. The structure of foreign news[J]. Journal of Peace Research, 1965, 2(1): 64-90.

[254] Harcup T, O'Neill D. What is news? News values revisited (again)[J]. Journalism Studies, 2017, 18(12): 1470-1488.

[255] Lee J. News values, media coverage, and audience attention: an analysis of direct and mediated causal relationships[J]. Journalism & Mass Communication Quarterly, 2009, 86(1): 176.

[256] Andrejevic M. Infoglut: how too much information is changing the way we think and know[M]. New York: Routledge, 2013.

[257] Churchill E F. Putting the person back into personalization[J]. Interactions, 2013, 20(5): 12-15.

[258] Domingos P. Mining social networks for viral marketing[J]. IEEE Intelligent Systems, 2005, 20(1): 80-82.

[259] 孙玮,李梦颖. “可见性”:社会化媒体与公共领域——以占海特“异地高考”事件为例[J]. 西北师大学报(社会科学版),2014,51(2):37-44.

[260] 皇甫博媛. “算法崩溃”时分:从可供性视角理解用户与算法的互动[J]. 新闻记者,2021(4):55-64.

[261] Xu K, Zheng X S, Cai Y, et al. Improving user recommendation by extracting social topics and interest topics of users in uni-directional social networks[J]. Knowledge-Based Systems, 2018(140): 120-133.

[262] 人民日报环球走笔. 当心“过滤泡泡”主宰了你[EB/OL]. (2016-07-04) [2022-07-15]. http://www.xinhuanet.com/politics/2016-07/04/c_129112438.htm.

[263] 人民日报. 促进算法推荐技术规范健康发展[EB/OL]. (2022-01-24) [2022-07-15]. http://opinion.people.com.cn/n1/2022/0124/c1003-32337754.html.

[264] 陈昌凤,仇筠茜. “信息茧房”在西方:似是而非的概念与算法的“破茧”求解[J]. 新闻大学,2020(1):1-14,124.

[265] 第一财经. 微博 2021 年全年营收 22.6 亿美元,同比增长 34%[EB/OL]. (2022-03-03) [2022-07-15]. https://m.yicai.com/news/101335287.html.

[266] 彭兰. 导致信息茧房的多重因素及“破茧”路径[J]. 新闻界,2020(1):30-38+73.

[267] 丁汉青,武沛颖. “信息茧房”学术场域偏倚的合理性考察[J]. 新闻与传播究,2020,27(7):21-33,126.

[268] 人民网. 专家:信息茧房也许是个伪命题[EB/OL]. (2020-01-15) [2022-07-15]. http://scitech.people.com.cn/n1/2020/0115/c1007-31548413.html.

[269] Nechushtai E, Lewis S C. What kind of news gatekeepers do we want machines to be? Filter bubbles, fragmentation, and the normative dimensions of algorithmic recommendations[J]. Computers in Human Behavior, 2019, 90: 298-307.

[270] Haim M, Arendt F, Scherr S. Abyss or shelter? On the relevance of web search engines' search results when people Google for suicide[J]. Health Communication, 2017, 32(2): 253-258.

[271] Hannak A, Sapiezynski P, Molavi Kakhki A, et al. Measuring personalization of web search[C]//Proceedings of the 22nd International Conference on World Wide Web. New York: ACM Press, 2013: 527-538.

[272] Bechmann A, Nielbo K L. Are we exposed to the same “news” in the news feed? An empirical analysis of filter bubbles as information similarity for Danish Facebook users [J]. Digital Journalism, 2018, 6(8): 990-1002.

[273] Voakes P S, Kapfer J, Kurpius D, et al. Diversity in the news: a conceptual and methodological framework [J]. Journalism and Mass Communication Quarterly, 1996, 73(3): 582-593.

[274] McDonald D G, Dimmick J. The conceptualization and measurement of diversity[J]. Communication Research, 2003, 30(1): 60-79.

[275] Baden C, Springer N. Conceptualizing viewpoint diversity in news discourse[J]. Journalism, 2015, 18(2): 176-194.

[276] Fletcher R，Nielsen R K. Automated serendipity：the effect of using search engines on news repertoire balance and diversity[J]. Digital Journalism，2018，6(8)：976-989.
[277] Parisi L，Comunello F. Dating in the time of "relational filter bubbles"：exploring imaginaries，perceptions and tactics of Italian dating app users [J]. The Communication Review，2020，23(1)：66-89.
[278] Dubois E，Blank G. The echo chamber is overstated：the moderating effect of political interest and diverse media[J]. Information Communication & Soceity，2018，21(5)：729-745.
[279] Dutton W H，Reisdorf B，Dubois E，et al. Social shaping of the politics of Internet search and networking：moving beyond filter bubbles，echo chambers，and fake news [C]//Texas：Proceedings of the 45th Research Conference on Communications，Information，and Internet Policy，2017：1-26.
[280] Sindermann C，Elhai J D，Moshagen M，et al. Age，gender，personality，ideological attitudes and individual differences in a person's news spectrum：how many and who might be prone to "filter bubbles" and "echo chambers" online? [J]. Heliyon，2020，6(1)：e03214.
[281] Vaccari C，et al. Of echo chambers and contrarian clubs：exposure to political disagreement among German and Italian users of Twitter [J]. Social Media + Society，2016，2(3)：2056305116664221.
[282] 姜婷婷，许艳闰. 国外过滤气泡研究：基础、脉络与展望[J]. 情报学报，2021，40(10)：1108-1117.
[283] Mikki S，Ruwehy H A A，Gjesdal Ø L，et al. Filter bubbles in interdisciplinary research：a case study on climate and society[J]. Library Hi Tech，2018，36(2)：225-236.
[284] Haim M，Graefe A，Brosius H. Burst of the filter bubble? Effects of personalization on the diversity of Google news[J]. Digital Journalism，2018，6(3)：330-343.
[285] 新浪微博数据中心. 2018 微博用户发展报告[R/OL].（2019-03-15）[2020-11-23]. https://data.weibo.com/report/reportDetail?id=433.
[286] 范明. "过滤泡"：互联网传播下的信息选择问题[J]. 新闻传播，2020(1)：8-9,13.
[287] 邱晶，赵强. 新媒体"过滤气泡"对受众信息偏好的引导研究[J]. 新闻研究导刊，2017,8(7)：113.
[288] Geertz C. Centers，kings，and charisma：reflections on the symbolics of power[M]//Geertz C. Local Knowledge：Further Essays in Interpretive Anthropology，New York：Basic Books，1983：121-146.
[289] Burke P. The fabrication of Louis XIV [M]. New Haven，CT and London：Yale University Press，1992.
[290] Elliott J H. Power and propaganda in the Spain of Philip IV [M]//Wilentz S. Rites of Power：Symbolism，Ritual，and Politics since the Middle Ages. Philadelphia：University of Pennsylvania Press，1985：145-173.

[291] 薛强,陈李君.传媒与现代性——浅论约翰·B.汤普森的传播思想[J].广西大学学报(哲学社会科学版),2011,33(6):135.

[292] 保罗·莱文森.软利器:信息革命的自然历史与未来[M].何道宽,译.上海:复旦大学出版社,2011.

[293] Jamieson K H. Eloquence in an electronic age: the transformation of political speechmaking[M]. New York: Oxford University Press, 1988.

[294] 欧文·戈夫曼.日常生活中的自我呈现[M].冯钢,译.北京:北京大学出版,2008.

[295] 周葆华.从"后台"到"前台":新媒体技术环境下新闻业的"可视化"[J].传播与社会学刊, 2013,(25):35-71.

[296] 约书亚·梅洛维茨.消失的地域:电子媒介对社会行为的影响[M].肖志军,译.北京:清华大学出版社,2002.

[297] Qiu J L. Working-class network society: communication technology and the information have-less in urban China[M]. Massachusetts: The MIT Press, 2009.

[298] Dahlberg L. Rethinking the fragmentation of the cyberpublic: from consensus to contestation[J]. New Media & Society, 2007, 9(5): 827-847.

[299] Jordan T. Activism! Direct Action. Hacktivism and the future of society[M]. London: Reaktion Books, 2002.

[300] Downing J D. Radical media: rebellious communication and social movements[M]. London: Sage, 2000.

[301] McCaughey M, Michael D A. Cyberactivism. Online Activism in Theory and Practice [M]. London: Routledge, 2003.

[302] Jankowski N W, Jansen M. Indymedia: exploration of an alternative Internet-based source of movement news[C]. Hong Kong: Conference Paper at Digital News, Social Change & Globalization Conference, Hong Kong Baptist University, 2003.

[303] 汉娜·阿伦特.人的条件[M].竺乾威,译.上海:上海人民出版社,1999.

[304] 哈贝马斯.公共领域的结构转型[M].曹卫东,王晓珏,刘北城,等,译.上海:学林出版社,1999.

[305] 李良荣,辛艳艳.从2G到5G:技术驱动下的中国传媒业变革[J].新闻大学,2020(7):51-66,123.

[306] Beer D, Burrows R. Sociology and, of and in Web 2.0: some initial considerations[J/OL]. Sociological Research Online, 2007, 12(5): 67-79(2017-09-30)[2020-11-23]. http://www.socresonline.org.uk/12/5/17.html.

[307] Bryant L. Web 2.0: towards collaborative intelligence in the enterprise[EB/OL]. (2007-06-15)[2020-11-24]. http://www.slideshare.net/Web20.it/web-20-towards-collaborative-intelligence-inthe-enterprise-di-lee-bryant/.

[308] O'Reilly T. What is Web 2.0: design patterns and business models for the next generation of software[EB/OL]. (2005-09-30)[2020-11-24]. http://www-public.imtbs-tsp.eu/~gibson/Teaching/Teaching-ReadingMaterial/OReilly07.pdf.

[309] Garfield S. How to make 80 million friends and influence people[EB/OL]. (2006-06-18)

[2020 - 11 - 23]. https://www.theguardian.com/media/2006/jun/18/digitalmedia.observerreview.

[310] Beer D. Power through the algorithm? Participatory web cultures and the technological unconscious[J]. New Media & Society, 2009, 11(6): 985-1002.

[311] Lash S. Power after hegemony: cultural studies in mutation? [J]. Theory, Culture & Society, 2007, 24(3): 55-78.

[312] Graham S. The software-sorted city: rethinking the "digital divide"[M]//Graham S. The Cybercities Reader. London: Routledge, 2004.

[313] Glasser T L. Three views on accountability[M]//Dennis E E, Gillmor D M, Glasser T L. Media Freedom and Accountability. New York: Praeger, 1989.

[314] McQuail D. Media accountability and freedom of publication[M]. New York: Oxford Press, 2003.

[315] Nguyen T, Hui P-M, Harper F M, et al. Exploring the filter bubble: the effect of using recommender systems on content diversity [C]. Proceedings of the 23rd international conference on World Wide Web, 2014.

[316] Stark B. Digitale programmnavigation—eine Bestandsaufnahme der Marktlage und der Nutzungsgewohnheiten der Zuschauer [J]. Medie Perspektiven, 2009(5): 233-246.

[317] Helberger N, Karppinen K, D'Acunto L. Exposure diversity as a design principle for recommender systems[J]. Information, Communication & Society, 2018, 21(2): 194.

[318] Dahlberg L. Re-constructing digital democracy: an outline of four "positions"[J]. New Media & Society, 2011, 13(6): 858.

[319] Lathia N, Hailes S, Capra L, et al. Temporal diversity in recommender systems[C]. Geneva: Proceeding of the 33rd international ACM SIGIR conference on research and development in information retrieval, 2010: 210-217.

[320] Ozturk P, Han Y. Similar, yet diverse: a recommender system [J]. Collective Intelligence Boston: Massachusetts Institute of Technology, 2014(V): 1-4.

[321] Vargas S, Castells P. Rank and relevance in novelty and diversity metrics for recommender systems[C]. Proceedings of the fifth ACM conference on Recommender systems, 2011: 109-116.

[322] Llic A, Kabiljo M. Recommending items to more than a billion people[EB/OL]. (2015-06-02) [2020-09-10]. https://code.facebook.com/posts/861999383875667/recommending-items-to-more-than-a-billionpeople.

[323] Liu J, Dolan P, Rønby P E. Personalized news recommendation based on click behavior[C]. Proceedings of the 15th international conference on Intelligent User Interfaces, 2010: 31-40.

[324] Karppinen K. Rethinking media pluralism [M]. New York: Fordham University Press, 2013.

[325] Garrett R K, Stround N J. Partisan paths to exposure diversity: differences in pro- and counter attitudinal news consumption [J]. Journal of Communication, 2014,

64(4): 680-701.

[326] Kamishima T, Akaho S, Asoh H. Enhancement of the neutrality in recommendation [C/OL]. Proceedings of the 2nd Workshop on Human Decision Making in Recommender Systems, 2012, [2020-10-7]. http://ceur-ws. org/Vol-893/paper2. pdf.

[327] Sheth S K, Bell J S, Arora N, et al. Towards diversity in recommendations using social networks[C/OL]. Columbia University Academic Commons, 2011, [2020-10-07]. https://core. ac. uk/download/pdf/161438068. pdf.

[328] Mouffe C. Politics and passion: a stake of democracy [C/OL]. An inaugural professorial lecture at the University of Westminster in May 2002. [2020-12-23] http://www. politeia-conferentie. be/viewpic. php? LAN=N&TABLE=DOCS&ID =viewpic. php? LAN=N&TABLE=DOCS&ID=124.

[329] Adomavicius G, Kwon Y. Improving recommendation diversity using ranking-based techniques[J]. IEEE Transactions on Knowledge and Data Engineering, 2009, 24 (5): 896-911.

[330] Kramer A D, Guillory J E, Hancock J T. Experimental evidence of massive-scale emotional contagion through social networks [J]. Proceedings of the National Academy of Sciences, 2014, 111(24): 8788-8790.

[331] Council of Europe. Recommendation Rec(2007)2 of the Committee of Ministers to member states on media pluralism and diversity of media content[C]. Strasbourg: Council of Europe, 2007.

[332] Napoli P. Rethinking program diversity assessment: an audience-centred approach [J]. Journal of Media Economics, 1997, 10(4): 59-74.

[333] Valcke P. Digitale Diversiteit: Convergentie van Media-, Telecommunicatie- en Mededinginsrecht[M]. Brussel: Larcier, 2004.

[334] 以赛亚・伯林. 自由论[M]. 胡传胜,译. 南京:译林出版社,2011.

[335] Dworkin G. The theory and practice of autonomy [M]. Cambridge: Cambridge University Press, 1988.

[336] Roessler B. Over autonomie en rechtvaardigheid, inaugural speech[EB/OL]. (2010-07-02) [2020-05-18]. http://www. oratiereeks. nl/upload/pdf/PDF-21559789056296490_text_HR_crop. pdf.

[337] Zhang M, Hurley N. Avoiding monotony: improving the diversity of recommendation lists [C]. Proceedings of the 2008 ACM Conference on Recommender Systems, 2008: 123-130.

[338] Schönbach K. "The own in the foreign": reliable surprise—an important function of the media? [J] Media, Culture & Society, 2007, 29(2): 344-353.

[339] Grummell B. The educational character of public service broadcasting: from cultural enrichment to knowledge society[J]. European Journal of Communication, 2009, 24(3): 267-285.

[340] 邹娟. "大数据杀熟"越来越隐蔽,怎么破? [EB/OL]. (2021-03-15) [2021-03-17]. https://mp. weixin. qq. com/s/Df-iw_yy3Y6zknkwPaReRA.

[341] Tilly C, History and sociological imagining [J]. La Revue Tocqueville/The Tocqueville Review, 1994, 15(1): 57-72.
[342] 周雪光. 寻找中国国家治理的历史线索[J]. 中国社会科学，2019(1)：54-57.

附录一

用户兴趣与微博推荐相关性调查问卷

1. 您使用微博的频率如何?

(1 表示极少,5 表示经常)

使用频率	极少				经常
	1	2	3	4	5

2. 通常,您每月使用微博关注本地、国内或国际资讯(包括政治经济时事、文化活动、娱乐明星八卦、体育和名人等各类报道)的频率为?

(0 表示几乎不用,7 表示每天都用)

每天	经常					偶尔	几乎不用
7	6	5	4	3	2	1	0

3. 您每次登录微博平均花费的时长为:

A. 5 分钟以内

B. 5～10 分钟

C. 10～15 分钟

D. 15～30 分钟

E. 30 分钟以上

4. 您认为平时微博推荐给您的内容是否符合您的个人喜好?

A. 十分符合我的个人喜好,推荐给我的内容能够满足我的需求

B. 基本符合我的个人喜好,大部分推荐给我的内容能够满足我的需求

C. 不太符合我的个人喜好,经常给我推送一些我并不感兴趣的内容

D. 不符合我的个人喜好,已经放弃微博,并使用其他软件平台获取资讯

E. 其他,请说明情况________________

5. 请您对自己的兴趣进行一次综合评估。您对下列不同领域的感兴趣程

度分别如何?

(1 表示完全不感兴趣,5 表示非常感兴趣)

	完全不感兴趣	比较不感兴趣	一般	比较感兴趣	非常感兴趣
时事	1	2	3	4	5
社会	1	2	3	4	5
财经	1	2	3	4	5
房地产	1	2	3	4	5
法律	1	2	3	4	5
教育	1	2	3	4	5
母婴育儿	1	2	3	4	5
科学科普	1	2	3	4	5
互联网/IT	1	2	3	4	5
数码	1	2	3	4	5
汽车	1	2	3	4	5
娱乐明星/网红	1	2	3	4	5
搞笑幽默	1	2	3	4	5
星座命理	1	2	3	4	5
情感两性	1	2	3	4	5
美女帅哥	1	2	3	4	5
电视剧	1	2	3	4	5
综艺节目	1	2	3	4	5
电影	1	2	3	4	5
游戏	1	2	3	4	5
动漫	1	2	3	4	5
动物宠物	1	2	3	4	5
读书作家	1	2	3	4	5
历史/地理/哲学/宗教	1	2	3	4	5
人文艺术	1	2	3	4	5
音乐	1	2	3	4	5

续表

	完全不感兴趣	比较不感兴趣	一般	比较感兴趣	非常感兴趣
收藏	1	2	3	4	5
美学设计	1	2	3	4	5
家居	1	2	3	4	5
旅行出游	1	2	3	4	5
摄影拍照	1	2	3	4	5
运动健身	1	2	3	4	5
美食	1	2	3	4	5
时尚	1	2	3	4	5
美妆	1	2	3	4	5
婚庆	1	2	3	4	5
公益	1	2	3	4	5
体育	1	2	3	4	5

6. 在使用微博的过程中,我们或多或少都为他人发布的微博点过赞。请您仔细回想一下自己曾经点赞的内容,关于点赞的原因,下列几种说法分别与您的实际情况有多相符?

(1 表示完全不符合,5 表示非常符合)

	完全不符合	较不符合	一般	较为符合	非常符合
a. 碍于亲密程度与人情面子,不得不点赞	1	2	3	4	5
b. 因为这条微博能够体现社会正能量和高尚的精神境界	1	2	3	4	5
c. 视微博内容的类型而定,如偏娱乐八卦、日常生活类的"软"资讯我都不太点赞	1	2	3	4	5
d. 因为我对这条微博的内容感兴趣	1	2	3	4	5
e. 碍于他人的眼光,我会刻意回避那些格调相对低的微博内容,而为格调高的微博点赞	1	2	3	4	5

7. 当您刷微博时,一般会花费多少时间分别阅读下列资讯?

(1 表示几乎不花费时间阅读,5 表示花费非常多的时间阅读)

	从不	极少	一般	较多	非常多
时政类新闻(社会热点、国内国际重大事件报道)	1	2	3	4	5
财经类报道(股市涨跌、投资理财、房价)	1	2	3	4	5
科教母婴(各类涨知识帖、MBA、公务员考试、出国留学、考研、高考、母婴亲子、小升初高考)	1	2	3	4	5
互联网、数码产业、科技产品报道(阿里巴巴、5G、iPhone 新品发布、华为、特斯拉)	1	2	3	4	5
娱乐八卦资讯(明星、搞笑幽默、情感两性、星座)	1	2	3	4	5
娱乐产业(电影、综艺、电视剧、游戏、动漫、萌宠)	1	2	3	4	5
人文艺术资讯(小说散文、读书、展览、史地哲、音乐、舞蹈、美学设计)	1	2	3	4	5
生活休闲资讯(旅行、摄影、美食、时尚美妆、运动健身)	1	2	3	4	5
体育竞技(NBA、阿森纳、曼联、F1、大满贯、奥运会)	1	2	3	4	5

8. 在下列几种情况中,您更倾向为怎样的微博点赞?点赞的情况分别如何?

(0 表示从不点赞,5 表示经常点赞)

	从不	极少	较少	一般	较多	经常
a. 与自己密切相关的人,如我的亲人或好友发布的微博	0	1	2	3	4	5
b. 至善、公平正义、大爱、牺牲奉献等体现社会价值、人生意义的微博	0	1	2	3	4	5
c. 自己平时喜欢的明星或偶像发布的动态	0	1	2	3	4	5
d. 自己平时喜欢的穿搭风格、旅行摄影、美食等生活类资讯	0	1	2	3	4	5

续表

	从不	极少	较少	一般	较多	经常
e. 自己平时喜欢的书籍、作家，喜爱的歌舞剧、音乐和艺术展览	0	1	2	3	4	5
f. 自己平时喜欢的体育赛事、体育明星	0	1	2	3	4	5
g. 自己平时喜欢的科普类、教育培训和育儿方面的资讯	0	1	2	3	4	5
h. 自己感兴趣的微博	0	1	2	3	4	5
i. 那些能够从内容中感受到博主的匠心的优质视频	0	1	2	3	4	5

9. 以下说法与您本人的情况分别有多相符？

（1表示非常不符合，5表示非常符合）

	非常不符合	比较不符合	一般	比较符合	非常符合
a. 闲暇时，我喜欢看一些明星八卦的消息，但我并不会转发/评论/收藏，或为该娱乐类资讯点赞。我只想安静快乐地“吃个瓜”	1	2	3	4	5
b. 如果看到某些时尚博主发布的发型指南/潮流穿搭/美妆技巧，我会选择浏览和收藏。但这些可能并不是我的兴趣爱好，多半只是出于日常社交与职场需要	1	2	3	4	5
c. 如果看到与股票基金或房地产相关的资讯，我会选择浏览和收藏。这些资讯可以帮助我更好地理财与决策，但可能并不是我的兴趣爱好所在	1	2	3	4	5
d. 如果看到与育儿相关的资讯，我会选择浏览和收藏。这些资讯可以帮助我更好地照顾孩子，但可能并不是我的兴趣爱好所在。 （如您还没有孩子，请跳过此栏）	1	2	3	4	5
e. 如果看到教育培训相关的资讯，我会选择浏览和收藏。这些资讯可以帮助我更好地应对升学、职场、自我提升的考试，但可能并不是我的兴趣爱好所在	1	2	3	4	5

续表

	非常不符合	比较不符合	一般	比较符合	非常符合
f. 如果看到运动健身相关的视频或科普知识,我会选择浏览和收藏。这些资讯可以帮助我拥有更健康的身体,但可能并不是我的兴趣爱好所在	1	2	3	4	5
g. 当我看到那些值得尊敬的人(如抗疫英雄),或正能量满满的社会事件(如帮助弱势群体发声、伸张社会正义、反腐打"虎"),或彰显大国风范的时刻(如奥运会夺冠、国庆阅兵仪式)时,会忍不住想点个赞	1	2	3	4	5
h. 当看到标题党或者猎奇的新闻内容时,我通常还是会点击阅读,但点开后又感到被欺骗	1	2	3	4	5
i. 我会收藏一些搞笑视频、动图或段子,用于日常自我娱乐减压	1	2	3	4	5
j. 我会收藏一些富有创见、深度好文,以增加与同事、朋友间的日常谈资	1	2	3	4	5

10. 微博除了推送新鲜资讯,还会根据您的实际情况推送广告。您觉得微博的广告推送能否切中您的需求?

A. 十分符合我的个人需求,我会点开推荐给我的广告

B. 基本符合我的个人需求,我会有选择性地点开推荐给我的广告

C. 不太符合我的个人需求,经常给我推送一些我并不感兴趣的广告

D. 不符合我的个人需求,一些垃圾广告时常令我哭笑不得

E. 其他,请说明情况______________

11. 您是否遇到过自己曾经在淘宝、京东等购物平台浏览过或购买的商品,出现在了微博平台上的情况?

A. 是的,曾经遇到过

B. 不是,从未遇到过

12. 您的性别是:

A. 男

B. 女

13. 您的年龄为：

A. 18岁及以下

B. 19—25岁

C. 26—30岁

D. 31—35岁

E. 36岁以上

14. 您现居/生活的城市是__________（请填写名称，精确到“省—市”如：湖北省武汉市）

15. 您目前所获得的最高学历为：

A. 大专及以下

B. 本科

C. 硕士研究生

D. 博士研究生

16. 您的职业属于：

A. 党政机关事业单位工作人员

B. 企业/公司的管理人员/职员

C. 专业技术人员（教师、医生、律师、工程师等）

D. 商业服务业人员

E. 个体工商户

F. 自由职业者

G. 工人（制造生产型企业、建筑业等）

H. 农业（农林牧渔）劳动者

I. 在校学生

J. 其他______________（请说明）

附录二

访谈提纲

1. 微博是什么时候引入智能算法推送的？期间经历过几次重要的迭代？分别是针对什么地方进行了优化处理？效果如何？

2. 百度、今日头条、抖音、快手、微信、淘宝等都在做算法推荐，相信不同平台的侧重点、价值观、欲达到的目标也各有不同，微博作为引领国内舆论的社交媒体，企业最看重的核心价值观和理念是什么？与其他平台相比，微博有什么优势？

3. 根据《2019 年微博年度报告》，推荐流中的“热门”是实时热点话题与用户的兴趣相匹配的结果。微博如何定义“热点”？此外，微博探查用户兴趣是通过“社交兴趣图谱引擎”(Social Interest Graph Recommendation Engine，SIG)，根据报告显示 SIG 基于对用户的博文发布、转发、评论、点赞、关注、社交关系和人口统计学数据等要素而建构。请问这几个要素之间的权重关系如何？如何排序？SIG 系统多久升级一次，您觉得它对用户兴趣判定的准确度如何？有哪些保障条件可以确保用户画像的准确性？

4. 在推荐模型中，点击率、阅读时间、点赞、评论、转发都是可以量化的目标，能够用模型直接拟合做预估，看线上提升情况可以知道做得好不好。但一个大体量的推荐系统，服务用户众多，不能完全由指标评估，引入数据指标以外的要素也很重要。在指标评估之外，微博会对什么内容进行加权/置顶或打压/频控？

5. 微博是否受到国家或委办局要求对部分内容进行置顶或做出相应调整？

6. 微博怎样评判一条优质的内容？是否有一套完备的评估体系？具体衡量标准除了点击量、停留时长外还有什么？

7. 除了智能算法推荐机制，微博是否采用人工对内容进行把关？主要对什么内容进行把关？

8. 算法工程师有几名？微博的日常运作场景是怎么样的？

9. 目前微博在信息多样性推送方面，做了哪些努力？具体遇到过什么难以解决的困难？希望哪些部门协同解决？

10. 微博移动端首页分为“关注流”和“推荐流”，其中“推荐流”下的“热门”与“发现流”中的“热点”是不同的栏目吗？而 PC 端首页的“热门”与手机端同步刷出来的内容也不同，微博的手机端与 PC 端是两套推荐系统吗？有用户觉得微博界面设置越来越复杂，不知道要去看哪里的咨询，请问这样区分的初衷是什么？

11. 某条微博经常会显示来自“×××超话”或“烹饪/日常·视频社区”或“微博 weibo. com”，这些都是微博的子栏目吗？微博是否会优先推送自己栏目中的内容？符合微博格式(如话题＃＃)发布的内容是否会被优先推送？

12. 饭圈、美食类新闻成为微博的主打产品，微博的核心内容是否开始往娱乐化方向走？